WESTEND

ALEX CAREY

# DEMOKRATIE OHNE RISIKO

Wie Unternehmenspropaganda unsere politische Freiheit untergräbt

WESTEND

Die Originalausgabe erschien unter dem Titel »Taking the Risk out of Democracy. Corporate Propaganda versus Freedom and Liberty«


Mehr über unsere Autor:innen und Bücher:
www.westendverlag.de

Die Deutsche Nationalbibliothek verzeichnet diese Publikation in der Deutschen Nationalbibliografie; detaillierte bibliografische Daten sind im Internet über http://dnb.d-nb.de abrufbar.



ISBN: 978-3-86489-459-6
1. Auflage 2025

Übersetzung: Julien Karim Akerma
Lektorat: Emil Fadel
Umschlaggestaltung: Buchgut, Berlin
Satz: Publikations Atelier, Weiterstadt
Druck und Bindung: Pustet, Regensburg
Printed in Germany

# Inhalt

# Vorwort zur Originalausgabe

von Noam Chomsky

Edward Herman und ich begannen unser Buch *Manufacturing Consent*, in dem es um die Unterordnung der großen Medien unter die Machtinteressen von Staat und Unternehmen geht, mit einer Widmung an Alex Carey. Dies war weit mehr als nur ein Verweis auf einen engen persönlichen Freund und geschätzten Mitarbeiter. Es war zugleich ein – unzulänglicher – Versuch, ihm unseren Dank auszusprechen. Dank für seine herausragende Arbeit zum »Ideal einer durch Propaganda gesteuerten Demokratie«, das die überaus klassenbewusste Unternehmenswelt in den Vereinigten Staaten mit tatkräftiger Unterstützung weiter Teile der intellektuellen Kultur durchzusetzen versuchte. Zum großen Leidwesen aller, die sich mit der Freiheit und ihren Feinden beschäftigen, konnte Carey die Arbeiten an einem großen Werk zur Rolle der Propaganda in demokratischen Gesellschaften nicht mehr abschließen. Mit der Veröffentlichung einiger seiner wichtigsten Beiträge werden seine Vorarbeiten nun endlich einer breiteren Öffentlichkeit zugänglich gemacht, wenn auch nur teilweise.

»Das zwanzigste Jahrhundert«, schreibt Carey, »ist durch drei Entwicklungen von großer politischer Tragweite gekennzeichnet: das Wachstum der Demokratie, das Wachstum der Konzernmacht und die Zunahme der Konzernpropaganda als Mittel zum Schutz der Konzernmacht vor der Demokratie.« Dass das Wachstum der Konzernmacht Freiheit und Demokratie untergraben würde, war für die klassische liberale Weltsicht bereits klar, lange bevor die Konturen der zukünftigen industriell-kapitalistischen Gesellschaft klar erkennbar waren. In seinen späten Jahren warnte Thomas Jefferson, dass die neu entstehenden »Bankinstitute und Geldgesellschaften« die in der amerikanischen Revolution errungenen Freiheiten zerstören und zur Grundlage einer »homogenen und selbstherrlichen Regierung der Aristokratie« werden würden – wenn man ihnen nur freie Hand ließe. Dies geschah in einem Ausmaß, das Jeffersons schlimmste Albträume noch übertraf, wenn auch nicht als Ausdruck des Volkswillens, sondern in erster Linie durch Gerichte und Anwälte, die in »technokratischer Isolation« von der lästigen Öffentlichkeit agierten, um eine Formulierung aus den Empfehlungen der Weltbank aufzugreifen.

Seit jeher ist die Einführung und Entwicklung der Demokratie eine von den »Herren der Menschheit« gefürchtete Perspektive. Denn sie sehen darin nur ein Hindernis für die Verwirklichung ihrer »schändlichen Maxime«: »Alles für uns selbst und nichts für die anderen« (Adam Smith). Smith hatte dabei vor allem die »Kaufleute und Fabrikanten« im Blick, die zu seiner Zeit »die wichtigsten Architekten« der Politik waren und diese so gestalteten, dass ihre Interessen »in besonderem Maße berücksichtigt« wurden – ungeachtet der Auswirkungen auf andere, einschließlich der Bevölkerung Englands. In der Folgezeit nahmen die Institutionen der »Herren« neue Formen an. Und auch das Problem, die Hebel der Staatsmacht fest in ihren Händen zu halten, stellte sich auf neue Weise. Aber die Grundprinzipien blieben in veränderter Form bestehen.

Zur Zeit der ersten demokratischen Revolution der Neuzeit im England des 17. Jahrhunderts äußerten die selbsternannten »Men of best quality« (»Männer von bester Qualität«) ihre tiefe Besorgnis darüber, dass der »gemeine Mob« versuchen könnte, in die Arena des öffentlichen Lebens einzudringen. – Aufgehetzt von Pamphlet-Schreibern, Wanderpredigern und anderem Gesindel, das »das Volk mit seinem Tun derart neugierig und anmaßend gemacht hat, dass es niemals die nötige Demut aufbringen wird, sich einer zivilen Regierung zu unterwerfen«, wie ein bedeutender Intellektueller warnte. Besonders beunruhigend wirkte der unverhohlene Wunsch der Menge, weder vom König noch vom Parlament – den offiziellen Kontrahenten im Bürgerkrieg – regiert zu werden, sondern »von Landleuten wie uns, die wir unsere Bedürfnisse kennen«. »Solange Ritter und Herren unsere Gesetze machen, die aus einem Gefühl der Furcht heraus gewählt werden und die uns nur unterdrücken, ohne die Leiden des Volkes zu kennen, ist die Welt nicht in Ordnung«, erklärten sie in ihren subversiven Pamphleten. Derlei Sprüche hallen durch die Jahrhunderte und erwecken aufseiten der »besten Männer«, die zu Recht regieren, fortwährend Verachtung und Wut und, wenn nötig, massiven Terror und Gewalt. Sie waren bereit, dem Volk gewisse Rechte zuzugestehen, aber nur innerhalb der Grenzen der Vernunft und nach dem Grundsatz, dass »wir, wenn wir vom Volk sprechen, nicht die wirre zusammengewürfelte Masse des Volkes meinen«, wie eine andere Autorität des 17. Jahrhunderts erklärte. »Tagelöhnern und Kaufleuten, alten Jungfern und Milchmädchen« müsse man sagen, was sie glauben sollen, bemerkte John Locke, nachdem der demokratische Aufstand niedergeschlagen worden war: »Die Mehrheit ist unwissend und muss deshalb glauben.«

Die »Krise der Demokratie« im 17. Jahrhundert brachte eine klare Unterscheidung zwischen »Aristokraten« und »Demokraten« zum Ausdruck, die Thomas Jefferson formulierte, als er über das Schicksal des amerikanischen demokratischen Experiments nachdachte. Jeffersons »Aristokraten« sind »diejenigen, die das Volk fürchten und ihm misstrauen und alle Macht des Volkes in die Hände der höheren Klassen legen wollen.« Seine »Demokraten« hingegen »identifizieren sich mit dem Volk, vertrauen ihm, respektieren es und betrachten es als den ehrlichen und sicheren, wenn auch nicht den weisesten Hüter des öffentlichen Interesses«. Zu den Aristokraten in diesem Sinne gehören Smiths »Kaufleute und Fabrikanten« sowie ihre Nachfolger, die die Kontrolle über die Wirtschaft und das politische System erlangten. – Eine Entwicklung, die Jefferson wegen des offensichtlichen Widerspruchs zwischen Demokratie und Kapitalismus – sei es im staatlich gelenkten westlichen Modell oder einem anderen – mit Besorgnis betrachtete. Zu Jeffersons »Aristokraten« gehören auch die Progressiven des 20. Jahrhunderts, die Alex Carey in den folgenden Aufsätzen erörtert. Dazu gehören auch die angesehenen »öffentlichen Intellektuellen« und die Begründer der zeitgenössischen akademischen Sozialwissenschaften, die die »verantwortlichen Männer« der Gesellschaft dazu aufforderten, die »Unwissenheit und Dummheit [der] ... Massen« zur Kenntnis zu nehmen und nicht dem »demokratischen Dogmatismus zu erliegen, wonach die Bürger die besten Verwalter ihrer eigenen Interessen sind« (Walter Lippmann, Harold Lasswell). Die Öffentlichkeit, bei der es sich lediglich um »unwissende und lästige Außenstehende« handelt, darf sich nicht in die Verwaltung der öffentlichen Angelegenheiten einmischen; zu ihrem eigenen Wohl muss sie sich auf ihre »Funktion« als »interessierter Zuschauer des Geschehens« beschränken. Sie darf nicht als »Teilnehmerin« mitwirken, wenngleich es ihr gestattet sein mag, in regelmäßigen Abständen unter den »verantwortlichen Männern« zu wählen, deren Aufgabe es ist, die Dinge zu analysieren, zu entscheiden und zu regieren. Wie William Shepard in seiner Präsidentschaftsrede vor der American Political Science Association im Jahr 1934 erklärte, sollte die Regierung in Händen einer »Aristokratie des Intellekts und der Macht« liegen und nicht von »den Ungebildeten, den Uninformierten und den antisozialen Elementen« geleitet werden. »Die Öffentlichkeit muss in ihre Schranken verwiesen werden«, mahnte Lippmann, damit die »verantwortlichen Männer« »ungestört vom Getrampel und Gebrüll der aufgebrachten Herde« ihrer für das Gemeinwohl erforderlichen Arbeit nachgehen können.

Freilich bleibt hier eine Prämisse unausgesprochen: Die »verantwortlichen Männer« erlangen ihren herausragenden Status dadurch, dass sie den Interessen derer dienen, denen die Gesellschaft wirklich gehört und die sie regieren. Es lag nicht an einem niedrigen IQ, dass die führende Gestalt der amerikanischen Arbeiterbewegung, Eugene Debs, im Gefängnis saß, während diese Überlegungen in den ideologischen Institutionen Ansehen und Bedeutung erlangten.

Das Spektrum der »Aristokraten« reicht von den liberalen und progressiven Denkern bis hin zu jenen, die in ihrer Verachtung des Pöbels noch extremer sind. Typische Beispiele sind die reaktionären Statisten der Reagan-Variante, die im heutigen Neusprech absurderweise »Konservative« genannt werden. Sie sind nicht bereit, der Öffentlichkeit auch nur die Rolle eines »interessierten Beobachters des Geschehens« zuzugestehen, und bevorzugen geheime Operationen – geheim vor niemandem außer der heimischen Öffentlichkeit – und eine strengere Zensur, um den mächtigen Staat zu schützen, den sie als Wohlfahrtsstaat für die Reichen pflegen. Ferner streben sie natürlich nach mehr Macht in den Händen des geschützten und öffentlich subventionierten »Privatsektors«, der praktisch im Verborgenen operiert. Eine andere Version derselben Grundlehre ist die leninistische Variante des Marxismus, die auf der Überzeugung beruht, dass die dummen und unwissenden Massen in eine »Arbeitsarmee« verwandelt werden müssen, die den revolutionären Intellektuellen untergeordnet ist, die sie in die von ihren Führern geplante Zukunft führen werden – wie immer im Interesse der tumben Herde.

Dafür zu sorgen, dass die »unwissenden und lästigen Außenstehenden« die richtigen Überzeugungen haben, ist zu einer Aufgabe von zunehmender Bedeutung geworden, da ihre Kämpfe die Reichweite der demokratischen Institutionen nach und nach erweitert haben. Das Grundproblem dabei beschäftigte schon David Hume, der in seinen *First Principles of Government* seine Verwunderung kundtat über »die Leichtigkeit, mit der die Vielen von den Wenigen regiert werden«, über die »die stillschweigende Unterwerfung, mit der die Menschen ihre eigenen Gefühle und Leidenschaften denen ihrer Herrscher unterordnen.« »Wenn wir uns fragen, wie dieses Wunder zustande kommt«, so Hume, »stellen wir fest, dass sich die Macht stets auf der Seite der Beherrschten findet und den Regierenden nichts weiter zu Gebote steht als ihre Überzeugungen. Die Regierung beruht also nur auf Überzeugungen, und dieser Grundsatz gilt sowohl für die despotischsten und militärischsten Regierungen als auch für die freiesten und populärsten.«

Hume hat die Fähigkeit der Mächtigen, den Pöbel mit Gewalt unter Kontrolle zu halten, gewaltig unterschätzt. – Eine Lektion, die stets aufs Neue und auf schreckliche Art und Weise erteilt wird.

Wenngleich sie der Öffentlichkeit in der Regel vorenthalten bleibt. Es sei denn, es gibt ein gewisses Machtinteresse, dem durch das Lamentieren über sorgfältig ausgewählte böse Taten gedient werden kann. Dieses Thema wurde auf einer wichtigen Konferenz behandelt, die von Jesuiten und Laienmitarbeitern im Januar 1994 in San Salvador veranstaltet wurde und über die in den USA nicht berichtet wurde. Bei ihren Überlegungen zu den Folgen der jüngsten staatsterroristischen Projekte – die Washington in seinen zentralamerikanischen Einflussgebieten organisiert und durchgeführt hatte –, wobei die Kirche ein Hauptziel war, stellten sie insbesondere fest, »wie stark die Kultur des Terrors die Erwartungen der Mehrheit gegenüber Alternativen dämpft, die sich von denen der Mächtigen unterscheiden ...« Die Zerstörung der Hoffnung, so erkannten sie, ist eine der großen Errungenschaften der Doktrin der Freien Welt, die als »Konflikt niedriger Intensität« bezeichnet wird. – Und der »Terror« genannt wird, wenn er von offiziellen Feinden ausgeübt wird.

Nichtsdestotrotz ist Humes Grundaussage durchaus zutreffend, und angesichts des Rückgangs herkömmlicher Mittel zur Aufrechterhaltung einer ordnungsgemäßen Verwaltung des öffentlichen Raums ist sie von besonderer Bedeutung.

Die Untersuchungen von Alex Carey entschlüsseln die Geschichte, wie sie sich im Laufe des 20. Jahrhunderts entfaltet hat, in mannigfaltiger Hinsicht: Werbung, die sich der Schaffung künstlicher Bedürfnisse verschrieben hat; die riesige PR-Industrie – deren Ziel es ist, die Aufmerksamkeit auf sinnlose Beschäftigungen zu lenken und das »öffentliche Bewusstsein« zu kontrollieren; akademische Einrichtungen und Berufe, die heute erneut dem Angriff privater Macht ausgesetzt sind, die entschlossen ist, das Spektrum des Denkbaren und Sagbaren noch weiter einzuschränken; die zunehmend konzentrierten Medien, in denen – wie ein führender akademischer Medienwissenschaftler vor einigen Jahren schrieb – »das Tabu gegen Kritik am gegenwärtigen Unternehmenssystem auf unausgesprochene Weise nahezu ebenso umfassend ist ... wie in der Sowjetunion die Kritik am Kommunismus ausdrücklich verboten ist« (Ben Bagdikian).

Bereits vor geraumer Zeit wurde das »öffentliche Bewusstsein« von Unternehmensführern als »einzige ernsthafte Gefahr« für ihre Firmen erkannt und als die größte »Gefahr für die Industrie«; und zwar zusammen mit der »neu entdeckten politischen Macht der Massen«, die es zurückzudrängen galt. Seit Beginn des 19. Jahrhunderts war es keine einfache Aufgabe, den Menschen kapitalistische Werte aufzuzwingen, die ganz anderen Vorstellungen von einem menschenwürdigen Dasein entsprachen – Vorstellungen, die in der lebendigen Arbeiterpresse ebenso ihren Niederschlag fanden wie im klassischen liberalen Denken, das längst verworfen und vergessen ist. In den Anfängen des Industriekapitalismus, als das System der Lohnarbeit durchgesetzt wurde, verurteilte die unabhängige Presse die »Erniedrigung und den Verlust jener Selbstachtung, die die Handwerker und Arbeiter zum Stolz der Welt gemacht hatte«. Freie Menschen waren jetzt gezwungen, sich selbst zu verkaufen und nicht das, was sie produzierten. Sie wurden zu »Knechten« und »demütigen Untertanen« von »Despoten«. Die Autoren jener Zeit beschrieben die Zerstörung des »Geistes freier Einrichtungen«. Wobei die Werktätigen auf einen »Zustand der Knechtschaft« reduziert wurden, aus dem heraus sie »eine Geldaristokratie wie eine bedrohliche Lawine über unseren Köpfen erkennen, die jedem Menschen, der es wagt, ihr Recht zu hinterfragen, die Armen und Unglücklichen zu versklaven und zu unterdrücken, die Vernichtung androht.« »Sie, die in den Fabriken arbeiten, sollten sie auch besitzen« und so »den zerstörerischen Einfluss monarchischer Prinzipien auf demokratischem Boden« überwinden, erklärten die Arbeiter in den Betrieben Neuenglands, lange bevor radikale Intellektuelle auf den Plan traten und erkannten, dass innerhalb der neu entstehenden »Industriebevölkerung« die »Tendenz auf der Skala von Zivilisation, Gesundheit, Moral und Intellektualität eindeutig nach unten weist«. Derartige Äußerungen blieben bei den Sklavenhaltern des Südens nicht unbemerkt, die damit ihre paternalistischen Ausbeutungspraktiken als solche von Herren verteidigten, für die Menschen zumindest noch als zu bewahrendes Kapital galten.

Vor siebzig Jahren stellte Norman Ware in seiner klassischen Studie über die amerikanische Arbeiterschaft in der Mitte des 19. Jahrhunderts fest, dass die Durchsetzung des industriellen Kapitalismus und seiner Werte »für einen überraschend großen Teil der früheren amerikanischen Gesellschaft ein Gräuel war«. Der Hauptgrund waren »der Niedergang des gewerbsmäßigen Arbeiters als Person«, die »Entwürdigung« und »psychologische Veränderung«, die aus dem »Verlust von Würde und Unabhängigkeit« sowie von demokratischen Rechten und Freiheiten resultierten. Innerhalb der Arbeiterliteratur fanden diese Reaktionen lebhaften Ausdruck, häufig seitens der Frauen, die trotz ihrer untergeordneten Stellung in der Gesamtgesellschaft eine herausragende Rolle spielten.

»Für die Arbeiter«, so der Historiker David Montgomery, der sich auf die Geschichte der Arbeiterbewegung spezialisiert hat, »war der wichtigste Teil von Jeffersons Vermächtnis der Schutz, den es der Vereinigungsfreiheit, der Glaubensvielfalt und Handlungsfreiheit sowie dem Widerstand gegen vermeintliche Vorgesetzte in der Gesellschaft gewährte.« Die Strukturen der Zivilgesellschaft »standen der unternehmerischen Kontrolle des Lebens in den USA auf Schritt und Tritt im Wege« und mussten daher zerstört werden. Daher die unablässigen Bemühungen, die unabhängige Presse und wirksame Formen der Gemeinschaftssolidarität, von den Gewerkschaften bis hin zu politischen Vereinen und Organisationen, zu zerschlagen. Im Vergleich zu anderen Industriegesellschaften ist die Geschichte der US-amerikanischen Arbeiterbewegung ungewöhnlich gewalttätig. Und erst während der Großen Depression wurden elementare Rechte erkämpft, die bald darauf wieder verloren gingen, was zum Teil auf die von Carey beschriebenen massiven Propagandakampagnen zurückzuführen ist. Diese setzen sich bis heute fort, mit den »konzertierten Anstrengungen« der amerikanischen Geschäftswelt, deren Ziel das Wall Street Journal enthusiastisch dahingehend beschreibt, »die Einstellungen und Werte der Arbeitnehmer zu verändern« – und zwar mit einer Vielzahl von Indoktrinations- und Verdummungsmethoden, die darauf abzielen, »die Apathie der Arbeitnehmer in Loyalität gegenüber dem Unternehmen zu verwandeln«.

Was die Gewerkschaften anbelangt, so ist das bevorzugte Druckmittel der letzten Jahre die Unternehmenskriminalität. In einem Rückblick auf einige der Methoden, die von den »Konservativen« der Reagan-Ära gefördert wurden, berichtet *Business Week* 1994: »In den letzten zwölf Jahren hat die US-Industrie einen der erfolgreichsten gewerkschaftsfeindlichen Kriege aller Zeiten geführt und Tausende von Arbeitnehmern illegal entlassen, weil sie ihr Recht auf gewerkschaftliche Organisierung wahrgenommen haben.« In den späten 80er-Jahren war ein Drittel aller Gewerkschaftswahlen mit illegalen Entlassungen verbunden, gegenüber 8% in den späten 60er-Jahren. Kriminelle Handlungen lohnen sich, vor allem, wenn die Staatsmacht dahintersteht. Die unabhängige Presse, die sich in den USA bis zum Zweiten Weltkrieg und in Großbritannien noch dreißig weitere Jahre halten konnte, unterlag schließlich der Konzentration der Kapitalressourcen auf dem »freien Markt«, womit die lebendige Kultur der Arbeiterklasse, die insbesondere unter der fortschrittlichen Wilson-Regierung beträchtliche Repressionen überstanden hatte, eine wichtige Grundlage verlor.

In der Dritten Welt wurden eher direkte Mittel eingesetzt, um die hochgesteckten Erwartungen der nach Freiheit strebenden Menschen zu »zähmen«. Und dies geschah selbst in solchen Ländern mit beachtlichem Erfolg, in denen einst eine demokratische Kultur blühte. Chile ist ein wichtiges Beispiel. Die von den USA unterstützte Militärdiktatur und die anschließende »Aufsplitterung der Oppositionsgruppen« habe Chile – wie die Lateinamerikanistin Cathy Schneider bemerkt – sowohl kulturell als auch politisch von einem Land aktiver, partizipativer Basisgemeinschaften in ein Land isolierter, unpolitischer Individuen verwandelt. Damit wurde genau das Ergebnis erzielt, auf das die immensen Ressourcen der ideologischen Einrichtungen dort hingearbeitet hatten, wo Gewaltmittel nicht ohne Weiteres zur Verfügung standen.

Die Auswirkungen der umfassenden Kampagnen ideologischer Kriegsführung sind mitunter recht komplex. Die Debatte

Ende 1993 über das NAFTA-Abkommen – eines jener Abkommen, die fälschlicherweise als »Freihandelsabkommen« bezeichnet werden – war in dieser Hinsicht lehrreich. Man war davon ausgegangen, dass das Abkommen problemlos verabschiedet werden würde. Doch es regte sich öffentlicher Widerstand. Ein Großteil davon wurde von der ansonsten eher stillen Gewerkschaftsbewegung organisiert, die konstruktive Alternativen vorschlug. Dies taten auch das Büro für Technikfolgenabschätzung des Kongresses und andere Organisationen. Sie alle wurden zugunsten der Kurzversion von NAFTA ignoriert, das mit Bedacht als ein Abkommen über Investorenrechte konzipiert worden war. Die unerwartete Reaktion der Öffentlichkeit löste eine ungewöhnlich fanatische Propagandakampagne aus. Die Medien, die NAFTA gemeinsam mit der Wirtschaft im Allgemeinen zu fast 100 Prozent unterstützten, folgten dem Präsidenten, als er die »wirklich ruppigen, robusten Taktiken« der organisierten Arbeiterschaft anprangerte: »die harten Bandagen, den brutalen Druck, den die Arbeiterschaft ausübte«. Dabei ging er sogar so weit, dass er »Bitten ... auf der Basis von Freundschaft« und »Drohungen ... in Bezug auf Geld und Arbeit im Wahlkampf« aussprach, sollten sie sich an ihre gewählten Vertreter wenden. – Ein schockierender Eingriff in den demokratischen Prozess. In den Schlagzeilen rief der Präsident den Kongress dazu auf, »sich der unnachgiebigen Politik« der »mächtigen Arbeitnehmerinteressen« zu widersetzen. Am äußersten linken Rand des akzeptierten Meinungsspektrums wetterte Anthony Lewis, Kolumnist der New York Times, gegen die »rückständige, unaufgeklärte« Arbeiterbewegung, die mit »plumpen Drohungen« versuche, den Kongress zu beeinflussen. Die Versuche der arbeitenden Bevölkerung, sich an ihre gewählten Vertreter zu wenden, lösten quer durch das Spektrum eine regelrechte Hysterie aus. Der Lobbyismus der Unternehmen, der die bescheidenen Kapazitäten der Gewerkschaften überforderte, blieb praktisch unbemerkt. Und das ist nur folgerichtig, wenn man davon ausgeht, dass die Rolle des Staates darin besteht, den Herren zu dienen. Die Tatsachen lagen derart offensichtlich auf der Hand, dass sich die New York

Times nach der Abstimmung sogar den üblicherweise verbotenen Ausdruck »Klassenlinien« erlaubte, um den »hässlichen« und »spaltenden Kampf« um NAFTA zu beschreiben, der nun glücklicherweise beendet ist.

Die heftigen Anschuldigungen gegen die Gewerkschaften hatten einen merkwürdigen Einfluss auf die öffentliche Meinung. Überraschenderweise waren die meisten Menschen weiterhin gegen die Kurzversion von NAFTA, auf die sich die Überlegungen der ideologischen Institutionen beschränkten. Spätere Umfragen zeigten jedoch, dass etwa zwei Drittel der Befragten die Gewerkschaften kritisierten, weil sie sich unverhältnismäßig stark gegen Veränderungen wehrten und »zu sehr in die Politik involviert« seien, insbesondere in der NAFTA-Frage. Offensichtlich hat die Propagandaschlacht die Meinungen über NAFTA relativ unverändert gelassen, während sich die Menschen gegen die wichtigsten populären Kräfte wandten, die diese Meinungen vertraten und versuchten, sie in der politischen Arena zu verteidigen. Eine genauere Analyse deutet auf weitere Modifikationen von Humes Maxime hin. Wie unter den »despotischsten und militaristischsten Regierungen« ist die Kontrolle der öffentlichen Meinung nicht so wichtig, solange andere Mittel zur Verfügung stehen, um sicherzustellen, dass die Menschen »demütig genug sind, sich der Herrschaft der Herren zu unterwerfen.«

Veränderungen in der Weltordnung bieten neue Möglichkeiten, die von den liberalen Eliten wahrgenommene »Krise der Demokratie« in den Griff zu bekommen, während die Öffentlichkeit versucht, der ihr zugewiesenen Zuschauerrolle zu entkommen. Der enorme Machtzuwachs des Finanzkapitals seit den frühen 1970er-Jahren und die beschleunigte Globalisierung der Wirtschaft haben eine noch nie dagewesene Macht in die Hände zunehmend konzentrierter und praktisch nicht rechenschaftspflichtiger privater und transnationaler Machtinstitutionen gelegt, die zentral gesteuerte Planungen und Transaktionen (von denen viele fälschlicherweise als »Handel« bezeichnet werden) jenseits öffentlicher Kontrolle oder Einmischung durchführen. Wie bereits in früheren

Epochen gruppieren sich die Entscheidungsstrukturen um die Zentren der realen Macht und führen zu dem, was die internationale Wirtschaftspresse als »de-facto-Weltregierung« bezeichnet: IWF, Weltbank, GATT und die neue Welthandelsorganisation, die Exekutivgewalt der G-7 und der Europäischen Union und so weiter. Diese Prozesse haben viele erwünschte Effekte. Sie schützen Reichtum und Privilegien sowohl vor der Marktdisziplin als auch vor öffentlichen Eingriffen. Und sie tendieren naturgemäß dazu, die Polarisierung der Weltgesellschaft zu verstärken, da sich das strikt zweigeteilte Modell der Dritten Welt mit Sektoren großen Reichtums inmitten wachsender Armut und Verzweiflung zunehmend auch auf die reicheren Gesellschaften ausweitet, wobei die Vereinigten Staaten und Großbritannien den Weg weisen.

Aber auch diese Entwicklungen sind nicht unproblematisch. Es wird keine leichte Aufgabe sein, die wachsende Anzahl von Menschen zu kontrollieren, die für die Profitmacherei überflüssig sind und daher keine Rechte haben, die den zu etablierenden Wertesystemen entsprechen. Die Probleme sind Variationen bekannter Probleme; und die Mittel, die den »Herren der Menschheit« zur Verfügung stehen, sind ebenfalls Variationen der alten. Ebenso altehrwürdig ist allerdings auch die Notwendigkeit für die Menschen, den Schleier der Täuschung und der aufgezwungenen Unwissenheit beiseite zu schieben und den endlosen Kampf für Freiheit und Gerechtigkeit fortzusetzen. Zu diesem Anliegen leistet das Werk von Alex Carey einen einzigartigen und gewichtigen Beitrag.

Noam Chomsky, 17. August 1994

## Danksagungen

Ich möchte Alex Careys Frau, Joan Carey, und seinen Töchtern, Cathy Carey und Gabrielle Carey, für ihre Ermutigung und Unterstützung bei diesem Projekt danken.

Die in diesem Buch enthaltenen Aufsätze, ob bereits veröffentlicht oder nicht, wurden neu betitelt und in einem einheitlichen Stil bearbeitet. Sie stammen aus folgenden Quellen:

Kapitel 1: »The Origins of Contemporary America«, unveröffentlichtes Manuskript.

Kapitel 2 und 6: »Managing Public Opinion: The Corporate Offensive«, in S. Frenkel (Hg.), *Union Strategy and Industrial Change*, NSW University Press, Sydney, 1978.

Kapitel 3: »The First Americanization Movement: 1912–1916, unveröffentlichtes Manuskript.

Kapitel 4: »Origins of the Vietnam War III: The McCarthy Era«, unveröffentlichtes Manuskript.

Kapitel 5: »Reshaping the Truth: Pragmatists V Propagandists in America«, *Meanjin Quarterly*, vol. 35, no. 4, 1976.

Kapitel 7: »Capitalist Corporations and the Management of Democracy«, unveröffentlichtes Manuskript.

Kapitel 8: »Propaganda in the Nuclear Age: Democracy and Beyond 1984«, veröffentlicht in einer Sammlung von Konferenzbeiträgen, *Imagining the Real*, Australian Broadcasting Corporation, July 1988.

Kapitel 9: »Social Science, Propaganda and Democracy«, in p. Boreham & G. Dow (Hg.), *Work and Inequality: The Impact of Capitalist Crisis on Work Experience and the Labour Process*, Macmillan, Melbourne, 1980.

Kapitel 10: »Industrial Psychology and Sociology in Australia«, in P. Boreham, A. Pemberton, p. Wilson (Hg.), *The Professions in Australia? A Critical Appraisal*, University of Queensland Press, Brisbane, 1976.

Kapitel 11: »The Hawthorn Studies; A Radical Criticism«, *American Sociological Review*, vol. 32, no. 3, June 1967.

# Vorwort zur Deutschen Ausgabe

Von Jonas Tögel

Um die Bedeutung des australischen Psychologen und Propagandaforschers Alex Carey zu verstehen, lohnt es sich, einen Blick in das Standardwerk *Die Konsensfabrik* von Noam Chomsky und Edward Herman zu werfen. Dieses ist dem amerikanischen Soziologen Herbert Schiller gewidmet – und Alex Carey. Im Vorwort von *Demokratie ohne Risiko* stellt Chomsky nochmals klar, warum er für seinen guten Freund Carey und seine Arbeit so eine große Wertschätzung hegt: Carey habe eine »herausragende Arbeit« (S. 9) geleistet bei der Offenlegung einer »von Propaganda gesteuerten Demokratie« (ebd.). Demokratie selbst, so Chomsky, sei von den »Herren der Menschheit« (S. 20) immer zutiefst gefürchtet worden, und sie wurde auf besonders geschickte sowie hinterhältige Art und Weise durch eine gezielte Steuerung des »öffentlichen Bewusstseins« (S. 14) unterlaufen. Und es ist ein großer Verdienst Careys, dass er diese oft verdeckt ablaufenden Steuerungstechniken seitens Regierung und vor allem von Wirtschaftslobbyverbänden offenlege und so helfe, den Schleier der Täuschung zu lüften, und so einen unschätzbaren Verdienst für den emanzipatorischen Kampf um Freiheit und Gerechtigkeit leiste.

Auch der bekannte, australische Journalist John Pilger hatte nur Lob für das Schaffen seines Landsmannes übrig und bezeichnete ihn gar wegen seiner vorausschauenden Warnungen als einen »zweiten Orwell«[1].

Diese Lobeshymnen mögen zunächst überraschen, denn wer sich nicht ausführlich mit Propaganda beschäftigt, dem ist der Name Alex Carey in den seltensten Fällen ein Begriff, ganz im Gegensatz zum berühmten Noam Chomsky oder John Pilger.

Das ist jedoch ein sehr bedauerlicher Zustand, denn wie bedeutend Carey und sein Schaffen jedoch tatsächlich sind, das wird einerseits deutlich, wenn man das Leben das Australiers betrachtet, und andererseits, wenn man auf sein unglaublich wertvolles, wissenschaftliches Werk blickt. Beides soll in diesem Vorwort in aller Kürze geschehen.

Der in bäuerlichen Verhältnissen aufgewachsene Carey kam erst spät zu einer universitären Karriere, und er behielt zeit seines Lebens einen erfrischenden und im positiven Sinne unakademischen Blick auf das politische und wissenschaftliche Zeitgeschehen. So war sein Leben geprägt von einem leidenschaftlichen Engagement für Frieden, Freiheit und Bürger- sowie Arbeiterrechte. Dieses zeigte sich nicht nur in seinen scharfsinnigen, intellektuellen Analysen, sondern auch seinem Engagement außerhalb der akademischen Welt: Als erbitterter Gegner des Vietnamkrieges nahm er an zahlreichen Friedensdemonstrationen teil, und als engagierter Bürgerrechtler war er Gründungsmitglied der *Australian Humanist Society* 1960 und wirkte bei der Gründung des *Australian Council for Civil Liberties* mit (vgl. S. 40).

Es wäre sicherlich lohnenswert, genauer zu untersuchen, ob die langen Jahre von handfester, »ehrlicher« Arbeit auf dem elterlichen Bauernhof zu seinem klaren Blick auf Machtstrukturen und allerlei akademische Täuschungsmanöver beitrugen. Sicher ist, dass bei der Lektüre von *Demokratie ohne Risiko* an vielen Stellen Careys Engagement für die Arbeitnehmerschicht, dem »common man«, durchschlägt, deren Kampf für gerechtere Löhne und Mitspracherecht im Laufe der letzten 120 Jahre immer wieder durch intensive Unternehmenspropaganda erschwert wurde – wie das Buch eindrucksvoll aufzeigt.

Neben diesem Blick auf die persönlichen Triebfedern wird Careys Bedeutung für heute vor allem dann deutlich, wenn man sein intellektuelles (Lebens-)Werk studiert, wozu an erster Stelle das Buch *Demokratie ohne Risiko* gehört.

Es wurde nach Careys überraschendem Tod 1987 aus einer Auswahl seiner unveröffentlichten Manuskripte mit Hilfe seiner Familie zusammengestellt und erschien 1995. Das ist heute dreißig Jahre her, viele seiner Schriften sind älter als vierzig Jahre. Dadurch könnte man meinen, es handle sich um veraltete Analysen eines lange verstorbenen Autors. Genau das Gegenteil ist jedoch der Fall: Um die aktuelle Lage der Welt, um die von Rainer Mausfeld so treffend als »Pleonexie« bezeichnete Tendenz einer immer größeren Macht- und Reichtumskonzentration in den Händen einer immer kleineren Gruppe von Menschen und um das weitgehende Fehlen von Widerstand seitens weiter Teile der Bevölkerung gegen diese Zustände zu verstehen, braucht es einen detaillierten Blick zurück in die Geschichte.

*Demokratie ohne Risiko* bietet einen solchen Blick zurück und zeichnet die Geschichte der Propaganda detailreich, faktenbasiert und mit für heute hochspannenden und relevanten Erkenntnissen nach.

> »Das zwanzigste Jahrhundert ist durch drei Entwicklungen von großer politischer Tragweite gekennzeichnet: das Wachstum der Demokratie, das Wachstum der Konzernmacht und das Wachstum der Konzernpropaganda als Mittel zum Schutz der Konzernmacht vor der Demokratie.« (S. 58)

Die Analysen des Buches fokussieren auf einen Teilaspekt moderner Propaganda (Wirtschaftspropaganda). Es lohnt daher, den Blick zu weiten und zunächst den Beginn moderner Propaganda insgesamt zu skizzieren. Ihre Anfänge können dabei auf den Beginn des 20. Jahrhunderts datiert werden, und sie sind in meinem Buch »Kognitive Kriegsführung« ausführlich dargestellt. An dieser Stelle soll ein kurzer Einblick genügen. Er hilft dabei, Careys Werk als ein Puzzlestück in den Gesamtkontext der (historischen) Propagandaforschung einzuordnen.

Damals trat der grundlegende Interessenskonflikt zwischen dem »common man« (S. 48) und großen Unternehmen (S. 58) sowie deren reichen Besitzern noch offen zutage. Besonders reiche Besitzer großer Unternehmen, Banken oder Betriebe wie Vanderbuild, Astor oder Rockefeller waren damals im Volksmund, ehrlicherweise, als Räuberbarone (»Robber Barons«)[2] bekannt, denen auch durch eine kritische Presse vorgeworfen wurde, sich »zu Lasten der übrigen Gesellschaft persönlich zu bereichern«.[3] Ein besonders bekanntes Beispiel dafür ist der Streik der Minenarbeiter von John D. Rockefeller Juniors Colorado Fuel & Iron Corporation von 1913 bis 1914. Die Forderung der Minenarbeiter nach einer Gewerkschaft wurde von dem »Räuberbaron« Rockefeller mit aller Gewalt bekämpft und ein Lager von Tausenden Streikenden in Ludlow am 20. April 1914 von der Nationalgarde unter Maschinengewehrfeuer genommen. Dutzende Frauen und Kinder starben, und das Ereignis wurde als »Massaker von Ludlow« landesweit bekannt. Es sorgte nicht nur für große Empörung gegenüber einem der reichsten Männer der damaligen Zeit, sondern es kann auch als die Geburtsstunde moderner Wirtschaftspropaganda angesehen werden. Rockefeller schaffte es durch eine geschickte PR-Kampagne mit Unterstützung eines der Pioniere moderner Propaganda, Ivy Lee, seinen Ruf von einem »Räuberbaron« in einen »Philanthropen« zu verändern – und bis heute ist er als solcher auf Wikipedia aufgeführt.

Nur kurze Zeit nach dem Massaker von Ludlow wurde 1917 unter Präsident Wilson der sogenannte »Ausschuss für Öffentlichkeitsarbeit« gegründet (Committee on Public Information), der bis 1919 eine intensive Kriegspropaganda betrieb, um die Kriegsbereitschaft der US-amerikanischen Bevölkerung sicherzustellen.

Eines der Mitglieder dieses Propagandakomitees ist Edward Bernays, der Neffe von Sigmund Freud. Er ist neben Ivy Lee einer der einflussreichsten und bekanntesten Pioniere moderner Propaganda und führte die sehr erfolgreichen Propagandatechniken des Ersten Weltkriegs als Wirtschaftspropaganda in den 1920er-Jahren landesweit fort: »Als ich erkannte, was in der Welt los war, und gesehen hatte, welch mächtige Waffen Ideen sein konnten, beschloss ich, mal zu sehen, ob wir nicht das, was ich im Krieg gelernt hatte, in Friedenszeiten anwenden konnten«[4], so Bernays über die Ursprünge moderner Propaganda.

Auch Alex Carey widmet sich in *Demokratie ohne Risiko* den Ursprüngen und der Geschichte der Wirtschaftspropaganda, er wählt jedoch andere Beispiele und fokussiert sich unter anderem auf die Tätigkeit des mächtigen Wirtschaftslobbyverbundes NAM (National Association of Manufacturers).

Diese kurze Einführung zu ihren Ursprüngen ist sehr wichtig, wenn es darum geht, die große Bedeutung von *Demokratie ohne Risiko* zu verstehen: Wie ein Detektiv, welcher den Propagandisten auf die Schliche kommen möchte, setzt Carey in seinem Buch an der historischen Wurzel moderner Propaganda an. Sein Augenmerk liegt hier weniger auf der Kriegspropaganda, die er nur kurz streift, sondern, wie bereits erwähnt, auf der Wirtschaftspropaganda. Im Ersten Weltkrieg sei Propaganda »zu einer Wissenschaft und zu einem Beruf« (S. 63) geworden, erkennt Carey richtig.

Er unterscheidet bei seiner detaillierten Analyse von Wirtschaftspropaganda zwischen jener, »die nach außen gerichtet ist«, sowie jener, »die nach innen gerichtet ist« (S. 49). Mit ersterem ist die Propaganda gemeint, welche bei der breiten Bevölkerung eine Zustimmung zu dem amerikanischen Wirtschaftssystem sicherstellen möchte und Gewerkschaften als »die einzigen Instanzen, die in der Lage sind, die vollständige Beherrschung der Gesellschaft durch die Konzerne zu verhindern« mit »Tyrannei, Unterdrückung und sogar Umsturz« (S. 58) bekämpft. Letztere nimmt die Arbeitnehmerschaft selbst ins Visier mit dem Ziel, ihre Loyalität gegenüber den Gewerkschaften zu schwächen und gegenüber dem Unternehmen zu stärken.

Diese Unterscheidung hilft nicht nur, den Blick auf Wirtschaftspropaganda zu schärfen, sie führt auch das Ausmaß vor Augen, mit dem seit ca. 100 Jahren erfolgreich die gesamte amerikanische Gesellschaft beeinflusst wird. Die PR-Anstrengungen hätten einen »riesigen Komplex von Institutionen ins Leben gerufen, die sich auf Propaganda und die damit verbundene sozialwissenschaftliche Forschung spezialisiert haben«, geführt (S. 59), dessen einziger Zweck es sei, »die öffentliche Meinung zu überwachen und sie innerhalb der ideologischen Grenzen zu lenken, die für die amerikanische Wirtschaft akzeptabel sind« (S. 59).

Immer wieder beschreibt Carey mit deutlichen Worten das schier unvorstellbare Ausmaß an Massenmanipulation, das seither entstanden ist und sich oft einfacher, aber dafür umso wirksamerer Rahmenerzählungen von »gut« gegen »böse«, »heilig« gegen »teuflisch« und »frei« gegen »unfrei« bedient:

> »Der erfolgreiche Einsatz von Propaganda als Mittel der sozialen Kontrolle erfordert somit eine Reihe von Voraussetzungen: den Willen, sie einzusetzen; die Kompetenz, Propaganda zu produzieren; die Mittel, sie zu verbreiten; und schließlich die Verwendung ›signifikanter Symbole‹: Symbole denen tatsächliche Macht über emotionale Reaktionen zukommt – idealerweise Symbole des Heiligen und Satanischen. Seit langem schon verfügen die USA über alle diese Voraussetzungen in größerem Maße als jedes andere westliche Land. Ich werde jede dieser Voraussetzungen der Reihe nach erörtern.« (S. 49)

Eine der Haupttechniken ist es laut Carey, Kommunismus oder Sozialismus als das mit dem amerikanischen Kapitalismus konkurrierende System als »die überzogene negative Idealisierung des Bösen, säkularisiert im Kommunismus/Sozialismus als etwas sui generis, an allen Orten und zu allen Zeiten Böses, Schlechtes, Unterdrückerisches, Betrügerisches und Zerstörerisches gegenüber allen zivilisierten und humanen Werten« (S. 55) darzustellen. Demgegenüber seien der *American Way of Live* und der *Spirit* von Amerika zu einem Symbol »der irrationalen Kraft des Heiligen« geworden (S. 55). Diese Aussagen lassen sich nochmals besser verstehen, wenn man bedenkt, dass Carey Analysen zu Zeiten des Kalten Krieges geschrieben wurden, während dem die beiden konkurrierenden Wirtschaftssysteme zu einem Kampf der Weltsichten und Ideologien schlechthin wurden.

Solche weitreichenden Aussagen muten zunächst vielleicht etwas weit hergeholt an, und man könnte geneigt sein, dem Autor eine Übertreibung oder Dramatisierung zu unterstellen. Hier zeigt sich jedoch der unschätzbare Wert der Arbeit des australischen Propagandaforschers: Minutiös und detektivisch lässt er solch weitreichenden Aussagen eine solche Fülle an Fakten und Belegen folgen, dass es manchmal schwerfällt, nicht von ihrer Fülle überwältigt zu werden. Seine gut dokumentierten Beispiele sind auch heute noch von unschätzbarem Wert: Von der Inszenierung des amerikanischen *Independence Day*, der zunächst *Amerikanisierungstag* hieß (1917), als Businesspropaganda im Kampf um die Köpfe und Herzen der Einwanderer über die *Mohawk-Valley*-Formel zur gezielten Zersetzung von Streiks (1936) bis hin zur Gründung zahlreicher Denkfabriken, um den intellektuellen Diskurs zu dominieren (ab den 1970er-Jahren) – Careys Werk will nicht nur gelesen, es will genau studiert werden, um aus dem reichen Erfahrungsschatz emanzipatorischer (Propaganda-) Analysen auch heute noch profitieren zu können.

Paradoxerweise ist es wohl auch einer erfolgreichen Wirtschaftspropaganda zu verdanken, dass wir heute so wenig über ihr Wirken während der letzten hundert Jahre wissen: »Man kann argumentieren, dass der Erfolg der Unternehmenspropaganda, uns über einen langen Zeitraum hinweg davon zu überzeugen, dass wir frei von Propaganda sind, eine der bedeutendsten Propagandaleistungen des zwanzigsten Jahrhunderts ist.« (S. 62)

Dem setzt der Australier eine so umfassende und vielschichtige Analyse von (amerikanischer) Unternehmenspropaganda vom Beginn des 20. Jahrhunderts bis in die 1980er-Jahre entgegen, dass es unmöglich scheint, die Bedeutung von *Demokratie ohne Risiko* in einem Vorwort umfassend zu würdigen.

Neben der oftmals schwer zu durchschauenden Propaganda von Unternehmen geht Carey auch auf deren allumfassende Bestrebungen ein, um die Bildung von Schulen bis hin zu Universitäten im Sinne der eigenen Interessen zu beeinflussen. Dabei lässt er es sich nicht nehmen, auch Klassiker der psychologischen Forschung, wie die Hawthorne-Studien zu effizienter Mitarbeiterführung (ab 1927), die er einer ausführlichen Kritik unterzieht, oder die Studien von Lewin, Lippitt und White (1939) zur Wirksamkeit einzelner

Führungsstile, als in seinen Augen von wirtschaftlichen Interessen durchtränkt zu sein. »Wie kommt es, dass fast alle Autoren von Lehrbüchern, die sich auf die Hawthorne-Studien gestützt haben, die große Diskrepanz zwischen den Belegen und den Schlussfolgerungen in diesen Studien nicht wahrgenommen haben?«, fragt Carey (S. 313). Dies kann auch als Appell an die (psychologische) Forschung verstanden werden, eigene, für selbstverständlich angenommene Prämissen immer wieder ergebnisoffen zu hinterfragen.

Besonders hervorzuheben ist der scharfsinnige, oftmals unkonventionelle Denkstil des Autors, der sich sicherlich an dem eingangs erwähnten Lob Pilgers, er sei ein »zweiter Orwell«, gestoßen hätte:

> »Orwell warnte davor, dass ein kruder und brutaler Totalitarismus aus dem linken Lager der Politik kommen und die liberal-demokratischen Freiheiten, von denen wir alle profitieren möchten, untergraben würde. Eine derartige Perspektive ist dabei lediglich ein Teil des Kommunismus-Wahns im zwanzigsten Jahrhundert; denn auch wenn die Freiheiten der liberalen Demokratie zweifellos bedroht sind, so ging die Gefahr doch stets von der »respektablen Rechten« aus. Sie kommt in der Gestalt einer weitverbreiteten sozialen und politischen Indoktrination daher, einer Indoktrination, die Unternehmensinteressen als die Interessen aller propagiert und dabei die Gemeinschaft fragmentiert und das individuelle und kritische Denken ausschließt.« (S. 224–225)

»Drei Jahre nach ›1984‹ liegt es meines Erachtens auf der Hand, dass George Orwells Warnungen vor künftigen Bedrohungen der liberalen Demokratien weitgehend, ja sogar in gefährlicher Weise, falsch verstanden wurden« (S. 232), so Carey in einer für ihn eigenen, scharfzüngigen und prägnanten Kritik an scheinbar etablierten Wahrheiten.

Carey gelingt es immer wieder, seine oft drastisch formulierte Kritik auf ein solides, wissenschaftliches Fundament zu stellen. Dies ist auch seiner ganzheitlichen Herangehensweise zu verdanken, die nicht vor den Schranken einer einzelnen Disziplin Halt macht. So betrachtet er Propaganda aus durchaus unterschiedlichen Perspektiven und lässt sowohl psychologische als auch soziologische und historische Forschungsansätze erkennen, die er ganz im Sinne seines humanistischen Anliegens gewinnbringend miteinander verknüpft.

Ebenso prägnant ist daher auch sein Appell für einen ganzheitlichen Forschungsstil, auch und vor allem bei der Offenlegung gefährlicher Propagandabestrebungen, welche die Grundwerte einer Demokratie oft geschickt aushebeln.

> »Im 19. Jahrhundert beschrieb Matthew Arnold das Ziel der Literatur dahingehend, das Leben ›fortlaufend‹ und als ›Ganzes‹ zu erfassen. Im 20. Jahrhundert haben die Sozialwissenschaften diese traditionelle Rolle der Dichter und Schriftsteller als einflussreichste Quelle für Recherchen und Reflexionen über das menschliche Leben und seine Werte in Frage gestellt. Ich denke, dass die Macher unserer Sozialwissenschaften Arnolds Ziel weitgehend aufgegeben haben. Infolgedessen erleben wir alle die Welt heute unbeständiger, als uns lieb sein kann, und in einem doppelten Sinne unvollständiger und fragmentierter.
>
> Ich würde behaupten, dass die Abkehr von einem ganzheitlichen Blick auf die Gesellschaft tiefergehend und gefährlicher ist als je zuvor.«

Wie eingangs bereits erwähnt, wäre es ein großer Fehler, *Demokratie ohne Risiko* mit Verweis auf das erstmalige Erscheinungsdatum als ein veraltetes und für heute nicht mehr relevantes Werk zu bezeichnen.

So wäre heute beispielsweise kritisch zu prüfen, inwieweit die Aussage, »dass die Sozialwissenschaftler in der US-Wirtschaft als ›Diener der Macht‹ fungierten und dass sie ›der Macht statt dem Geiste dienten‹«, (S. 253) auch heute noch zutrifft – und ob man sie sogar auf die verantwortlichen Wissenschaftler*innen staatlich geförderter, psychologischer Steuerungsprogramme wie dem seit

2008 weltweit eingesetzten »Nudging«[5], an dem auch die deutsche Bundesregierung beteiligt ist,[6] erweitern muss.

Die kluge Warnung von Carey, dass sich die wirtschaftliche Macht wirksam durch Propaganda tarnt und ihren eigenen Machtzuwachs damit nicht nur absichert, sondern auch verschleiert, ist heute von noch viel größerer Bedeutung als zu der Zeit, als *Demokratie ohne Risiko* erstmals erschien.

Zwei Studien, die inzwischen selbst schon wieder einer Aktualisierung bedürfen, machen die Aktualität von Careys Warnungen deutlich: So fand eine im Jahr 2011 an der ETH-Zürich publizierte Studie heraus, dass nur ca. 150 Unternehmen weite Teile der Weltwirtschaft kontrollieren,[7] was auf eine unglaubliche Machtkonzentration hindeutet. Diese ist jedoch im öffentlichen Diskurs ein ebenso wenig breit diskutiertes Thema wie die Ergebnisse der als »Oligarchie-Studie« bekannten Publikation von zwei amerikanischen Wissenschaftlern aus dem Jahr 2014, die herausfand, dass die ärmeren 70 Prozent der Bevölkerung fast keinen Einfluss auf politische Entscheidungen mehr haben.[8] In ihrer umfangreichen Studie untersuchten die Autoren fast 2000 politische Entscheidungen über mehrere Jahrzehnte hinweg (1981–2002) und kamen zu dem Schluss, dass sich die Wünsche der politischen Elite fast immer durchsetzen konnten. »Die USA sind eine Oligarchie, keine Demokratie«[9], kommentierte die BBC damals ebenso nüchtern wie treffend.

Wer sich angesichts dieser Ergebnisse verwundert die Augen reibt und sich fragt, wie all das ohne großen Widerstand von weiten Teilen der Bevölkerung über so lange Zeit hin geschehen konnte, dem kann man *Demokratie ohne Risiko* wärmstens empfehlen. Alex Carey hat mit seinem Standardwerk wertvolle Vorarbeit geleistet, um zu verstehen, welchen Fiktionen wir heute oftmals folgen und wieso wir manchmal den Bezug zur Realität fast vollständig verlieren,[10] wie der israelische Historiker Yuval Noah Harari kürzlich feststellte.

Es brauchte heute daher dringender denn je einen unverstellten Blick auf die gegenwärtigen Machtverhältnisse, eine genaue

Analyse der Täuschungs- und Indoktrinationsmechanismen der Mächtigen sowie einen kritischen Blick auf die psychologische Forschung, die sich allzu oft als Diener der ökonomischen Eliten erwiesen hat. *Demokratie ohne Risiko* legt dafür einen umfassenden, ganzheitlichen und scharfsinnigen Grundstein, auf dessen Fundament wir gemeinsam aufbauen können. Sie dienen im Hinblick auf Careys akademisches Wirken und sein Leben sowohl als akademisches Rüstzeug als auch als ein leidenschaftlicher Appel an die (Propaganda-)Forschung und an uns alle, dass wir uns gemeinsam aufmachen, Propaganda zu studieren, zu neutralisieren und die so wichtigen Schritte hin zu einer echten Demokratie gemeinsam zu beschreiten. Diese war immer für die jeweils Mächtigen mit ebenjenem großen Risiko verbunden, das sie für sich bisher wirksam durch Propaganda minimieren konnten.

**Anmerkungen:**


1. Pilger, John: »The Propaganda War on Democracy«. In: Dissident Voice, 17.05.2005, online unter: [https://dissidentvoice.org/May05/Pilger0517.htm], abgerufen am [29.02.2025].
2. Butterick, Keith (2011). *Introducing Public Relations. Theory and Practice.* SAGE Publications, S. 10.
3. Leipold, Jimmy (Regisseur) (2017). *Edward Bernays und die Wissenschaft der Meinungsmache* [Film]. ARTE France und INA.
4. Leipold, Jimmy (Regisseur). (2017). *Edward Bernays und die Wissenschaft der Meinungsmache* [Film]. ARTE France und INA.
5. Thaler, Richard H. & Sunstein, Cass R. (2008/2019). *Nudge. Wie man kluge Entscheidungen anstößt.* Ullstein Taschenbuch.
6. Presse- und Informationsamt der Bundesregierung: »wirksam regieren – Mit Bürgern für Bürger«, online unter: [https://www.bundesregierung.de/breg-de/schwerpunkte-der-bundesregierung/wirksam-regieren], abgerufen am [05.03.2025].
7. Vitali, Stefania; Glattfelder, James B.; Battiston, Stefano: »The Network of Global Cororate Control.« In: PloS ONE 6(10): e25995, 26.10.2010, online unter: [https://journals.plos.org/plosone/article?id=https://doi.org/10.1371/journal.pone.0025995], abgerufen am [05.03.2025].
8. Gilens, Martin; Page, Benjamin I.: »Testing Theories of American Politics: Elites, Interest Groups, and Average Citizens«. In: Cambridge University Press: Perspectives on Politics, Volume 12, Issue 3, S. 564–581,

18.09.2014, online unter: [https://www.cambridge.org/core/journals/perspectives-on-politics/article/testing-theoriesof-american-politics-elites-interest-groups-and-averagecitizens/62327F513959D0A304D4893B382B992B], abgerufen am [05.03.2025].
9. BBC: »Study: US is an oligarchy, not a democracy«. In: BBC News, 17.04.2014, online unter: [https://www.bbc.com/news/blogs-echochambers-27074746], abgerufen am [05.03.2025].
10. The Diary Of A CEO (11. Januar 2024). *Yuval Noah Harari: An Urgent Warning They Hope You Ignore. More War Is Coming!* [Video]. YouTube.

# Einleitung

von Andrew Lohrey

Die Entwicklung einer Theorie der Überredung begann bereits 500 v. Chr. in den griechischen Stadtstaaten. Damals stellten Philosophen eine Reihe von Regeln für den Einsatz von Rhetorik und Überredungskunst auf. Diese Systeme waren derart überzeugend, dass sich die Theorie nur geringfügig änderte, bis die industrielle Revolution den Weg zur Massenüberzeugung durch Massenmarketing ebnete. Nach 1900 begann man, Studien über die Wünsche und Gewohnheiten der Verbraucher und ihre Aufgeschlossenheit gegenüber alternativen Formen der Verkaufsförderung durchzuführen. Doch erst mit Beginn des Ersten Weltkriegs erhielt die Massenpropaganda ihren zentralen Platz im politischen Denken des 20. Jahrhunderts. Erstmals wurde Propaganda systematisch als Kriegswaffe eingesetzt.

Zwei Männer auf beiden Seiten des Atlantiks zeigten sich von dieser Entwicklung stark beeindruckt. Es waren dies der Demokrat Harold D. Lasswell – der erste moderne Analytiker von Propaganda – und Adolf Hitler, ihr wohl perversester Praktiker. Lasswell schrieb seine Doktorarbeit zu diesem Thema und nannte sie »Propagandatechniken im Weltkrieg«. Einige Jahre zuvor hatte Hitler *Mein Kampf* geschrieben. Darin beschrieb er die Wirksamkeit der alliierten Propaganda im Gegensatz zur deutschen Überzeugungsarbeit, deren Unfähigkeit seiner Meinung nach zur Demoralisierung der deutschen Soldaten und Zivilisten und damit zur Niederlage Deutschlands beigetragen hatte.

Lasswells allgemeine Schlussfolgerungen zur Bedeutung der Propaganda und zur Frage, wer den Propagandakrieg im Ersten Weltkrieg gewonnen hatte, unterschieden sich nicht wesentlich von denen Hitlers. Später sollte der Faschist Hitler seine Aufmerksamkeit auf die Steuerung der öffentlichen Meinung im totalitären Deutschland richten, während der Demokrat Lasswell die Notwendigkeit einer Kontrolle der öffentlichen Meinung im demokratischen Amerika untersuchte. Während totalitäre Propaganda von der westlichen Welt allgemein als Verlust persönlicher und demokratischer Freiheit verurteilt wird, gilt die Steuerung der öffentlichen Meinung in einer Demokratie allgemein als ein gutes Geschäftsmodell. Warum diese Diskrepanz?

Offenbar war Lasswell allzu sehr von der Macht der Propaganda fasziniert, um eine pluralistische Verteidigung gegen die Steuerung der öffentlichen Meinung in Demokratien wie Australien und den Vereinigten Staaten vorzuschlagen. In diesem Jahrhundert gingen zahlreiche Akademiker wie Lasswell sowie viele Vertreter der »freien« Presse stillschweigend davon aus, dass es notwendig sei, die Risiken der Demokratie zu beseitigen, indem man sich an der Steuerung der öffentlichen Meinung beteiligt – einer Steuerung, die den Interessen der Wirtschaft dient. Diese unreflektierte akademische und mediale Konformität hat dazu beigetragen, den amerikanischen Geist für ebenjene Art von kritischem Denken zu verschließen, die für eine gesunde, kulturell vielfältige und pluralistische Demokratie notwendig ist. Die Tatsache, dass diese Art des Umgangs mit der Demokratie so lange als notwendig und unangefochten angesehen wurde, in einem Land, das oft als die führende Demokratie der Welt bezeichnet wird, wirft ein bezeichnendes Licht auf die Mentalität der politischen und akademischen Führer der Vereinigten Staaten.

Im Unterschied zu den meisten seiner akademischen Kollegen lehnte Alex Carey diese undemokratische Tradition der Steuerung der öffentlichen Meinung in Demokratien ab. Er tat dies durch eine empirische Analyse der Propagandastrategien und -programme, die in diesem Jahrhundert in den Vereinigten Staaten und Australien eingeführt wurden. – Programme, die das »Risiko« aus diesen Demokratien entfernen sollten. Die in diesem Buch enthaltenen Aufsätze beinhalten eine grundlegende Analyse der anhaltenden

Auswirkungen dieser verdeckten und breit angelegten Kampagnen. Alex Carey zeichnet nach, wie die »Gefahr« für die Demokratie aus einer vermeintlichen Gefahr für Wirtschaftsinteressen konstruiert wurde und wie Wirtschaftsinteressen der Öffentlichkeit nicht unverhohlen als sektorale Interessen zum Schutz privaten Reichtums verkauft werden, sondern stattdessen als nationale Interessen ausgegeben werden. Nationale Interessen werden folglich als identisch mit Wirtschaftsinteressen angesehen, und so werden sie gemeinsam durch Reizwörter wie »Freiheit«, »Freiheit des Einzelnen«, »freies Unternehmertum« und »freier Markt« kommuniziert.

Die Identifizierung von Unternehmensinteressen mit nationalen Interessen im Rahmen patriotischer Strategien »für oder gegen« die Nation war lange Zeit erstaunlich erfolgreich. Diese Propagandaprogramme konstruieren die »Gefahr« für die Demokratie als eine Gefahr, die von den Gewerkschaften und von staatlichen Initiativen wie der Wohlfahrts- und Umweltpolitik sowie von allen staatlichen Eingriffen in die Wirtschaft ausgeht, die auf eine Umverteilung des Wohlstands abzielen. Diese kommunalen und öffentlichen Politiken und Programme werden allerdings niemals deswegen als »Gefahr« für die Demokratie angegriffen, weil sie mit einer gewissen Umverteilung des Wohlstands verbunden sein könnten. Auf eine derart geradlinige Weise funktioniert Propaganda nicht. Vielmehr werden kommunale Politiken und Aktivitäten als »Risiko« bezeichnet, weil sie die »Freiheit« des Einzelnen einschränken, die »Initiative« begrenzen oder das »freie« Unternehmertum behindern. Die Identifizierung von Patriotismus mit der »Freiheit« von Unternehmensinteressen ist die einfachste aller versteckten Botschaften. Dass sich dieses einfache Regime der Gedankenkontrolle als dermaßen erfolgreich erwiesen hat und in der Öffentlichkeit auf so wenig Widerstand stieß, liegt an seiner beharrlichen und wiederholten Inszenierung.

Eine Folge dieser Propagandaprogramme ist ein gewisser Zynismus in der Öffentlichkeit hinsichtlich der Fähigkeit von Regierungen, das öffentliche Interesse zu wahren, zu vertreten und zu fördern. Da es in der Natur einer repräsentativen Regierung liegt, dass jeder Politiker versucht, möglichst viele Wählerstimmen zu gewinnen, müssen und sind fast alle Politiker in den USA und Australien zu Fürsprechern der Wirtschaft geworden. Wer sich dem widersetzt, dem werden Geld, Medienpräsenz und die Unterstützung der Wirtschaft verweigert. Die Regierungen, gleich welcher politischen Couleur, sind daher den Unternehmensinteressen hörig und haben es deshalb weitgehend versäumt, notwendige Maßnahmen zum Schutz der Interessen der Gesellschaft insgesamt zu ergreifen. Als australischer Politiker habe ich fast vierzehn Jahre lang direkt miterlebt, wie Regierungen reaktiv und kontinuierlich Wirtschaftsinteressen über die Interessen der Öffentlichkeit gestellt haben. Man denke nur an die Schwierigkeiten, die in den letzten zwei Jahrzehnten bei der Umweltgesetzgebung und ihrer Durchsetzung in den USA und Australien aufgetreten sind, oder an die Schwierigkeiten, die die Clinton-Regierung bei der Einführung einer allgemeinen Krankenversicherung hatte. Das Versagen der Regierungen, die Interessen der Allgemeinheit zu schützen, hat in den USA wahrscheinlich zu einer größeren Desillusionierung gegenüber den demokratischen Institutionen geführt als in Australien, da Australien bei der Nachahmung demokratischer Propagandakampagnen tendenziell hinter Amerika hinterherhinkt.

In den USA scheint es nicht nur eine weit verbreitete soziale Zersplitterung und Desillusionierung in Bezug auf die Demokratie zu geben, sondern viele von uns scheinen die Hoffnung auf eine Umkehrung dieses Gefühls der Entfremdung bereits aufgegeben zu haben. Jeder demokratische Präsident, der die dringend notwendigen Reformen im Gesundheits-, Sozial- und Umweltbereich durchführen will, hat zwei Möglichkeiten. Er kann an seinem Reformprogramm festhalten und einen Vertrauensverlust in der Öffentlichkeit erleiden, indem er in der Öffentlichkeit als »zu liberal« und ineffektiv (das Carter-Image) oder als zu unentschlossen oder sexuell übergriffig (das Clinton-Image) dargestellt wird. Alternativ dazu kann ein reformorientierter demokratischer Präsident weiter nach rechts rücken, seine Versprechen vergessen und Teil der Propagandakampagne werden. Angesichts der Geschichte der demokratischen Propaganda in den USA hegen viele von uns Zweifel, dass ein neuer Roosevelt oder New Deal möglich ist. Das politische System ist heute dermaßen auf Unternehmensinteressen ausgerichtet, dass ein solcher Reformer nicht in der Lage wäre die grundlegenden Reformen in den Bereichen Gesundheit, Soziales, Bildung, Umwelt und Beschäftigung durchzusetzen, die das Land braucht.

Zu diesen Schlussfolgerungen gelangt Alex Carey durch seine Forschungen zur demokratischen Propaganda. In diesem Buch dokumentiert er die Amerikanisierungsprogramme, die bereits vor dem Ersten Weltkrieg begannen, über die McCarthy-Ära bis heute andauern und auch nach Australien exportiert wurden. Er führt uns zurück in die Zeit, als die Amerikanisierungsbewegung von der Wirtschaft ins Leben gerufen wurde. Angeblich, um die eingewanderten Arbeiter zu amerikanisieren, die von den subversiven Kräften der Industrial Workers of the World bedroht wurden. Was als Methode zur Kontrolle der politischen Ansichten eingewanderter Arbeiter begann, entwickelte sich rasch zu einem massiven Programm zur Kontrolle des Denkens einer ganzen Bevölkerung. Eines der erstaunlichsten Beispiele für die Einbeziehung der gesamten Bevölkerung in die Propaganda war die Umwandlung des Amerikanisierungsprogramms (ein Wort, das an die »Gedankenpolizei« erinnert) in einen nationalen Feiertag, den 4. Juli. Für viele von uns ist es ein Schock zu erfahren, dass der amerikanische Unabhängigkeitstag seinen Ursprung in einem von der Wirtschaft gesteuerten Programm zur Kontrolle der öffentlichen Meinung hat und kein unmittelbarer Ausdruck einer Nation war, die ihre historische Geburt feierte (siehe S. 103).

Alex Careys sorgfältige und bisweilen sehr detaillierte Darstellung der Abläufe, Rituale, Feiern, Symbole und Propagandamethoden dieser Kreuzzüge vermittelt uns den historischen Kontext, in dem die Strippenzieher agierten, die unser Denken bestimmen.

Als er 1988 starb, hinterließ Alex Carey einen ganzen Berg von Papieren und Artikeln, von denen viele niemals an einen Verlag geschickt worden waren. *Taking the Risk out of Democracy* stellt eine

Auswahl dieser Aufsätze und Beiträge dar, die zusammengenommen eine Geschichte der demokratischen Propaganda in den USA und Australien ergeben. Wenn diese Geschichte Lücken aufweist, so liegt das daran, dass das Material in Form einzelner Artikel verfasst wurde und ursprünglich nicht als Abfolge von Kapiteln innerhalb einer größeren Gesamtdarstellung gedacht war. Möglicherweise hätte Alex die vorliegende Auswahl nicht getroffen; dies mag insbesondere für Kapitel 3 gelten, das in hohem Maße auf Hartman zurückgeht. Ich habe diesen Beitrag jedoch in die Sammlung aufgenommen, weil er einen wichtigen Abschnitt der amerikanischen Propagandageschichte abdeckt und weil der Rest des Buches ohne ihn weniger verständlich wäre.

Wie die meisten politisch aktiven Menschen im Australien der 1970er- und 1980er-Jahre kannte ich Careys Schriften und Reden gegen den Vietnamkrieg. Aber erst als ich ihn Anfang der 1980er-Jahre persönlich traf, wurde mir sein Interesse an Wirtschaftspsychologie und Propaganda bewusst. Bei einem zufälligen Treffen mit seiner Tochter Cathy im Jahr 1988 erfuhr ich zu meiner Überraschung, dass der größte Teil des Werkes ihres Vaters unveröffentlicht geblieben war. Mit der Unterstützung von Careys Familie begann ich 1992 mit der Herausgabe dieses Buches.

Alex Carey war ein außergewöhnlicher Akademiker. Er war ein öffentlicher Intellektueller, der sich leidenschaftlich für Fragen der sozialen Gerechtigkeit einsetzte. Vielleicht war dieses Engagement einer der Gründe dafür, warum er erst spät an die Universität kam. Seine Eltern besaßen eine Schafzucht in der Nähe von Geraldton in Westaustralien; und als einziger Sohn wurde er von seinem Vater dazu verpflichtet, zu Hause zu bleiben und auf der Farm zu arbeiten. Careys Schulleiter kam eigens aus Perth angereist, um seine Eltern zu überreden, ihn nach Abschluss der Sekundarschule auf die Universität gehen zu lassen, doch ohne Erfolg. Carey widmete sich daraufhin der Instandhaltung des heruntergekommenen Familienbesitzes. Obwohl ihm vieles an dieser Lebensweise gefiel, widersprach sie seinen natürlichen Neigungen. Gleichwohl entwickelte er sich zu einem fähigen Landwirt und war als guter Sachverständiger für Schafe bekannt. (Diese Eigenschaft mag seiner späteren Arbeit zur Propaganda zugutegekommen sein.) Mit dem Koreakrieg stiegen schließlich die Wollpreise, und nach elf Jahren konnte Carey den Familienbesitz, den er erfolgreich bewirtschaftet hatte, verkaufen und sich an der Londoner Universität einschreiben.

Carey wurde 1958 als Dozent für Psychologie an die Universität von New South Wales berufen. Diese Position hatte er bis zu seinem Tod inne. Im Laufe der Jahre hielt er Vorlesungen über Arbeitspsychologie, Arbeitnehmer-Arbeitgeber-Beziehungen und die Psychologie des Nationalismus und der Propaganda. All diese Themen nutzte er auch außerhalb des Hörsaals als theoretische Grundlage für sein eigenes politisches Engagement. Infolgedessen wurde er mit einer Reihe von Themen in der australischen Öffentlichkeit sehr bekannt. In Erinnerung geblieben ist er vor allem durch seinen entschiedenen Widerstand gegen den Vietnamkrieg, aber er war auch an weniger öffentlichkeitswirksamen Projekten beteiligt. Dazu gehören z. B. seine einflussreichen Berichte und Beweismittel für Regierungsausschüsse und Untersuchungsausschüsse in der Wirtschaft.

Wie alles, was er tat, nahm Alex Carey auch seinen liberalen Humanismus ernst. Er gehörte 1960 zu den Gründungsmitgliedern der Australian Humanist Society und war einer ihrer wichtigsten Sprecher in der Öffentlichkeit. In dieser Zeit veröffentlichte die Humanist Society eine Reihe einflussreicher Berichte. Einer davon war der *Sex, Marriage and Divorce Report.* Als Generalstaatsanwalt Lionel Murphy Mitte der 1970er-Jahre den *Family Law Act* radikal umformulierte, basierten die daraus resultierenden Gesetzesänderungen fast ausschließlich auf diesem Bericht. Alex Carey gab auch den Anstoß zur Gründung des Australian Council for Civil Liberties, einer Organisation, die heute weitgehend an die Stelle der Humanist Society getreten ist.

Zwei Dinge an Alex Carey sind beeindruckend: Er war ein sehr mutiger Mann und besaß eine außergewöhnliche politische Integrität. Angesichts persönlicher Angriffe des »Mainstream«, wie er von Unternehmensseite und vielen seiner Kollegen vertreten wurde, ließ er sich nie entmutigen. Ein langjähriger Gewerkschaftsfunktionär, der viele Arbeitskonflikte aus eigener Anschauung kannte, sagte mir, er habe noch nie etwas erlebt, das mit dem Ausmaß und der Heftigkeit der Verunglimpfungen vergleichbar gewesen wäre, mit denen Carey von einigen seiner Kollegen im Laufe seiner Tätigkeit in der Industrie angegriffen wurde. Was seine Integrität anbelangt, so wurde Carey von den Gewerkschaftsfunktionären, mit denen er zusammenarbeitete, hoch geschätzt. – Und zwar sowohl wegen seiner praktischen Fähigkeiten als auch wegen seines Engagements für progressive interaktive Reformen. Überhaupt war er ein unerschrockener öffentlicher Intellektueller in einem Land, das eine gewisse kulturelle Scheu vor Intellektuellen an den Tag legt. Er sagte und tat, woran er glaubte. Eine seiner stärksten Überzeugungen war, dass das Material, das er studierte, Wahrheiten enthielt, die die Gesellschaft zum Besseren verändern konnten. Er gehörte zu den wenigen Akademikern, die die Komplexität der Arbeitnehmer-Arbeitgeber-Beziehungen verstanden, weil er gewillt war, sich mit den Betroffenen »einzulassen«; gleichwohl war er niemals bereit, zugunsten ihm nahestehender Interessengruppen auf sein Engagement für neue Forschungen und sorgfältige Analysen zu verzichten.

Dieser letzte Punkt ist für dieses Buch von besonderer Bedeutung. Wenn es irgendeine Wirkung auf seine Leser ausübt, dann nicht durch seine Polemik, sondern durch die enorme Menge an empirischen Belegen, die Carey präsentiert. Nach und nach werden die Leser von der schieren Menge an Details geradezu erdrückt.

Careys Interesse an Propaganda in Demokratien entstand während seines Studiums der Arbeitspsychologie in den 1960er-Jahren. Dieses Interesse verstärkte sich 1978, als er zwölf Monate am Massachusetts Institute of Technology bei Noam Chomsky studierte. Einige der hier veröffentlichten Artikel wurden in dieser Zeit geschrieben. Australien war der Adressat eines Großteils der in den Vereinigten Staaten produzierten demokratischen Propaganda. Die Beschaffenheit dieser »kolonialen« Beziehung wird im zweiten Teil dieses Buches dokumentiert.

Das Beunruhigende an *Demokratie ohne Risiko* ist, dass es unsere gewohnten Vorstellungen von Freiheit, Selbstbestimmung und Bürgerrechten erschüttert. Wir brauchen uns nicht mit Propagandatheorien zu befassen, denn das Wesen dieser Darstellung erfordert keine solche Lektüre. Wir müssen lediglich in der Lage sein, die Geschichte zu verfolgen, wie eine Minderheit von Unternehmensinteressen ihre Werte und Perspektiven dem Rest der Gesellschaft verkauft hat. Der Verkauf dieser Werte war derart erfolgreich, dass die meisten von uns sie übernommen haben, ohne das Gefühl zu haben, einer Gehirnwäsche unterzogen worden zu sein. Ein aktuelles Beispiel ist das »Young Achievers«-Programm, in dessen Rahmen australische Oberschüler zwölf Monate lang lernen, wie man durch die Gründung eines Unternehmens Gewinne erzielt. Die meisten von uns neigen dazu, diese Tätigkeit als unproblematisch anzusehen. Doch stellen wir uns einmal vor, die Schüler würden zwölf Monate lang lernen, wie man eine Gewerkschaft gründet und führt. Eine solche Bildungsmaßnahme würde vermutlich weithin als parteiisch, einseitig und »unangemessen« angeprangert werden. Doch was hat sich geändert? In beiden Fällen streben bestimmte wirtschaftliche Interessen danach, der Jugend ihre Werte einzuimpfen. Die Tatsache, dass der Profit über die Gemeinschaft gestellt wird, ist dabei nur ein Hinweis auf das Wesen und die Auswirkungen der Propaganda in unseren Demokratien.

Seit Alex Careys Tod 1988 hat sich die Welt mit dem Zusammenbruch des Kommunismus in Osteuropa dramatisch verändert. Der Kalte Krieg und das kommunistische Schreckgespenst stehen nicht länger als Symbole zur Verfügung, um die öffentliche Meinung zugunsten der Wirtschaftsinteressen zu mobilisieren. Doch auch wenn die McCarthy-Ära vorbei ist, sind die Nachwirkungen einer so langen Geschichte der Intoleranz und des Social Engineering in vielerlei noch immer spürbar. Sie zeigen sich in den sinkenden Mitgliederzahlen der Gewerkschaften und in der »schlechten« Presse, die die Gewerkschaften im Allgemeinen haben. Sie äußern sich in der Art und Weise, wie Umweltpolitik automatisch als wirtschaftsfeindlich, fortschrittsfeindlich und damit unsozial abgelehnt und ausgegrenzt wird. Sie offenbaren sich in der Art und Weise, wie die »freie« Presse in den Vereinigten Staaten und in Australien auf Vorschläge zur Demokratisierung der Medien reagiert. Sie manifestieren sich in der Leichtigkeit, mit der Personen, die sich für eine Politik zur Verbesserung ihres Gemeinwesens einsetzen, als »linksliberal« abgestempelt werden. Und sie zeigen sich schließlich in der Entfremdung, den rassistischen Vorurteilen und der sozialen Fragmentierung, die heute in den Vereinigten Staaten und in Australien zu beobachten sind.

In Australien zeigen sich die Auswirkungen dieser Geschichte demokratischer Propaganda in der allgegenwärtigen Vergötterung des »freien Marktes«. In den letzten zehn Jahren hat der »freie Markt« in fast allen Bereichen der Regierungstätigkeit – unabhängig von der Parteizugehörigkeit – Vorrang vor dem öffentlichen Interesse und Gemeinwohl erhalten. Der Begriff des Gemeinwohls hat seinen traditionell zentralen, demokratischen Stellenwert verloren und wird nun als »nicht marktwirtschaftlicher« Zusatznutzen bezeichnet: ein an den Rand gedrängtes Element innerhalb einer generellen Marktorientierung. In diesem Klima ist es zulässig, die Gesundheit der Bevölkerung ausschließlich im Hinblick auf die Kosten zu diskutieren, die den Arbeitgebern durch Produktionsausfälle entstehen. In diesem Klima ist es möglich, Bildung zu einem Ausbildungsreformprogramm zu machen. Im australischen Berufsbildungsreformprogramm sind Bildung und Berufsausbildung so weit auseinandergetreten, dass die Entscheidungsträger nicht mehr zwischen diesen beiden Bereichen unterscheiden können. Im Rahmen dieser Programmatik wird eine erfolgreiche Reform von der Allen Consulting Group – die 1994 beauftragt wurde, die Fortschritte der Programmatik zu überprüfen – als »Competitive Skills for Australians and Australian Enterprises« (Wettbewerbsfähige Kompetenzen für Australier und australische Unternehmen) bezeichnet. Dies ist die Sprache des »freien Marktes«, wo sie auf die Bildung angewandt wird, die traditionell als nicht marktförmig galt.

In einem Klima, in dem der »freie Markt« mit geradezu religiöser Inbrunst verehrt wird, ist es selbst einer Labour-Regierung (die traditionell Gewerkschaften und Arbeitnehmer vertritt) möglich, eine Untersuchung zur nationalen Wettbewerbspolitik (Inquiry into a National Competitive Policy) einzuleiten. Diese sogenannte Hilmer-Untersuchung setzte »wettbewerbsfeindliche Tendenzen« mit dem öffentlichen Interesse gleich und versuchte, Maßnahmen einzuführen, unter denen nicht marktwirtschaftliche Nutzeffekte ihren Wert zuallererst unter Beweis stellen müssen. Diese Vorgehensweise kehrt die demokratische Beweislast um, da es nun die Demokratie ist, die ihren Wert gegenüber dem Markt beweisen muss, und nicht mehr der Markt, der seinen Wert gegenüber dem demokratischen Gemeinwesen beweisen muss.

Die Auswirkungen dieser Geschichte zeigen sich auch in der Privatisierungspolitik der australischen Regierung und der weit verbreiteten unkritischen Akzeptanz dieser Politik. Schon immer verfügten australische Regierungen über mehr soziale Ressourcen als US-Regierungen. Inzwischen ist es jedoch fast zur Gewohnheit geworden, staatliche Einrichtungen an private Unternehmen zu verkaufen. Der Grund? Es wird schlichtweg davon ausgegangen, dass Regierungsorganisationen per definitionem immer ineffizient sind. Um ihre Leistungsfähigkeit zu steigern, sei es daher notwendig, sie an den Privatsektor zu verkaufen. Diese Binsenweisheit ist eine Folge der langjährigen Tradition demokratischer Propaganda. Dabei spielt es keine Rolle, dass diese Lehrmeinung empirisch falsch ist, wie das Beispiel von Telecom Australia zeigt, die zu den effizientesten Großunternehmen der Welt gehört. Die Politik geht davon aus, dass eine Zerschlagung und ein Verkauf automatisch ein fortschrittlicher Schachzug sind.

In der Regel wird die Privatisierungspolitik mit einem Verweis auf den gesunden Menschenverstand und mit »wertfreien« Begriffen wie »Initiative«, »Effizienz« und »Wettbewerb« begründet. In jüngster Zeit ist dieses Vokabular um einige neu geschaffene ökonomische Begriffe erweitert worden. Dabei handelt es sich um Kunstwörter, die die alten Konzepte des Stellenabbaus und der Senkung der laufenden Kosten mit neuen terminologischen Bedeutungen aufladen sollen, die zugleich die Vorzüge eines »freien

Marktes« beinhalten. Um das Privatisierungsprogramm weiter voranzutreiben, werden uns nun die Vorteile von »Gesundschrumpfen« und »Auslagerung« vorgegaukelt. Dabei handelt es sich um neue Begriffe für die Entlassung von Mitarbeitern und den Abbau der öffentlichen Verwaltung durch die Vergabe von Aufträgen an den Privatsektor. Es gilt als erwiesen, dass diese Maßnahmen die Leistungsfähigkeit und Wettbewerbsfähigkeit verbessern und zu Privatisierungen führen. Bislang hat niemand die sozialen Folgekosten, die Qualität der geleisteten Arbeit oder den allgemeinen öffentlichen Nutzen dieser Maßnahmen errechnet; und keine Regierung dürfte daran interessiert sein, während gleichzeitig davon ausgegangen wird, dass die Zukunft der Nation in den Händen der Unternehmensinteressen liegt.

Dies sind die anhaltenden undemokratischen Auswirkungen von fast einem Jahrhundert demokratischer Propaganda in diesem Land und den USA. Es ist wichtig, diese Geschichte zur Kenntnis zu nehmen und sie zu verstehen, damit man sich den darin enthaltenen Botschaften und Programmen der Intoleranz, Entfremdung und sozialen Spaltung – die in Zukunft in anderer Form weitergeführt werden – widersetzen und sie ändern kann.

Andrew Lohrey

# Teil I:

# Die Abschottung des amerikanischen Geistes

# 1 Die Ursprünge der amerikanischen Propaganda

Um seiner Überzeugung Ausdruck zu verleihen, dass die amerikanische Gesellschaft (und die Weltgesellschaft) unter den Einfluss der Bedürfnisse und Hoffnungen der großen Masse gewöhnlicher Menschen geraten würde, prägte Henry Wallace 1942 den Ausdruck »Das Jahrhundert des einfachen Menschen«. Er sah eine Gesellschaft voraus, in der Bildung, Wissenschaft, Technologie, unternehmerische Macht und natürliche Ressourcen in einem nie dagewesenen Ausmaß kontrolliert und in den Dienst umfassender humanistischer Ziele gestellt würden – und nicht in den Dienst individueller Macht und Klassenprivilegien (Blum 1973:635–40).

In den USA, die oft als Inbegriff einer modernen Demokratie gepriesen werden, ist das Ergebnis ganz anders ausgefallen als von Wallace erwartet. Der »Durchschnittsbürger« ging nicht als Sieger hervor. Denn nie zuvor war er so verwirrt, verunsichert und desorientiert; seine grundlegenden Vorstellungen von sich selbst, von seinen Bedürfnissen und sogar vom Wesen des Menschen wurden im Interesse der Effizienz und des Profits der Unternehmen geschickt manipuliert und konstruiert.

Eine zentrale These dieses Kapitels ist, dass das Ausbleiben einer eindeutigen Entwicklung hin zur »Volksrevolution« und zum »Jahrhundert des einfachen Mannes«, wie es Wallace vorhergesagt hatte, in erheblichem Maße auf die Macht der Propaganda zurückzuführen ist. Seit sechzig Jahren werden in den USA Propagandatechniken entwickelt und eingesetzt, mit denen erreicht wird, dass der einfache Mann zwar der Zwangsherrschaft des politischen Despotismus zu entkommen vermag, aber dennoch in kontrollierbarer Weise im Dienste anderer Interessen als seiner eigenen steht. Inlandspropaganda ist Propaganda, die nicht nach außen gerichtet ist, um die Ziele eines äußeren Feindes in Kriegszeiten zu kontrollieren oder abzulenken, sondern die nach innen gerichtet ist, um die Ziele der einheimischen Wählerschaft in einem demokratischen Land im Interesse privilegierter Teile der jeweiligen Gesellschaft zu kontrollieren und umzulenken.

Was unter Propaganda zu verstehen sei, darüber sind sich Fachleute aus Wissenschaft und Politik einig:

> »Propaganda ist die Lenkung kollektiver Einstellungen und Stimmungen durch die Manipulation wichtiger Symbole ... Kollektive Einstellungen können auf vielfältige Weise verändert werden ... durch Einschüchterung ... durch wirtschaftlichen Zwang ... durch Einübung. Dabei erfolgt ihre Anordnung und Neuordnung hauptsächlich unter dem Einfluss signifikanter Symbole; und die Technik der Verwendung signifikanter Symbole zu diesem Zweck ist Propaganda.« (Lasswell, Bardson und Janowitz 1953:776–80)

Der erfolgreiche Einsatz von Propaganda als Mittel der sozialen Kontrolle erfordert somit eine Reihe von Voraussetzungen: den Willen, sie einzusetzen; die Kompetenz, Propaganda zu produzieren; die Mittel, sie zu verbreiten; und schließlich die Verwendung »signifikanter Symbole«: Symbole denen tatsächliche Macht über emotionale Reaktionen zukommt – idealerweise Symbole des Heiligen und Satanischen.

Seit Langem schon verfügen die USA über alle diese Voraussetzungen in größerem Maße als jedes andere westliche Land. Ich werde jede dieser Voraussetzungen der Reihe nach erörtern.

## Der Wille

Entgegen der landläufigen Meinung spielt Propaganda in technologisch fortgeschrittenen demokratischen Gesellschaften, in denen die Aufrechterhaltung der bestehenden Machtverhältnisse und

Privilegien durch die öffentliche Meinung bedroht ist, eine wichtige Rolle – und zwar eine eher verdeckte und raffinierte Rolle. Im Unterschied dazu sind Machtverhältnisse und Privilegien in autoritären Regimen intransparent und anfällig für eine abweichende öffentliche Meinung. Zu diesem Schluss gelangt Robert Brady auf der Grundlage einer umfassenden Studie zur Öffentlichkeitsarbeit (Public Relations) von Unternehmen und Konzernen. Wobei Öffentlichkeitsarbeit ein Begriff ist, den er für die Propaganda im Inland verwendet. Brady (1943:288–9) kam zu dem Schluss, dass die Bedeutung der Öffentlichkeitsarbeit in den Vereinigten Staaten, Großbritannien, Frankreich, Deutschland, Italien und Japan in dem halben Jahrhundert bis 1940 »im Großen und Ganzen abnahm, wenn man sich von Ländern mit langjährigen und tief verwurzelten liberalen, demokratischen und parlamentarischen Institutionen wegbewegt«. Laut Brady hatten Italien und Japan die geringste Erfahrung mit demokratischen Institutionen und produzierten daher auch die am wenigsten effektive Propaganda. In Deutschland, wo es eine größere, wenngleich immer noch begrenzte Erfahrung mit demokratischen Institutionen gab, »war die nationalsozialistische Propaganda auf jeden Fall besser organisiert … energischer und vielseitiger als die Propaganda in Italien oder Japan«. Am anderen Ende der Skala, d. h. in den Ländern mit der weitreichendsten Erfahrung mit liberalen, demokratischen Institutionen, sei »die Public-Relations-Propaganda … in den Vereinigten Staaten … bunter und vielfältiger als irgendwo sonst, selbst in England«.

Zu einem ähnlich unerwarteten Ergebnis gelangt auch Professor Raymond Bauer (1958:126) in seiner Studie über die Sozialwissenschaften in der Sowjetunion:

> »Ein Gebiet der Sozialwissenschaften, von dem man normalerweise annimmt, dass es für totalitäre Regime überaus nützlich ist, ist die Erforschung sozialer und politischer Einstellungen … Paradoxerweise jedoch wurden die Psychologie und andere Sozialwissenschaften in der Sowjetunion *am wenigsten* für solche Zwecke ein-

gesetzt, von denen die Amerikaner gemeinhin annehmen, dass sie in einem totalitären Staat eingesetzt werden würden: für politische Propaganda und die Steuerung des menschlichen Verhaltens.«

Es ist aufschlussreich, diese Ergebnisse mit der Situation in Amerika zu vergleichen, die Harold Lasswell 1927 in seinem Buch *Propaganda Techniques in World War I* beschrieb. Im Rückblick auf die alliierte Propaganda während des Ersten Weltkriegs meinte Lasswell fälschlicherweise, dass »das Verständnis für das Verhalten der maßgeblichen Öffentlichkeit in Verachtung umschlug«. Daraus folgerte er, dass elitär gewordene »mutlose Demokraten« nicht mehr an eine rationale öffentliche Meinung glaubten und deshalb selbst bestimmen sollten, wie die öffentliche Meinung zu bilden sei: »Wie man die Öffentlichkeit im Namen des Gemeinwohls täuscht und verführt. Bewahrt die Mehrheitsentscheidung, aber diktiert der Mehrheit!« (Lasswell 1971:4–5). Lasswells Rechtfertigung der »demokratischen Propaganda« deutet ferner auf eine gewisse Selbstgefälligkeit hin, die den demokratischen Werten gänzlich zuwiderläuft, aber mit den Interessen der Privatwirtschaft im Einklang steht. Eine solche Sichtweise stärkt tendenziell die legitime Rolle der Propaganda in einer Demokratie. So kann Lasswell unkritisch feststellen, dass Propaganda in den letzten Jahren zu einem Beruf geworden ist. »Die moderne Welt ist damit beschäftigt, ein Korps aus Männern und Frauen aufzubauen, die nichts Anderes tun, als die Mittel und Wege zu studieren, wie man Meinungen ändern oder Überzeugungen durchsetzen kann. Die Propaganda ... bringt ihre Praktiker, ihre Lehrer und ihre Theorien hervor. Es ist zu erwarten, dass die Regierungen in zunehmendem Maße auf den Rat und die Hilfe professioneller Propagandisten angewiesen sein werden.«

Eine solche Kontrolle durch Propaganda ist – so Lasswells Fazit – eine Antwort auf »die Unübersichtlichkeit, die Rationalität und die Eigenwilligkeit der modernen Welt. Es ist die neue Dynamik [einer] Gesellschaft ... [in der] man mit Illusionen mehr erreichen kann als durch Zwang« (ebd. 34).

Abschließend noch ein Beispiel für demokratische Propagandapraktiken in den Vereinigten Staaten der 1920er-Jahre. In den Jahren 1928–1929 untersuchte die Federal Trade Commission die millionenschweren Propagandaaktivitäten privater Versorgungsunternehmen. B. J. Mullaney, Direktor des »Informationsausschusses« der Versorgungsunternehmen in Illinois, gab eine Erklärung ab, die Robert Dahl als »klassische Formulierung der Bedeutung indirekter Techniken« der politischen Einflussnahme bezeichnet hat. Mullaney bemerkte:

> »Wenn ein zerstörerisches Gesetz in der Legislative anhängig ist, dann muss man damit so umgehen werden, dass man zu Ergebnissen kommt. Das stelle ich gar nicht in Abrede. Aber sich Jahr für Jahr auf die üblichen politischen Verfahren zu verlassen, um gefährliche Gesetze zu stoppen, ist kurzsichtig. Ist es auf lange Sicht nicht besser und sicherer, bei den Menschen, die die Stimmen haben, eine Basis zu schaffen, damit solche Gesetzesvorschläge auf Ablehnung stoßen, als sich darauf zu verlassen, dass derartige Vorschläge gestoppt werden, wenn sie die Legislative oder die Kommission erreichen?« (Dahl 1959:30)

Man kann Professor Harwood Childs zustimmen, wenn er behauptet, dass »die Amerikaner unter allen Nationen dasjenige Volk sind, das am stärksten der Propaganda ausgesetzt ist« (Meier 1950:162).

## Die Fertigkeiten

Kommerzielle Werbung und Öffentlichkeitsarbeit sind in einer Demokratie übliche Formen der Propagandaarbeit. In den Vereinigten Staaten jedoch wurden diese Methoden über einen sehr langen Zeitraum hinweg mit unvergleichlich mehr Geschick und Forschung verfeinert als in jedem anderen Land. In den 1940er-Jahren stellte Drew Dudley – der damalige Leiter der Media Programming Division des Office of War Mobilization and Reconversion – nicht nur mit Genugtuung fest, dass die Werbung »typisch amerikanisch« sei, sondern fügte in einem Anflug von (vielleicht weniger gut begründetem) Stolz hinzu, dass »Hitler ... die Technik der Werbung in den Vorkriegs- und Kriegsjahren nutzte und sich in Mein Kampf öfters als glühender Bewunderer auf die amerikanische Werbung bezog und später die Kraft der Wiederholung der Werbung bis zum Äußersten ausnutzte« (Dudley 1947:106, 108).

## Die Mittel

Die Vormachtstellung der Vereinigten Staaten in Bezug auf die Kommunikationsmittel zur Verbreitung von Propaganda – das Ausmaß und die Reichweite der Massenmedien: von Fernsehen, Radio und Kino bis hin zu Comics, auf nationaler und internationaler Ebene – ist seit Langem unbestritten. Was der Propaganda jedoch zuallererst ihre außerordentliche Macht und ihre besondere Rolle in der amerikanischen Kultur verleiht, ist die vierte Voraussetzung: die Schaffung und Aufrechterhaltung emotional »signifikanter Symbole«.

## Die Symbole

Die Propaganda in den Vereinigten Staaten kann sich Vorteile zunutze machen, die sich aus den Besonderheiten der amerikanischen Gesellschaft ergeben. Denn sie führt ihre Mitglieder dazu, ein dualistisches, manichäisches Weltbild anzunehmen oder zu akzeptieren. Dieses Weltbild wird von den mächtigen Symbolen des Satanischen und des Heiligen (Finsternis und Licht) beherrscht. Eine Gesellschaft oder eine Kultur, die dazu neigt, die Welt in manichäischen Begriffen aufzufassen, ist anfälliger für die Kontrolle durch Propaganda. Umgekehrt neigt eine Gesellschaft, in der Propaganda ausgiebig als Mittel der sozialen Kontrolle eingesetzt wird, dazu, ein manichäisches Weltbild aufrechtzuerhalten, ein Weltbild, das von Symbolen und Visionen des Heiligen und des Satanischen bestimmt wird.

Darüber hinaus ist die amerikanische Gesellschaft pragmatisch orientiert. Was bedeutet, dass man dem Handeln den Vorzug vor dem Nachdenken gibt. Wo die Wahrheit einer Überzeugung in den Folgen des Handelns gemäß dieser Überzeugung festgemacht wird und nicht durch eine vorherige Prüfung der Gründe für die Überzeugung, besteht die Tendenz, erst zu handeln und das Handeln erst im Nachhinein zu hinterfragen (wenn überhaupt: Denn sobald gemäß einer Überzeugung gehandelt wird, wird der Handelnde in die Verantwortung für die Folgen einbezogen und ist dann geneigt, die Folgen so zu interpretieren, dass sie seine Überzeugung und damit sein Handeln rechtfertigen). Wenn zutrifft, dass die amerikanische Kultur im Vergleich zu den meisten anderen Kulturen das Handeln über das Nachdenken stellt, dann kann man davon ausgehen, dass diese Konstellation eine manichäische Weltanschauung begünstigt. Denn die Anerkennung der Mehrdeutigkeit der Welt – d. h. einer nicht manichäischen Welt –, deren Akteure oder Ereignisse ein komplexes Gemisch aus Gut und Böse umfassen oder ausdrücken können, erfordert ein kontinuierliches Nachdenken, ein ständiges Hinterfragen der Voraussetzungen. Nachdenken hemmt das Handeln, während eine manichäische Weltanschauung das Handeln erleichtert. Aus diesem Grund sind Handeln und eine manichäische Weltanschauung dem kulturellen Gepräge der Vereinigten Staaten wahrscheinlich eher zuträglich und entsprechen ihm.

Darüber hinaus zeitigt die spezifische Ausprägung des evangelikalen religiösen Glaubens, dem die amerikanische Kultur seit jeher verhaftet ist, Denkgewohnheiten, die bereits von Haus aus auf eine manichäische Weltanschauung ausgerichtet sind. Einen Hinweis auf die manichäische Besonderheit der amerikanischen Kultur liefert eine internationale Gallup-Umfrage zum religiösen Glauben, die 1968 in Amerika und zehn europäischen Ländern durchgeführt wurde. Die Umfrage kam zu folgenden Ergebnissen: In Amerika gaben mehr Menschen an, an Gott (98 Prozent) und an den Himmel (85 Prozent) zu glauben, als in jedem anderen untersuchten Land (vgl. Großbritannien, 77 Prozent und 54 Prozent; Frankreich, 73 Prozent und 39 Prozent). Ebenso gaben 60 Prozent der Amerikaner an, an den Teufel, und 65 Prozent, an die Hölle zu glauben (Großbritannien: 21 Prozent, 23 Prozent; Frankreich: 17 Prozent, 22 Prozent). Auch hier liegen die Amerikaner vor allen anderen, mit der einzigen Ausnahme, dass sie in Bezug auf den Teufel 7 Prozentpunkte hinter Griechenland liegen. Dies sind sicherlich überraschende Ergebnisse für ein Land, das über eine fortschrittlichere technologische Entwicklung und einen umfassenderen Bildungsprozess verfügt als jedes andere.

Bei alledem ist diejenige manichäische Dichotomie, die als Mittel der sozialen Kontrolle sowohl innen- als auch außenpolitisch am wirksamsten war, nicht Gott/Himmel gegen Teufel/Hölle, sondern das säkulare Äquivalent dazu. Einerseits findet sich also eine übersteigerte Idealisierung des »amerikanischen Geistes«, der »Rolle Amerikas«, der »Bedeutung Amerikas« sowie des »American Way of Life«. – Jener transzendenten Werte also, mit denen die Vereinigten Staaten der Welt als das »manifestierte Schicksal« der Welt in Sachen Frömmigkeit und Tugend präsentiert werden (siehe Morgenthau 1960). Auf der anderen Seite die überzogene negative Idealisierung des Bösen, säkularisiert im Kommunismus/Sozialismus als etwas sui generis, an allen Orten und zu allen Zeiten Böses, Schlechtes, Unterdrückerisches, Betrügerisches und Zerstörerisches gegenüber allen zivilisierten und humanen Werten.

Schon eine oberflächliche Bekanntschaft mit der amerikanischen politischen Propaganda lässt vermuten, dass die psychologische Kraft fast aller dieser Propaganda aus einer kalkulierten Steigerung des amerikanischen Nationalgefühls resultiert. Begriffe wie »American Way of Life«, »The Meaning of America«, »The Spirit of America« werden zu Symbolen, die mit der irrationalen Kraft des Heiligen ausgestattet sind. Und aufgrund einer ebenso raffinierten Verschärfung der amerikanischen Ängste vor der »fremden Ideologie« des Kommunismus und all seiner angeblich unamerikanischen Eigenschaften werden Kommunismus/Sozialismus usw. zu

Symbolen des Satanischen. Solange diese symbolischen Identifikationen in der Bevölkerung aufrechterhalten werden können, ist es ein Leichtes, die Forderung und Unterstützung der Bevölkerung für eine grundlegende Reform der Institutionen und Bedingungen der amerikanischen Gesellschaft auszubremsen. Indem die Propagandisten Wohlfahrtseinrichtungen und andere (ausgewählte) staatliche Eingriffe mit Sozialismus/Kommunismus in Verbindung bringen und umgekehrt das System des freien Unternehmertums mit Loyalität, Patriotismus, Freiheit, dem amerikanischen Traum und dem American Way of Life, tun sie nichts anderes, als geeignete satanische und heilige Symbole zu manipulieren.

Die Manipulation patriotischer und nationalistischer Gefühle hat dem amerikanischen Antikommunismus insbesondere seine bemerkenswerte psychologische Kraft als Mittel der sozialen Kontrolle verliehen. Unter den westlichen Ländern, die auf eine längere Erfahrung mit demokratischen Regierungsformen zurückblicken können, ist die »patriotische« Hysterie in Friedenszeiten, wie sie die McCarthy-Ära kennzeichnete, ein Phänomen, das weitgehend nur in den Vereinigten Staaten zu beobachten ist. Die Furcht vor dem Kommunismus als satanischem Phänomen ist weitgehend auf einen übersteigerten Nationalismus zurückzuführen. Im öffentlichen Bewusstsein entspringt sie weitgehend der Darstellung des Kommunismus als Bedrohung des hochgeschätzten, säkularsakral idealisierten »American Way of Life«: Der Kommunismus erscheint kurz gesagt als Bedrohung der »nationalen Sicherheit«. – Ein Begriff, der so weit gefasst ist wie im Mittelalter die Verteidigung des Glaubens gegen Bedrohungen und Verführungen durch ketzerische Ideen und Organisationen.

Freilich ist es keine neue Erkenntnis, dass der amerikanische Antikommunismus im Nachkriegsjahrzehnt ein mittelalterliches Gepräge annahm (vgl. Miller 1964; Parenti 1970; Trevor-Roper 1967:53, 93). – Gleichwohl mag eine Illustration am Rande nützlich sein, um uns daran zu erinnern, wie die Regression zu einer abergläubischen, magischen Weltsicht unter dem Einfluss eines übersteigerten nationalistischen Glaubens herbeigeführt werden kann.

Im 19. Jahrhundert wurden diejenigen, die sich weigerten, die Teufelsbuhlschaft alter Frauen zu akzeptieren, als »Hexenförderer« an den Pranger gestellt (Trevor-Roper 1967:48). In den Jahrzehnten nach 1946 wurde jeder, der sich dagegen aussprach, dass der Kommunismus teuflisch sei, als »Kommunismus-Versteher« oder als »kommunistischer Mitläufer« an den Pranger gestellt.

Im 16. Jahrhundert galten Hexen als vom Teufel besessen (d.h. einer magischen Fernsteuerung unterworfen). 1955 schrieb eine angesehene amerikanische Zeitschrift, die sich an ein intellektuelles Publikum richtete: »Dass [Ho Chi Minh] unser Feind ist, ist offensichtlich. Er gehört zu jener besonders gefährlichen Kategorie von Menschen, deren Nervensystem umprogrammiert wurde, um es der Fernsteuerung aus Moskau gefügig zu machen« (»Who-What-Why« 1955:8).

In den zurückliegenden sechzig Jahren wurde diese Form der groben Stereotypisierung durch die Niederlage der Kultur eines kritischen Bewusstseins salonfähig gemacht.

# 2 Die frühen Jahre

Das 20. Jahrhundert ist durch drei Entwicklungen von großer politischer Tragweite gekennzeichnet: das Wachstum der Demokratie, das Wachstum der Konzernmacht und das Wachstum der Konzernpropaganda als Mittel zum Schutz der Konzernmacht vor der Demokratie.

Das Wachstum der Demokratie im 20. Jahrhundert weist zwei Hauptaspekte auf: die Ausweitung des Wahlrechts der Bevölkerung und das Erstarken der Gewerkschaftsbewegung. Durch diese Entwicklungen sahen sich die Unternehmen einer potenziellen Bedrohung ihrer Macht durch die breite Bevölkerung (d.h. durch die öffentliche Meinung) und durch die organisierte Arbeiterschaft gegenüber. Amerikanische Unternehmen begegneten dieser Bedrohung, indem sie lernten, Propaganda sowohl innerhalb als auch außerhalb von Unternehmen als wirksame Waffe zur Steuerung von Regierungen und der öffentlichen Meinung einzusetzen. Auf diese Weise gelang es ihnen, die Artikulation demokratischer Bestrebungen und die Interessen einer breiteren Öffentlichkeit ihren eigenen engen Unternehmenszielen unterzuordnen.

Die Konzernpropaganda, die sich nach außen, d.h. an die breite Öffentlichkeit, richtet, verfolgt zwei Hauptziele: einerseits die Gleichsetzung des Systems des freien Unternehmertums im öffentlichen Bewusstsein mit den jeweils hochgehaltenen Werten und andererseits die Gleichsetzung von interventionistischen Regierungen und starken Gewerkschaften (den einzigen Instanzen, die in der Lage sind, die vollständige Beherrschung der Gesellschaft durch die Konzerne zu verhindern) mit Tyrannei, Unterdrückung und sogar Umsturz. Die Techniken, mit denen diese Ergebnisse erreicht werden sollen, werden als »Öffentlichkeitsarbeit«, »Unternehmenskommunikation« und »ökonomische Bildung« bezeichnet.

Konzernpropaganda, die sich nach innen, d.h. an die Beschäftigten der Unternehmen selbst, richtet, zielt darauf ab, die Bindung der Gewerkschaftsmitglieder an ihre jeweilige Gewerkschaft zu schwächen. Die Techniken, die in den USA zu diesem Zweck eingesetzt werden, firmieren unter den Begriffen »Human Relations«, »Mitarbeiterbeteiligung« und »Mitarbeiterkommunikation«. Seit Beginn des 20. Jahrhunderts sind groß angelegte und professionell organisierte Propagandakampagnen ein wesentliches Merkmal politischer Aktivitäten innerhalb der amerikanischen Wirtschaft.

Der Einsatz dieser Taktiken zur Verteidigung von Geschäftsinteressen gegen die massenbasierte Macht volksnaher Regierungen und der Arbeiterbewegung hatte weitreichende institutionelle – und daher dauerhafte – Folgen für die amerikanische Gesellschaft. Ihr kontinuierlicher Einsatz hat einen riesigen Komplex von Institutionen ins Leben gerufen, die sich auf Propaganda und die damit verbundene sozialwissenschaftliche Forschung spezialisiert haben. Dieser Komplex von Institutionen wurde ausdrücklich zu dem Zweck geschaffen, die öffentliche Meinung zu überwachen und sie innerhalb der ideologischen Grenzen zu lenken, die für die amerikanische Wirtschaft akzeptabel sind.

Als weltweit einzige hat die amerikanische Wirtschaft fünfzig Jahre lang große Fortschritte auf dem Weg zum Ideal einer durch Propaganda gesteuerten Demokratie gemacht. Ab etwa 1970 begann die Wirtschaft anderer Länder, das amerikanische Modell zu übernehmen. Gegenwärtig findet eine rasche Übertragung fast aller Aspekte des amerikanischen Systems der ideologischen Kontrolle auf Australien statt. Diese Übertragung stellt eine ernsthafte Bedrohung für die traditionell egalitären Werte der australischen Gesellschaft im Allgemeinen und für ihre demokratischen Institutionen und ihre Gewerkschaftsbewegung im Besonderen dar.

Wie bereits angedeutet, gibt es im Wesentlichen zwei Sorten Publikum, an die sich die Bekehrungsversuche der Unternehmen richten: eine innerhalb der Unternehmen und eine außerhalb.

Schon vor Langem erkannte die amerikanische Wirtschaft das politische Potenzial der Tatsache, dass ihr an jedem einzelnen Werktag des Jahres ein großer Teil der wählenden Öffentlichkeit innerhalb ihrer eigenen Mauern als unfreiwilliges Publikum für »Unternehmenskommunikation« zur Verfügung steht. Die vorliegende Analyse unterscheidet daher zwischen »externer Propaganda«, die sich an die breite Öffentlichkeit richtet, und »interner Propaganda«, die sich an die eigenen Mitarbeiter eines Unternehmens richtet und in der Regel eine Art Kampf mit den Gewerkschaften um die Köpfe der Belegschaft darstellt.

Zwei Einschränkungen sind zu beachten, die die Argumentation und die Aussagekraft dieser Studie beeinträchtigen. Die erste betrifft den Mangel an Vorarbeiten auf diesem Gebiet, auf die zurückgegriffen werden kann, die zweite die Art der verfügbaren Belege.

Obwohl das Ausmaß der Unternehmenspropaganda für die amerikanische Gesellschaft von großer Bedeutung sein dürfte, wurde das Thema von den einschlägigen wissenschaftlichen Disziplinen über einen Zeitraum von etwa siebzig Jahren weitgehend ignoriert. Diese Vernachlässigung schließt auch die Rolle der Konzernpropaganda für den dramatischen Niedergang der amerikanischen Arbeiterbewegung in den letzten Jahrzehnten ein.

In den 1930er- und 1940er-Jahren verlagerte sich der Schwerpunkt des Kampfes zwischen amerikanischen Unternehmen und Gewerkschaften von direkter Gewalt und der Konfrontation an den Streikposten hin zu einem Wettbewerb um die öffentliche Meinung, der über die Massenmedien ausgetragen wurde. Diese Verlagerung des Kampfgeschehens verschaffte den Unternehmen einen immensen Vorteil; denn ihre enormen Ressourcen, sowohl in Bezug auf die finanziellen Mittel als auch in Bezug auf die Fähigkeit zur Öffentlichkeitsarbeit, zielten darauf ab, das öffentliche Ansehen der Gewerkschaften zu schwächen und ihnen damit die notwendige Unterstützung durch den Gesetzgeber zu entziehen. Gleichwohl schenkten die amerikanischen Studenten den Beziehungen zwischen Arbeitnehmern und Arbeitgebern und der Bedeutung, die die Hinwendung amerikanischer Unternehmen zu Öffentlichkeitsarbeit und Propaganda für die amerikanische Arbeiterbewegung hatte, nur wenig Aufmerksamkeit.

Der Gegenstand der vorliegenden Untersuchung schränkt zugleich die Möglichkeit ein, einschlägige Belege vorzulegen. Denn das Thema umfasst ein sich über 75 Jahre erstreckendes, milliardenschweres sozialtechnisches Projekt in nationalem Maßstab. Es liegt in der Natur einer solchen Untersuchung, dass sie eher den Charakter eines historischen Forschungsvorhabens als eines kontrollierten sozialwissenschaftlichen Experiments hat. Infolgedessen haben die gesichteten Belege in erster Linie den Charakter von Korrelationen zwischen der Einrichtung landesweiter Propagandaprogramme und den dramatischen Veränderungen in der öffentlichen Meinung, wie sie durch die Programme herbeigeführt werden sollten.

Inwieweit die vorgelegten Fakten eine eindeutige Schlussfolgerung dahingehend rechtfertigen, dass Unternehmenspropaganda eine ernsthafte Bedrohung für die Integrität der demokratischen Systeme in den westlichen Gesellschaften darstellt, mag von den Lesern unterschiedlich beurteilt werden. Ich glaube jedoch, dass die meisten Menschen zumindest der tiefgreifenden Bedeutung der aufgeworfenen Fragen ebenso zustimmen werden wie der Dringlichkeit, die lange Vernachlässigung dieser Fragen zu beenden.

Da der Begriff der Propaganda für meine Argumentation von zentraler Bedeutung ist, sollte ich abschließend erläutern, welche Bedeutung ich ihm beimesse. Unter »Propaganda« verstehe ich Botschaften, deren Form und Inhalt mit dem alleinigen Vorsatz ausgewählt werden, ein bestimmtes Zielpublikum zur Übernahme von Einstellungen und Überzeugungen zu bewegen, die von den Auftraggebern der Mitteilungen im Voraus festgelegt wurden. Die so definierte »Propaganda« steht im Gegensatz zur »Bildung«. Hier geht es, zumindest im Idealfall, darum, kritisches Hinterfragen zu fördern und den Verstand gegenüber Argumenten für und wider eine bestimmte Schlussfolgerung zu sensibilisieren, anstatt ihn vor der Möglichkeit einer anderen Schlussfolgerung abzuschotten. Wo es jedoch, wie in der vorliegenden Studie, um die Arbeit von Experten für Öffentlichkeitsarbeit und Propaganda geht, lässt sich die Unterscheidung in der Regel problemlos treffen.

Obwohl die Konzernpropaganda die Demokratie untergräbt, gelingt es ihr ironischerweise, in der Bevölkerung den immer stärker werdenden Glauben zu wecken, das von ihr geförderte System der freien Marktwirtschaft sei eine Art Bollwerk und Garant für eine demokratische Gesellschaft: eine Gesellschaft also, in der die offizielle Politik und die offiziellen Werte tatsächlich von der Mehrheit der Durchschnittsbürger frei gewählt werden können. In der Tat ist es nach wie vor ein Axiom traditionellen Denkens, dass der Einsatz von Propaganda als Mittel der sozialen und ideologischen Kontrolle eher für totalitäre Regime charakteristisch ist. Doch schon der gesunde Menschenverstand legt eine andere Sichtweise nahe: dass nämlich Propaganda in demokratischen Gesellschaften (in denen die bestehende Verteilung von Macht und Privilegien bereits durch geringfügige Veränderungen in der öffentlichen Meinung gefährdet ist) wahrscheinlich eine mindestens ebenso wichtige Rolle spielt wie in autoritären Gesellschaften (wo dies nicht der Fall ist). Man kann argumentieren, dass der Erfolg der Unternehmenspropaganda, uns über einen langen Zeitraum hinweg davon zu überzeugen, dass wir frei von Propaganda sind, eine der bedeutendsten Propagandaleistungen des 20. Jahrhunderts ist.

## Die erste Herausforderung durch das Volk

Zwischen 1880 und 1920 wurde das Wahlrecht in Großbritannien und den USA von etwa 10 bis 15 Prozent der Bevölkerung auf 40 bis 50 Prozent ausgeweitet (Lippman 1955:39–40). Bereits 1909 warnten Graham Wallas und A. L. Lowell, führende Demokratieforscher in Großbritannien und den USA, vor den möglichen Folgen dieser Entwicklung. Volkswahlen, darin waren sie sich einig, »können recht gut funktionieren, solange nicht solche Fragen aufgeworfen werden, die die Inhaber von Reichtum und Macht veranlassen«, ihre Möglichkeiten voll auszuschöpfen. Sollten sie dies jedoch tun, so stünde »ihnen ein großer Markt mit zahlreichen Fertigkeiten zur Verfügung. Und die Kunst, gewisse Fertigkeiten zur Erzeugung von Emotionen und Meinungen einzusetzen, ist dermaßen weit fortgeschritten, dass sich die gesamte Struktur des politischen Wettbewerbs in Zukunft verändern würde« (Lowell 1926:43).

Vier Jahre später, im Jahr 1913, wurde ein Ausschuss des US-Kongresses eingesetzt, um die massenhafte Verbreitung von Propaganda durch die National Association of Manufacturers (NAM) – die damals führende Wirtschaftsorganisation – mit dem Ziel zu untersuchen, die Gesetzgebung durch Beeinflussung der öffentlichen Meinung zu manipulieren. Offenbar war der Ausschuss von den ehrgeizigen Bestrebungen der NAM beeindruckt, ihre Interessen innerhalb der Volksdemokratie durch die Beeinflussung der öffentlichen Meinung zu wahren. Er berichtete, dass die »Bestrebungen« der NAM »dermaßen umfangreich und weitreichend waren, dass sie gleichzeitig Bewunderung und Befürchtungen hervorriefen – Bewunderung für das Genie, das sie erdacht hatte, und Befürchtungen bezüglich der Auswirkungen, die die ... Verwirklichung all dieser Ambitionen in einer Regierung wie der unsrigen haben könnte« (Lane 1950:58).

Der Bericht des Ausschusses fiel mit dem Beginn des Ersten Weltkriegs zusammen, in dessen Verlauf die Regierungen der Alliierten ungeahnte Mittel für die Entwicklung und Verbreitung von Propaganda aufwandten, um Patriotismus und Hass zu schüren. Propaganda wurde zu einer Wissenschaft und zu einem Beruf. Eine von Präsident Wilson nach dem Kriegseintritt Amerikas 1917 gestartete Kampagne erfüllte jedes Haus, jeden Arbeitsplatz und jede Freizeitaktivität mit ihren Botschaften. Innerhalb von sechs Monaten erzeugte die Kampagne eine derart intensive antideutsche Hysterie, dass sich die amerikanische Wirtschaft (und unter anderem auch Adolf Hitler) vom Potenzial groß angelegter Propaganda zur Beeinflussung der öffentlichen Meinung nachhaltig beeindruckt zeigte.

In Wilsons Propagandaorganisation arbeiteten der renommierte Journalist Walter Lippman und Edward Bernays, ein Neffe Sigmund Freuds. Bernays war federführend bei der Übertragung der im Krieg gewonnenen propagandistischen Fertigkeiten auf die in Friedenszeiten auftretenden Probleme der Wirtschaft im Umgang mit der Demokratie. Als der Krieg zu Ende war, schrieb Bernays (1952:87) später, »erkannte die Wirtschaft, dass die breite Öffentlichkeit nun für ihre Belange ebenso mobilisiert werden konnte, wie sie während des Krieges für die nationale Sache eingespannt worden war, und dass dieselben Methoden die Aufgabe erfüllen konnten.«

Die Bewährungsprobe für diese Erwartungshaltung ließ nicht lange auf sich warten. Bei Kriegsende kam es zu einer Konfrontation zwischen der amerikanischen Wirtschaft und den Arbeitnehmern. Die Unternehmen waren entschlossen, die begrenzten gewerkschaftlichen Errungenschaften, die unter Kriegsbedingungen erzielt worden waren, wieder rückgängig zu machen. Die Konfrontation gipfelte im großen Stahlstreik von 1919. Zentrales Thema des Streiks war, in den Worten von Samuel Gompers, »das Recht der Lohnempfänger ... auf Tarifverhandlungen« (Murray 1955:149). Anfangs stand die öffentliche Meinung aufseiten der Streikenden, die eine 84-Stunden-Woche unter notorisch schlechten Arbeitsbedingungen ableisteten.

Fünf Tage nach Beginn des Streiks startete die Steel Corporation eine ganzseitige Anzeigenkampagne, in der sie die Streikenden zur Rückkehr an die Arbeitsplätze aufforderte. Den Anführern wurde der Versuch unterstellt, »die rote Herrschaft der Anarchie und des Bolschewismus zu errichten«, und der Streik wurde als »unamerikanisch« bezeichnet; es wurde sogar behauptet, dass »die Deutschen ihre Hand im Spiel hatten, um den Streik zu schüren« (Commission of inquiry 1921:97, 99). Der Streik wurde von einem bemerkenswerten Gremium namens Interchurch World Movement (IWM) beobachtet, dem sechsundzwanzig protestantische Kirchen angehörten. Das IWM erstellte einen zweibändigen Bericht, in dem es zu dem Schluss gelangte, dass der Streik durch »die Streikbrechermethoden der Stahlunternehmen und ihre wirksame Mobilisierung der öffentlichen Meinung gegen die Streikenden durch den Vorwurf des Radikalismus, des Bolschewismus sowie des Closed Shop niedergeschlagen wurde. Keiner dieser Vorwürfe war durch Tatsachen gerechtfertigt.« Ferner durch »die Feindseligkeit der Presse, die verzerrte und verfälschte Nachrichten verbreitete« (Commission of Inquiry 1920:248). Unter dem Einfluss der Stahlunternehmen erhob die Presse falsche Anschuldigungen, um die Öffentlichkeit von den wahren Problemen abzulenken. Der Historiker Robert Murray (1955:152) fasst die Folgen zusammen:

> »Als der Streik 1920 endete, hatten die Männer kein einziges Zugeständnis errungen ... Zwanzig Menschenleben waren geopfert worden und ... 112 000 000 Dollar ... an Löhnen verloren. Gestützt auf eine wohlwollende öffentliche Meinung, die sich aus einer überzogenen Furcht vor dem Bolschewismus speiste, bewies dieser Konzern, dass sich nicht einmal 350 000 streikende Arbeiter gegen ihn durchsetzen konnten.«

Der damalige Arbeitsminister Louis Post (1970) hat beschrieben, wie der Propagandaangriff auf die öffentliche Meinung mit Unterstützung von Unternehmensinteressen ausgeweitet und verlängert wurde, bis er in eine antirussische Hysterie über einen angeblichen Plan der Arbeiter und ihrer Führer zum Sturz der Regierung mündete. Es folgte eine McCarthy-Periode von 1919 bis 1921, die zwar kürzer, aber heftiger war als die McCarthy-Periode nach dem Zweiten Weltkrieg. Murray (1955:17) fasst die Folgen für die gesamte amerikanische Gesellschaft zusammen: »Die sogenannte ›Great Red Scare‹ ebbte bald ab, aber erst nachdem die Kräfte der Reaktion ... ihr Ziel erreicht hatten. Die bürgerlichen Freiheiten lagen am Boden, die Arbeiterbewegung war schwer angeschlagen, die Position des Kapitals sah sich erheblich gestärkt, und eine umfassende Antipathie gegen Reformen wurde etabliert.«

Währenddessen kam es in Europa, wo eine vergleichbar fortschrittliche Phase nicht durch einen Propagandaangriff auf die öffentliche Meinung unterbrochen wurde, zu einem anderen Ergebnis. Charles Forcey (1961:306) stellt fest, dass »nach [dem Ersten

Weltkrieg] in Großbritannien und anderswo die liberalen Parteien den Arbeiterparteien oder sozialdemokratischen Gruppen Platz machten«. In den USA hingegen entwickelte sich die Politik in die entgegengesetzte Richtung, und »die Sozialisten verschwanden in den zwanziger Jahren praktisch von der Bildfläche, während die Liberalen auf einige wenige unwirksame Gruppen reduziert wurden«.

In den 1920er Jahren wähnten amerikanische Intellektuelle, die über die Erfahrungen der Kriegs- und Nachkriegszeit nachdachten, dass die Demokratie in eine Krise geraten sei. Walter Lippman (1932:248–9) schrieb: »Es schien, dass sich die Fabrikation von Zustimmung ... mit dem Aufkommen der Demokratie erledigt hatte. Aber sie ist nicht verschwunden. Sie hat sich einfach technisch enorm verbessert ... Unter dem Einfluss der Propaganda ist es nicht mehr möglich, ... an das ursprüngliche Dogma der Demokratie zu glauben«, dass sie nämlich notwendigerweise den Willen des Volkes in irgendeiner sinnvollen Weise widerspiegelt. Professor Harold Lasswell, der führende amerikanische Propagandaexperte der folgenden fünfzig Jahre, kam nach der Auswertung der Erfahrungen des Ersten Weltkriegs zu ähnlichen Schlussfolgerungen. Er warnte 1927 davor, dass mit dem Niedergang der Autorität von Krone, Kirche und Standesdünkel sowie dem Aufkommen des Egalitarismus im Allgemeinen die Propaganda zur wichtigsten Methode sozialer Kontrolle geworden sei. »Wenn die Massen sich von ihren eisernen Ketten befreien wollen«, so schloss er bissig, »müssen sie silberne Ketten akzeptieren. Wenn sie nicht lieben, ehren und gehorchen will, darf sie nicht erwarten, der Verführung zu entkommen« (Lasswell 1971:222).

## Die zweite Herausforderung durch das Volk

Während der gesamten 1920er-Jahre hatte die amerikanische Wirtschaft keine Probleme mehr mit der Demokratie oder den Gewerkschaften. Mit dem Ausbruch der Weltwirtschaftskrise änderte sich dies jedoch dramatisch. Angesichts von Millionen von Arbeitslosen und Hungernden wurde die Wirtschaft zunächst von der Intensität der öffentlichen Anfeindungen überrascht. Erstmals wurde die ideologische Hegemonie der amerikanischen Wirtschaft über die amerikanische Gesellschaft vorübergehend gebrochen. Es wurde nun politisch und moralisch respektabel, für Staatseigentum, Sozialismus und sogar Kommunismus als Alternativen zum freien Unternehmertum einzutreten (eine Entwicklung, die in der zweiten McCarthy-Ära der 1950er-Jahre zahlreiche Opfer forderte).

Bis 1934 hatte sich die amerikanische Wirtschaft unter der Führung der NAM auf eine massive Kampagne zur Rückgewinnung der öffentlichen Meinung konzentriert. »In unserer Demokratie ist die öffentliche Politik letztlich ein Spiegelbild der öffentlichen Meinung«, warnte die NAM ihre Mitglieder, und deshalb müsse die öffentliche Meinung umgestaltet werden, »wenn wir eine Katastrophe vermeiden wollen« (Cleveland 1947:323–4). Ein landesweiter Angriff auf die öffentliche Meinung wurde rasch koordiniert. 1935 konnte der Präsident der NAM auf einem Treffen von Wirtschaftsführern berichten: »Sie werden insbesondere feststellen, dass es sich hier nicht etwa um ein planloses Vorgehen handelt. Vielmehr ist es derart geschickt koordiniert, dass es alle Medien abdeckt ... und anschließend ... seine Botschaft mit unerbittlicher Entschlossenheit durchdrückt« (Rippa 1958:60). Doch solange die Depression andauerte, konnten sich selbst die enormen Ressourcen der Wirtschaft und ihre rote Panikmache nicht kurzfristig durchsetzen. Noch 1938 stellte der NAM-Vorstand in einer eigentümlich marxistischen Formulierung fest, dass die »Gefahr, der sich die Industriellen gegenübersehen«, »die wiedergewonnene politische Macht der Massen« sei. Er warnte, dass »wir auf ein Unglück zusteuern« (ebd.: 62), wenn ihr Denken nicht gelenkt werde.

Im folgenden Jahr deckte der La-Follette-Ausschuss, ein Ausschuss des US-Senats, der zur Untersuchung von Verstößen gegen Arbeitnehmerrechte eingesetzt worden war, das außergewöhnliche Ausmaß des Angriffs der Wirtschaft auf die öffentliche Meinung auf. Insbesondere über die NAM berichtete der Ausschuss, dass sie

> »das Land mit einer Propaganda überzogen hat, deren Technik auf Bedeutungsumkehr sowie auf Geheimhaltung und Täuschung beruhte. Rundfunkansprachen, öffentliche Versammlungen, Nachrichten, Karikaturen, Leitartikel, Werbung, Kinofilme und viele andere Propagandamittel gaben in den meisten Fällen ihren Ursprung innerhalb der Vereinigung nicht preis.« (US-Kongress 1939:218)

Im selben Jahr zog Lasswell (1939:357) unter Bezugnahme auf die »gewaltige Kampagne« der Unternehmen den Schluss, dass die Zukunft der Unternehmen »auf Gedeih und Verderb« mit Propaganda verbunden sei. In der Zwischenzeit hatten sich auch die Techniken der Öffentlichkeitsarbeit zur Bekämpfung der Gewerkschaften weiterentwickelt.

Bis zur Verabschiedung des Wagner-Gesetzes 1935, das die Unternehmensleitungen zu Verhandlungen mit den Arbeitnehmervertretern verpflichtete, hatten die Gewerkschaften nur wenige Rechte; und Versuche, Arbeitnehmer zu organisieren, wurden in der Regel mit Gewalt und Einschüchterung beantwortet. Nach dem Wagner-Gesetz strebten die Industriellen in den Worten des La-Follette-Ausschusses eine »Neuausrichtung der Kräfte« an. Das heißt, sie versuchten, durch Propaganda und andere Mittel die breite Öffentlichkeit aufzurütteln und zu organisieren, »um im Namen der Industrie das zu tun, was der einzelne Arbeitgeber selbst rechtlich nicht mehr tun konnte« (Auerbach 1966:136–7). Diese Taktik, so hieß es damals, »sieht eine öffentliche Meinung vor, die derart aufgewühlt ist, dass sie den vielfach empörenden Einsatz von Gewalt durch Polizei oder Bürgerwehr zur Beendigung eines Streiks toleriert« (Chapman 1939:43–7).

Der Remington Rand Corporation wird die »Perfektionierung« dieser Taktik zugeschrieben, die als »Mohawk Valley Formula« bekannt wurde. Im Juli 1936 verteilte die NAM in einer Sondermitteilung Einzelheiten zu dieser Formel an alle Mitglieder. »Im Wesentlichen besteht die Formel«, so berichtete später ein Wissenschaftler, der ihre Anwendung beobachtet hatte, »in der Mobilisierung der Öffentlichkeit durch die Arbeitgeber ... in einem Arbeitskonflikt«

(Sward 1939:66–7). Einige Auszüge aus einem Bericht über die Anwendung der Formel veranschaulichen ihre wichtigsten Merkmale. Diese Merkmale sind Vorboten der allgemeinen Unterordnung der Arbeitnehmer-Arbeitgeber-Beziehungen unter die Öffentlichkeitsarbeit, die sich in den Jahrzehnten nach dem Zweiten Weltkrieg entwickelte.

Der Stahlstreik von 1919 war ein Konflikt zwischen dem CIO und dem Bethlehem-Werk in Johnstown, Pennsylvania, das sich weigerte, die Stahlarbeitergewerkschaft anzuerkennen. Bethlehem Steel wurde in diesem Konflikt unterstützt

> »durch die nationale Öffentlichkeitsarbeit des Iron and Steel Institute und der National Association of Manufacturers. Radioprogramme, Außenwerbung, Nachrichtendienste, Filme und Redner überschwemmten das Land mit Anti-CIO-Propaganda. Eine ganzseitige Anzeige in 375 Zeitungen zu Beginn der CIO-Stahlkampagne hatte nicht weniger als 314 000 Dollar gekostet.« (Ebd.: 85)

Vor Beginn des Streiks genehmigten Bethlehem Steel, die NAM und die örtliche Handelskammer zwei Anzeigen. »In der einen ging es um ›Amerikanismus‹. Die andere war ein Standardaufruf der NAM zur ›Harmonie‹.« Während des Streiks gründeten örtliche Geschäftsleute ein »Nationales Bürgerkomitee«, das sich als spontaner Ausdruck des Gemeinschaftssinns darstellte. Das Komitee engagierte eine Werbeagentur und einen Berater für Öffentlichkeitsarbeit. Es wurden mehr als 62 000 Dollar an Spenden gesammelt. Das Komitee sendete seine Botschaften zweimal über ein nationales Netzwerk. Zwei ganzseitige Anzeigen ... erschienen in dreißig Zeitungen in dreizehn Staaten und kosteten 64 000 Dollar.

Nach Abbruch des Streiks fasste ein Gewerkschaftsbulletin der NAM die Grundgedanken der Mohawk Valley Formula zusammen. »Wenn es überhaupt jemals einen Streik gab, der durch die öffentliche Meinung und die Entschlossenheit der Beschäftigten zur Arbeit gebrochen wurde, dann war es der [in Johnstown]« (ebd.: 85, 84, 90, 87).

Nach dem Streik wandte sich James Rand an das »Bürgerkomitee« und erklärte jubelnd: »Zwei Millionen Geschäftsleute haben nach einer Formel wie dieser gesucht, und die Wirtschaft hoffte, träumte und betete für ein solches Beispiel, wie Sie es gegeben haben« – ein Beispiel, das, so schloss er, »als die Mohawk-Valley-Formel in die Geschichte eingehen wird«. Vierzehn Jahre später, 1950, schrieb John Streuben (1950:231): »Seitdem sind diese ›wissenschaftlichen‹ Methoden des Streikbrechens bei jedem größeren Streik im Land angewandt worden.«

Das La-Follette-Komitee fasste die Propagandataktik der NAM in den 1930er-Jahren folgendermaßen zusammen:

> »Die Führer der Vereinigung griffen auf das Mittel der »Bildung« zurück, wie sie es schon in den Jahren ... 1912–1921 ... getan hatten. Sie fragten nicht, worin die Schwächen und die Missstände in der Wirtschaftsstruktur bestanden und wie sie zu beheben seien, sondern gaben Millionen aus, um der Öffentlichkeit zu vermitteln, dass nichts falsch lief und dass die vorgeschlagenen Abhilfemaßnahmen große Gefahren in sich bargen ... Außerdem betrachtete die Vereinigung ihr Propagandamaterial auch als wirksame Waffe im Kampf gegen die Gewerkschaften.« (Zitiert in Tedlow 1976:42)

Tedlow befasste sich mit den Methoden der Arbeitnehmer-Arbeitgeber-Beziehungen der Unternehmen in den 1930er-Jahren und dem Wandel, der zwischen der Vorkriegs- und der Nachkriegszeit stattfand. In den 1930er-Jahren hatte »der Apparat der Öffentlichkeitsarbeit der Unternehmen tatsächlich versucht, die Gewerkschaftsbewegung zu unterdrücken«. Überall dort, wo die »übelsten gewerkschaftsfeindlichen Taktiken« angewandt wurden, wurde der Apparat der Öffentlichkeitsarbeit »im Tandem eingesetzt ..., um die Flanke des konservativen Unternehmertums in der öffentlichen Meinung zu schützen«. So beauftragte Republic Steel die PR-Firma Hill & Knowlton mit der Wahrung seiner Reputation, während es »eine Privatarmee ausrüstete, ein umfangreiches Spionagenetz unterhielt und Arbeiter aus den Werken aussperrte«. Darüber hinaus hatte die Öffentlichkeitsarbeit zur Bildung von Bürgerausschüssen beigetragen, die als »Mittel zur Einschüchterung von Arbeitern durch Beschäftigte fungierten, nachdem die direkte Kommunikation zu diesem Zweck durch das Wagner-Gesetz verboten worden war« (ebd.: 43). Auerbach gelangt in diesem Zusammenhang für die 1930er-Jahre zu dem Schluss:

> »Obwohl keines der Stahlunternehmen die traditionellen gewerkschaftsfeindlichen Praktiken aufgab, fügten sie alle eine moderne Raffinesse hinzu: die Organisation und Manipulation der öffentlichen Meinung. Wie ein leitender Angestellter dem La Follette-Ausschuss erklärte, gehörten ›Streikbrecher, Gewalt und dergleichen der Vergangenheit an. Der Weg, einen Streik zu gewinnen oder zu bekämpfen, bestand vielmehr darin, die Stimmung in der Bevölkerung zu organisieren.‹« (Auerbach 1966:133)

In den 1930er-Jahren wurden die Arbeitnehmer-Arbeitgeber-Beziehungen zunächst durch direkte Gewaltmaßnahmen und Einschüchterungskampagnen unter dem Deckmantel der Öffentlichkeitsarbeit geführt. Später dann, nach dem Wagner-Gesetz, mittels kalkulierter Feindseligkeit und Gewalt seitens der Bevölkerung, die durch die Öffentlichkeitsarbeit der Unternehmen geschürt wurden. In der letzten Phase, nach dem Krieg, wurde der Schwerpunkt fast vollständig auf die Öffentlichkeitsarbeit verlagert. »Symbolisch für diese Verlagerung«, so Tedlow (1976:44), »war ein *Printers Ink*-Artikel [Anm. d. Übers.: *Printers Ink* war eine 1888 ins Leben gerufene US-amerikanische Fachzeitschrift und das erste Fachblatt für Werbung] vom März 1937, den die Mitarbeiter der NAM-Öffentlichkeitsarbeit für wichtig genug hielten, um ihn an die Verbandsmitglieder weiterzuleiten.« In dem Artikel hieß es, dass viele Fabrikanten der Meinung zu sein schienen, dass Werbemaßnahmen als Waffe gegen Streiks nutzlos seien. Doch wenn sie nur »ein Zehntel des Geldes in die Vorbereitung von Werbemaßnahmen investieren würden, das sie offenbar bereit sind, in Arbeiterspitzel, Tränengas und andere Methoden zu investieren – die sich als mehr als nutzlos erwiesen haben –, hätten sie eine größere Chance, die Unterstützung der Öffentlichkeit zu gewinnen, als es unter den gegenwärtigen Umständen möglich ist«. Tedlow gelangt zu der Schlussfolgerung, dass »die meisten großen Arbeitgeber die Taktik der harten Hand aufgegeben und gleichzeitig ihre Investitionen in die Öffentlichkeitsarbeit erhöht haben«.

Während des Zweiten Weltkriegs musste die amerikanische Wirtschaft ihre Kampagnen aus den 1930er-Jahren einschränken. Sie zielten darauf ab, in der Öffentlichkeit Ängste zu schüren, dass die Roosevelt-Regierung das Land in Richtung Kommunismus oder Faschismus führen könnte. Im letzten Kriegsjahr indes schickte sich die amerikanische Wirtschaft – und insbesondere die NAM, wie schon nach dem Ersten Weltkrieg – an, sowohl die staatlichen Eingriffe als auch die wachsende Macht der Gewerkschaften zurückzudrängen. Ab 1945 griff die konservative Offensive auf die öffentliche Meinung die beiden dominierenden Themen der Kampagnen der 1930er-Jahre wieder auf: einerseits die Identifizierung des traditionellen amerikanischen Systems freien Unternehmertums mit sozialer Harmonie, Freiheit, Demokratie, Familie, Kirche und Patriotismus und andererseits die Identifizierung jedweder staatlicher Regulierung wirtschaftlicher Angelegenheiten und aller Liberalen, die eine solche »Einmischung« unterstützten, mit Kommunismus und Umsturz.

## Der Triumph der Konzernpropaganda in der Nachkriegszeit

Um den Propagandaangriff angemessen zu beschreiben, mit dem die Unternehmen in der McCarthy-Ära zunächst die Gewerkschaften mit dem Taft-Hartley-Gesetz zurückdrängten und dann in der amerikanischen Politik einen ähnlichen Wandel hin zum Konservatismus herbeiführten wie nach ihren Kampagnen von 1919–1920, bedürfte es eines eigenen Buches. Dennoch möchte ich einen kurzen Überblick geben.

Im Dezember 1945 zog die NAM folgende Bilanz ihrer Aktivitäten in Zeitungen und im Rundfunk während des Jahres 1945:

> »Jeden Tag erscheinen in den Zeitungen in irgendeinem Teil des Landes – und häufig in allen Landesteilen – eine oder mehrere Nachrichten über die NAM… Über die Radios der Marke Airline wandten sich NAM-Mitglieder, -Offiziere und -Komitees [in diesem Jahr] insgesamt 1350 Stunden lang direkt an die Öffentlichkeit, das sind 56 volle 24-Stunden-Tage. Ihre Worte drangen in die Häuser der Amerikaner und in die Kasernen der in allen Teilen der Welt stationierten Amerikaner.« (»NAM Gets the Story Across« 1945:29)

Eine Dissertation der Harvard University beschreibt die Propagandaaktivitäten der NAM für das Jahr 1946 folgendermaßen:

> »Alle verfügbaren Medien wurden genutzt, um die Öffentlichkeit für die Forderung zu gewinnen, die bürokratischen Kontrollen durch freien Wettbewerb zu ersetzen. Eine Serie von vier ganzseitigen Anzeigen in mehr als 400 Tages- und 2000 Wochenzeitungen transportierte die Eröffnungsbotschaft … Für jede Anzeige wurde eine entsprechende Broschüre gedruckt und zu Hunderttausenden verteilt. Der Industrie-Pressedienst der Vereinigung versandte einen ununterbrochenen Strom von Stellungnahmen und Antworten an 4200 Ausgaben von Wochenzeitungen, 500 Redakteure großstädtischer Tageszeitungen sowie an 2700 Redakteure von Fachzeitschriften und Arbeitnehmermagazinen; ›Brief for Broadcasters‹ vermittelte die Botschaft an 700 Radiokommentatoren, und ›Industry's Views‹ verbreitete die Überzeugungen der Vereinigung an mehr als 1300 Leitartikler und Kolumnisten.« (Cleveland 1947:341)

In den vier Jahren von 1946 bis 1950 verteilte die NAM 18640270 Broschüren. Davon gingen 41 Prozent an Angestellte, 53 Prozent an Schüler und Studenten und 6 Prozent (d.h. immer noch mehr als eine Million) an führende Persönlichkeiten in den Gemeinden, darunter Geistliche und Leiterinnen von Frauenclubs im ganzen Land. Wie die NAM berichtete, war die beliebteste Propagandawaffe, »um die Massen von Arbeitnehmern und Studenten mit einer breit gestreuten Botschaft zu erreichen«, das farbige Comic-Heft (»NAM Propaganda« 1951:9). Indem sie das Ausmaß ihrer Aktivitäten drastisch veranschaulichte, berichtete die NAM:

> »Hätte man alle von der NAM produzierten Broschüren, die 1950 zur Verteilung an Angestellte, Studenten und Gemeindevorsteher bestellt worden waren, übereinandergestapelt, hätten sie fast vier Meilen in den Himmel gereicht – die Höhe von sechzehn Empire State Buildings . . ., ein Rekord, . . .bei dem 7839039 Exemplare verteilt wurden.« (ebd.: 9)

1946 war die NAM nur eine von vielen von der Wirtschaft unterstützten Organisationen, die zusammenarbeiteten, um das Land mit antikommunistischer, antisozialistischer, gewerkschaftsfeindlicher gegen den New Deal gerichteter Propaganda zu überfluten. Ein Jahresbericht der US-Handelskammer fasst einen ganz bestimmten Teil ihrer Missionierungsaktivitäten in den Jahren 1946 und 1947 zusammen – die Verbreitung von großen Broschüren von jeweils etwa fünfzig Seiten Umfang:

> »1946: Mehr als eine Million Exemplare der Handelskammer-Broschüre ›Kommunistische Infiltration in den USA‹ wurden verteilt – und in vielen Gemeinden mit entsetztem Erstaunen aufgenommen.
>
> 1947: ›Kommunisten in der Regierung‹, eine Veröffentlichung der Kammer, löste nicht nur bei bekannten Kommunisten, sondern auch bei anderen Personen einen Aufschrei der Empörung aus. Ein Kabinettsmitglied forderte die Rücknahme der Publikation. Dennoch wurde das Loyalitätsprogramm der Regierung – wenn auch unzureichend, aber gleichwohl ein Loyalitätsprogramm – gestartet.« (Chamber of Commerce of the US 1952:31)

In der Broschüre über Kommunisten in der Regierung, die im Januar 1947 veröffentlicht wurde, gibt die Kammer eine Schätzung ab, wonach allein in Washington etwa 400 Kommunisten »wichtige Positionen« im Regierungsdienst innehatten. Insbesondere hätten »sowjetische Sympathisanten«, so die Kammer, das Außenministerium »in großer Zahl« infiltriert. Die Kammer empfahl ausdrücklich ein Programm für den Umgang mit der behaupteten Sachlage. Dieses Programm nahm die schlimmsten Maßnahmen vorweg, die der Ausschuss von Senator Joseph McCarthy drei Jahre später ergriff, nachdem McCarthy behauptet hatte, eine Liste von 150 im Außenministerium beschäftigten Kommunisten zu besitzen (ebd. 1947:13–14).

Broschüren der oben genannten Art wurden als Teil der Programme »Economic Education« und »Economic Research« der Kammer eingestuft. Diese Veröffentlichungen wurden »dem Kongress und der Öffentlichkeit durch Rundfunk und Fernsehen übermittelt und unter Schriftstellern, Rednern, Studenten und Lehrern weit verbreitet« (ebd. 1952:5).

Die Unternehmen erkannten, dass ihnen ein unfreiwilliges Publikum von Beschäftigten für Bekehrungszwecke zur Verfügung stand. »Viele der größten Firmen des Landes [sic!]«, so die Zeitschrift Fortune im Jahr 1950, »haben umfangreiche Programme zur Indoktrinierung ihrer Mitarbeiter ins Leben gerufen.« Diese Programme bestanden aus sogenannten »Kursen in ökonomischer Bildung«. Sie wurden den Beschäftigten während der Arbeitszeit in Gruppen von zehn bis zwanzig Personen erteilt, und es wurden Tests durchgeführt, um die Zunahme der Zustimmung zum System des freien Unternehmertums zu messen (Viteles 1954:424–36; Williams und Peterfreund 1954). Sears' Roebuck zum Beispiel brauchte drei Jahre, um ein eigenes Wirtschaftsbildungsprogramm zu entwickeln, das eine Reihe von Filmen und die Ausbildung von 2600 »Meeting Leaders« umfasste. 1952 hielten diese Leiter 71 000 Sitzungen ab, um die 200 000 Mitarbeiter von Sears durch den Kurs zu schleusen, was Gesamtkosten von 6 Millionen Dollar verursachte (Cellier 1953:29–40). Die beiden führenden Wirtschaftsbildungsprogramme, die beide eine »evangelistische« Anmutung hatten, wurden von Dupont und Inland Steel entwickelt.

Bis 1953 wurden sie bei etwa neun Millionen Beschäftigten eingesetzt (Cooke 1954:105).

Eine Unternehmens-Umfrage der American Management Association (AMA) zeigte, dass für viele der Befragten »Propaganda« und »ökonomische Bildung« in ihren Unternehmen tatsächlich gleichbedeutend sind. »Wir wünschen uns, dass unsere Leute vernünftig denken.« Kommunismus, Sozialismus und bestimmte politische Parteien und Gewerkschaften, so die AMA, »sind häufige Zielscheiben solcher Kampagnen«, die »von einigen Arbeitgebern ... als eine Art ›Kampf um die Loyalitäten‹ mit den Gewerkschaften« betrachtet werden (Williams und Peterfreund 1954:31, 14, 29).

Der American Advertising Council vertritt große Konzerne und große Werbeagenturen. Im April 1947 kündigte der Council ein 100-Millionen-Dollar-Werbeprogramm an, das in den nächsten zwölf Monaten alle Medien nutzen sollte, um der amerikanischen Bevölkerung das amerikanische Wirtschaftssystem zu »verkaufen«. Das Programm wurde offiziell als »großes Projekt zur Aufklärung des amerikanischen Volkes über wirtschaftliche Zusammenhänge« bezeichnet (MacDougall 1952:568–9).

Daniel Bell, damals Redakteur bei Fortune, beleuchtet sowohl das Ausmaß als auch die gewerkschaftsfeindlichen und gegen den New Deal gerichteten Ziele dieser Kampagnen:

> »In den Nachkriegsjahren bestand das Hauptanliegen der Industrie darin, das Meinungsklima zu ändern, das durch ... die Depression entstanden war. Diese Kampagne für das ›freie Unternehmertum‹ verfolgte zwei wesentliche Ziele: die Loyalität der Arbeiter, die heute auf die Gewerkschaften gerichtet ist, zurückzugewinnen und den schleichenden Sozialismus [d. h. den New Deal] zu stoppen ... Kurz gesagt: Die Kampagne verfolgte das eindeutige Ziel, die demokratische Mehrheit der letzten 20 Jahre in das republikanische Lager zu verschieben ...«

Bell beschreibt einige der Methoden, die ursprünglich für den Verkauf von Waren entwickelt wurden, jetzt aber in einer groß angelegten Kampagne für den Verkauf von Ideen eingesetzt werden. Allein schon der Apparat ist gewaltig: 1600 Wirtschaftsmagazine, 577 Handels- und Finanzzeitschriften, 2500 Werbeagenturen, 500 PR-Berater, 4000 PR-Abteilungen von Unternehmen und mehr als 6500 »Hauszeitungen« »mit einer Gesamtauflage von mehr als 70 Millionen: Der Ausstoß ist atemberaubend. Allein der Werberat sorgte 1950 für 7 Millionen Anzeigenzeilen in Zeitungen, die das freie Unternehmertum propagierten, 400000 Werbeplaketten in öffentlichen Verkehrsmitteln, 2,5 Millionen Radioeinblendungen ... Alles in allem die intensivste ›Verkaufskampagne‹« in der Geschichte der Industrie« (Bell 1954:254).

Die Offensiven der amerikanischen Wirtschaft gegen die öffentliche Meinung in der Vor- und Nachkriegszeit verfolgten ein zweifaches Ziel: zum einen, die Öffentlichkeit gegen die demokratische Regierung von Roosevelt und Truman und ihre liberalen Unterstützer aufzubringen; und zum anderen, sie gegen die wachsende Macht der Gewerkschaftsbewegung zu mobilisieren, die aus dem Wagner-Gesetz von 1935 resultierte. Das erste Ziel wurde mit der McCarthy-Ära und der Wahl Eisenhowers 1952 erreicht. Die Verwirklichung des zweiten Ziels begann im Jahr 1937. In diesem Jahr kam es zu einer beispiellosen Anzahl von Streiks, bei denen es vor allem um Forderungen nach der Anerkennung von Gewerkschaften im Rahmen des Wagner-Gesetzes ging. Ab 1937 trugen die hohe Zahl der Streiks, das Misstrauen gegenüber der Macht der Gewerkschaften sowie gewerkschaftsinterne Probleme »zu einem Wandel der öffentlichen Meinung« bei. Hinzu kamen die Propagandisten der Unternehmen, die »mit allen ihnen zu Gebote stehenden Mitteln moderner Kommunikation alles taten, was sie konnten, um diesen Wandel zu fördern« (Wilcock 1961:308).

Während des Krieges erzielten die Unternehmen noch nie dagewesene Gewinne, während die Löhne stagnierten. Als der Krieg zu Ende ging, verfolgten die Unternehmen neben ihrem langfristigen Ziel, die Gewerkschaftsbewegung zu schwächen, zwei unmittelbare Ziele: die Minimierung von Lohnerhöhungen und die Maximierung von Preiserhöhungen. Es ist lehrreich, die Methoden zu betrachten, mit denen all diese Zielsetzungen verfolgt wurden. Daniel Bell (1954:250–1) hat die Umstände beschrieben:

> »Die Löhne waren während des Krieges durch die The Little Steel Formula (Die Kleine Stahlformel) festgeschrieben worden, obwohl die Einkommen durch zusätzliche Überstunden gestiegen waren. Als nun die Wochenarbeitszeit sank, begannen die Arbeitnehmer, für die Beibehaltung ihres höheren Einkommens zu kämpfen. Die Industrie beschloss, abzuwarten. Das Ergebnis [im Jahr 1946] war das größte Streikjahr in der amerikanischen Geschichte … In keinem [der Streiks] … griff die Industrie auf die Gewalt und die Arbeitsniederlegungen der späten dreißiger Jahre zurück. Die Gegenmaßnahmen gingen vom Gesetzgeber aus … Die Tatsache, dass die Arbeiterschaft mächtig genug war, einen ganzen Industriezweig stillzulegen, schürte in der Mittelschicht die Befürchtung, dass Big Labour das Land regierte. Jeder landesweite Streik … und die damit einhergehende Öffentlichkeitsarbeit über die wirtschaftlichen Auswirkungen führte zu Forderungen nach Gegenmaßnahmen.«

Bei den Wahlen von 1946 waren »Arbeitsmarktprobleme« eines der wichtigsten politischen Themen, mit denen die Republikaner die Kontrolle über den Kongress erlangten. Kurz darauf entwarf die NAM ein neues Arbeitsgesetz und sorgte dafür, dass es dem neuen Kongress vorgelegt wurde. »Abgesehen vom Verbot branchenweiter Tarifverhandlungen«, so Bell, »übernahm das [1947] verabschiedete Taft-Hartley-Gesetz [die Vorschläge der NAM] vollständig.« Es verwundert nicht, dass es der neuen Organisation der Arbeitnehmer enorme Hindernisse in den Weg legte (Brandeis 1957:232). »Die öffentliche Meinung, so diffus sie auch sein mochte«, schlussfolgerte Bell (1954:250–1), »war eine Kraft, die die neuen Beschränkungen für Gewerkschaften in den Nachkriegsjahren unterstützte.« Bells Einschätzung wird von Jack Barbash (1948:198) unterstützt, der konstatiert, dass »die Streiks bei General Motors – wie auch die meisten anderen wichtigen Streiks im Aufschwung von 1945–6 – nicht an der Streikpostenkette ausgetragen wurden … sondern in

Washington und in der Presse sowie im Rundfunk«. Das Ergebnis war, dass die Gewerkschaften zwar die Streiks gewannen, die Unternehmen jedoch den Kampf um die Öffentlichkeitsarbeit für sich entschieden – mit dem Taft-Hartley-Gesetz als Preis.

Mit Ausnahme der vom Korea-Krieg geprägten Jahre zeigte sich die amerikanische Arbeiterbewegung nie wieder in der Lage, den (geringen) Anteil der von ihr organisierten Arbeitskräfte zu erhöhen. Dreißig Jahre später, angesichts einer erneuten Propagandaoffensive der Wirtschaft in den 1970er-Jahren, erlebte die organisierte Arbeitnehmerschaft in den Vereinigten Staaten einen steilen und möglicherweise endgültigen Niedergang. Daher lohnt es sich, die Aspekte der Öffentlichkeitsarbeit der Streiks von 1945–1946 genauer zu betrachten.

Die Unternehmen, die dreißig Jahre lang einen eigenen Berufsstand für Öffentlichkeitsarbeit aufgebaut und ausgebildet hatten, führten detaillierte Meinungsumfragen durch, um die Auswirkungen der Streiks auf die öffentliche Meinung zu beobachten. Die folgenden Auszüge stammen aus einem Bericht über Umfragen, die zwischen Dezember 1945 und Februar 1946 im Auftrag von Unternehmen durchgeführt wurden:

> »Über weite Strecken des Jahres hinweg standen die Streiks im Rampenlicht … Jetzt, da die großen Streiks in der verarbeitenden Industrie ihren Höhepunkt erreicht haben, fordern die Arbeitgeber eine Untersuchung über die Auswirkungen der Streiks. Die daraus resultierende Umfrage zielt auf zwei Fragen ab: Inwieweit konnten die bestreikten Unternehmen ihre Interessen durchsetzen? Haben die Gewerkschaften in der öffentlichen Gunst gewonnen oder verloren? Kurzum, welche Lehren ziehen wir aus dem Streik? Hier ist ein Bericht über die öffentliche Meinung in der letzten Februarhälfte, kurz vor dem Ende der Auseinandersetzungen in der Automobil- und Stahlindustrie …«

Die vorliegende Umfrage, so die Autoren, erlaube »einen direkten Vergleich« mit einer ähnlichen Umfrage vom Dezember 1945. In beiden Fällen lieferten die Reaktionen der Öffentlichkeit »Anhaltspunkte für den Umgang mit Streiks in der Zukunft«. Denn »mit einem Streik wird nicht nur die wirtschaftliche Leistungsfähigkeit auf die Probe gestellt, er ist auch eine entscheidende Herausforderung für die Öffentlichkeitsarbeit ... Kluge Unternehmensleitungen schenken den Aspekten der Öffentlichkeitsarbeit bei Streiks ebenso viel Aufmerksamkeit wie den wirtschaftlichen und rechtlichen Aspekten.« Denn »die Menschen mögen keine Streiks. Streiks lösen in der Öffentlichkeit Emotionen aus – sie hinterlassen bleibende Eindrücke ... Die Leute verfolgen Streiks sehr aufmerksam. Daher ist ein Streik eine hervorragende Gelegenheit für wirksame Öffentlichkeitsarbeit« (Opinion Research Corporation 1946:i-ii).

Für die Unternehmerseite war die Öffentlichkeitsarbeit im Zusammenhang mit den Streiks überaus zufriedenstellend. Sowohl die Erhebungen vom Dezember 1945 wie auch die vom Februar 1946 zeigten, dass »die Gewerkschaften bei der Öffentlichkeitsarbeit schlechter abschnitten als die Unternehmen ... Die Gewerkschaften verzeichnen einen großen Nettoverlust, die Unternehmen einen kleinen Nettogewinn.« Rund 80 Prozent der Befragten hatten am Umgang der Unternehmen mit den Streiks nichts auszusetzen. Und im Vergleich zwischen Unternehmen und Gewerkschaften waren deutlich mehr Befragte der Meinung, dass die Unternehmen das Gemeinwohl stärker berücksichtigt hätten als die Gewerkschaften. Dass die Befragten zu diesen Urteilen gelangten, war ein Tribut an die Kompetenz der Unternehmen in Sachen Öffentlichkeitsarbeit. Zugleich waren die Befragten jedoch der Meinung, dass die Gewinne der Unternehmen ausreichten, um Lohnerhöhungen ohne Preiserhöhungen zu finanzieren. Eine Erklärung für diesen scheinbaren Widerspruch ist, dass die Unternehmensgewinne nicht Gegenstand von Öffentlichkeitskampagnen waren, Gewerkschaften und Streiks hingegen schon.

Am bemerkenswertesten ist vielleicht, dass ein Drittel der befragten Gewerkschaftsmitglieder während des Streiks eine weniger positive Einstellung zu den Gewerkschaften und ein Viertel eine positivere Einstellung zu den Unternehmen entwickelte. Darüber hinaus waren die meisten Gewerkschaftsmitglieder der Ansicht, dass die Gewerkschaften das öffentliche Interesse nicht stärker berücksichtigten als die Unternehmen. Kein Wunder, dass Truman zwölf Monate später das Taft-Hartley-Gesetz nicht blockieren konnte. Der Hauptvorwurf gegen die Gewerkschaften bestand darin, dass sie in der Öffentlichkeit mit Massenstreiks und der damit verbundenen Gewalt in Verbindung gebracht wurden (ebd.: 2, AIO, A21, A7, A18, Al5).

Dies war in der Tat ein Propagandasieg. Denn während der Streikwelle von 1945 bis 1947 gab es, wie Barbash (1948:140) berichtet, »praktisch keine Gewalt«. Das änderte jedoch nichts an den schwerwiegenden politischen Folgen. Die Zwischenwahlen von 1946 »stellen die schwerste Niederlage der Gewerkschaften seit den Tagen Hoovers dar«. Nach den Worten des CIO war dies »eine entscheidende Niederlage für die liberalen und gewerkschaftlich orientierten Wähler in Amerika« (Vale 1971:101).

So viel zu den Taktiken der amerikanischen Wirtschaft, um mittels Öffentlichkeitsarbeit die Themen Lohnsteigerungen und Gewerkschaftsmacht in den Griff zu bekommen. Bleibt noch zu untersuchen, wie die gleiche Taktik eingesetzt wird, um zügellose Preiserhöhungen durchzusetzen. Die zu beschreibende Propagandakampagne ist insofern von besonderem Interesse, als sie gleichsam ein mikrokosmisches Bild jener Techniken liefert, die regelmäßig in weitaus größerem Maßstab eingesetzt werden, um die Demokratie insgesamt im Interesse der amerikanischen Wirtschaft zu steuern.

## Preise

Nach dem Zweiten Weltkrieg versuchte Präsident Truman, durch die Verlängerung der Tätigkeit des Office of Price Administration (OPA) die Preiskontrolle aufrechtzuerhalten, solange ein Mangel an zivilen Gütern herrschte. Die Wirtschaft, vertreten durch die NAM und die Chamber of Commerce, startete eine massive Kampagne gegen das OPA. Das Spektrum reichte von ganzseitigen Anzeigen bis hin zu Flugblättern, die den Hausfrauen in die Einkaufstasche gesteckt wurden. Sie versuchten, die Öffentlichkeit davon zu überzeugen, »dass die Preiskontrollen selbst die Ursache für Knappheit und Inflation waren; sie argumentierten, dass die Aufhebung der Kontrollen einen enormen Produktionsanstieg und angemessene Preise nach sich ziehen würde« (Rayback 1966:392).

Zum Bewusstseinsbildungsapparat der Wirtschaft gehörten zwei Einrichtungen, die die öffentliche Meinung zu diesem Thema überwachten: die Opinion Research Corporation und die Psychological Corporation. Eine im Februar 1946 durchgeführte Umfrage ergab, dass die meisten Menschen der Meinung waren, die Preise seien bisher »ziemlich niedrig« gehalten worden, und dass sie dem OPA »ein hohes Maß an Anerkennung« zollten. 81 Prozent sprachen sich für die Weiterführung der OPA aus (Opinion Research Corporation 1946:8, A32). Ein Jahr später berichtete die Psychological Corporation: Einer der tiefgreifendsten Umschwünge innerhalb der öffentlichen Meinung, den wir seit unserer ersten Umfrage im Jahr 1932 erlebt haben, ist der zur OPA. Im Frühjahr 1946, so der Bericht weiter, »zeigten mehrere Meinungsforschungsinstitute erhebliche Mehrheiten für die OPA«. Doch im Oktober 1946 waren nur noch 26 Prozent für die OPA (Link 1947b:134-5).

Die Tätigkeit der OPA wurde im Juli 1946 zunächst eingeschränkt und dann im November eingestellt. Präsident Truman schilderte später die Ereignisse, die zwischen den früheren und den späteren Umfragen lagen:

> »Unmittelbar nach Kriegsende machte sich das Großkapital in diesem Land daran, die Gesetze zu zerstören, die den Verbraucher vor Ausbeutung schützen sollten. Angeführt wurde dieser Vorstoß von der National Association of Manufacturers, der mächtigsten Organisation des Großkapitals im Lande …
>
> Wir wissen, wie die NAM ihre Verschwörung gegen die amerikanischen Verbraucher organisiert hat. Einer ihrer eigenen Funktionäre … erzählte die Geschichte … nach Abschaffung der

Preiskontrollen … [Er] berichtete, wie seine Organisation 1946 3 000 000 Dollar ausgab, um die OPA zu beseitigen. Die NAM gab anderthalb Millionen Dollar für Zeitungsanzeigen aus. Sie schickte ihre eigenen Redner, um tausende von Vorträgen vor Frauenclubs, Bürgerorganisationen und College-Studenten zu halten. Eine speziell konzipierte Publikation ging an 37 000 Schullehrer, eine weitere an 15 000 Geistliche, eine andere an 35 000 Leiter von Landwirtschaftsbetrieben und wiederum eine andere an 40 000 Leiter von Frauenklubs. Eine spezielle Beilage mit NAM-Propaganda wurde an 7 500 Wochenzeitungen und an 2 500 Kolumnisten und Leitartikler verschickt …

So kommentierte die NAM das Ergebnis ihrer drei Millionen Dollar teuren Propagandakampagne … (Als] die NAM ihre Kampagne gegen die OPA begann, ergab eine Umfrage, dass 85 Prozent der Befragten die OPA für absolut notwendig hielten. Im November 1946, nach der Kampagne … glaubten lediglich noch 26 Prozent der Menschen, dass das OPA unverzichtbar sei.« (Schnapper 1948:84–5)

Im Laufe des Jahres 1946 verkleinerte der Kongress das Office of Price Administration zunächst und löste es dann auf. Infolgedessen stiegen die Verbraucherpreise zwischen Juni und Dezember 1946 um 15 Prozent, wobei die Lebensmittelpreise sogar um 28 Prozent stiegen. Dieser Anstieg machte die Lohnerhöhungen, die die Arbeitnehmer durch die Streiks von 1946 erreicht hatten, mehr als zunichte, sodass die Reallöhne von 32,50 Dollar pro Woche auf weniger als 30,00 Dollar sanken. Dies war der niedrigste Wert seit Kriegseintritt der USA. »Unterdessen stiegen die Nettogewinne der Unternehmen auf den höchsten Stand in der Geschichte und erreichten 12 500 000 000 Dollar – 20 Prozent mehr als im besten Kriegsjahr« (Rayback 1966:393).

Somit wurde die Gestaltung der Arbeitnehmer-Arbeitgeber-Beziehungen zu einem Teilaspekt der Öffentlichkeitsarbeit, bei der die Unternehmensführungen erneut triumphierten und die Gewerkschaften auf der Strecke blieben.

Wie bereits nach dem Ersten Weltkrieg kam es auch nach dem Zweiten Weltkrieg in den USA zu einem politischen Rechtsruck, während sich Europa nach links bewegte. Jeder dieser Meinungsumschwünge in den USA fiel mit einem umfassenden Angriff auf die öffentliche Meinung zusammen. Melton Davis, Referent für Öffentlichkeitsarbeit in der Europaabteilung des Außenministeriums, bemerkte diesen Gegensatz im Januar 1947 und stellte Vermutungen über die Ursache an:

»Die geschickte Öffentlichkeitsarbeit [hat] sich ausgezahlt, wie es bereits in der Vergangenheit der Fall war und auch in Zukunft sein wird ... [und] es war nicht die Öffentlichkeitsarbeit von Labour. Das Klima der öffentlichen Meinung – das, was den sozialen Wandel jeweils erleichtert oder erschwert – hat sich in Amerika vollständig verändert. Während der Rest der Welt nach links gerückt ist, die Arbeiterschaft in die Regierung aufgenommen hat und liberalere Gesetze verabschiedete, haben sich die USA gegen den sozialen Wandel, gegen den wirtschaftlichen Wandel und gegen die Arbeiterschaft gestemmt. Sie sind nicht nach rechts gerückt, sie sind – auf raffinierte Weise – nach rechts gerückt worden. Auch in Frankreich, England und Italien gab es Engpässe, Schwierigkeiten bei der Preiskontrolle, Arbeitsunruhen und Streiks. Doch in all diesen Ländern haben die Gewerkschaften und die Linke weiterhin Wahlen gewonnen. In Amerika hingegen ... sind Arbeiter und Liberale heute Freiwild ... [Sie] finden sich in eine Gruppe mit Anarchisten gestellt ... mit den untergegangenen IWW *[Anm. d. Übers.: Industrial Workers of the World]* ... mit Kommunisten.« (Davis 1947:24)

## Propaganda innerhalb der Konzerne

Ich habe einige der wichtigsten Aspekte der Unternehmenspropaganda und der Öffentlichkeitsarbeit außerhalb des Unternehmens skizziert. Durch parallele Entwicklungen innerhalb der Unternehmen wurde diese Propaganda auf immer subtilere Weise ausgebaut. Wie wir bereits gesehen haben, führte das Wagner-Gesetz zu einer Verlagerung der externen Taktik von der direkten Einschüchterung der Gewerkschaften hin zum (indirekten) Schüren öffentlicher Anfeindungen gegen die Gewerkschaften. Eine analoge Entwicklung vollzog sich innerhalb der Unternehmen. Um die Unabhängigkeit der Gewerkschaften zu gewährleisten, illegalisierte das Wagner-Gesetz Betriebsgewerkschaften illegalerweise. Dies führte dazu, dass die Unternehmen nach weniger formellen Systemen der Kommunikation zwischen Unternehmensleitung und Arbeitnehmern Ausschau hielten, mit denen unabhängige Gewerkschaften verhindert werden konnten, ohne gegen den Wortlaut des Wagner-Gesetzes zu verstoßen.

Diese Suche wurde offiziell als »Human Relations«-Bewegung bezeichnet und wird in Kapitel 9 ausführlicher beschrieben. Sie umfasste Begriffe wie »Arbeitnehmerbeteiligung«, »Mitarbeiterkommunikation« und »demokratische Entscheidungsfindung«. 1937 gab es diese Bewegung noch nicht. Doch 1942 berichtete Robert Brady, dass die Hawthorn-Studien – das Aushängeschild und die vermeintlich wissenschaftliche Grundlage der Human-Relations-Bewegung – »einen außerordentlichen Einfluss in der amerikanischen Literatur zur Mitarbeiterführung« gewonnen hatten (Brady 1943:284).

Als die amerikanische Wirtschaft bei Kriegsende zu einem regelrechten Großangriff auf die öffentliche Meinung und die Gewerkschaften zurückfand, standen plötzlich riesige Geldbeträge für die Erforschung der »Human Relations« in der Industrie zur Verfügung: für die Erforschung von Kommunikationstechniken zwischen Unternehmensleitung und Arbeitnehmern, von Techniken zur Führung kleiner Gruppen sowie von Methoden zur Beeinflussung der Ansichten der Arbeitnehmer (Carey 1976a:240–2). Wie Will Herberg (1951:590) bemerkte, wurden in den vier Jahren nach 1947 »vielleicht mehr neue Bücher und Studien über [das Thema der Human Relations in der Industrie] veröffentlicht als in all den Jahren zuvor«.

Die in den späten 1940er-Jahren einsetzende Flut von Fördermitteln von Unternehmensseite für die Erforschung von Kommunikation, Meinungen und Verhalten innerhalb von Arbeitsgruppen schwoll weiter an. Während des Jahrzehnts der 1950er-Jahre wurden viermal so viele Studien über Kleingruppen in sozialwissenschaftlichen Zeitschriften veröffentlicht wie in der gesamten Geschichte zuvor (Deutsch 1968:265). Wenig Aufmerksamkeit schenkten die Sozial- und Politikwissenschaftler dagegen der Bedeutung, die die umfangreichen neuen Aktivitäten des Managements im Bereich der Gesinnungs- und Meinungskontrolle für die Demokratie hatten. Professor Robert Dahl von der Columbia University dokumentierte 1959 das bemerkenswerte Ausmaß dieser Vernachlässigung und definierte das Problem klar und deutlich. Er warf die Frage auf, in welchem Ausmaß die allgemein positive Haltung der Amerikaner zu den Unternehmen »auf die bewusste Manipulation von Einstellungen zurückzuführen« sei. Er fuhr fort:

> »Vieles in der politischen Theorie ... hängt von den Vorannahmen ab, die man über die Ursprünge politischer Einstellungen macht ... Wenn man davon ausgeht, dass politische Präferenzen schlicht und einfach von führenden Persönlichkeiten (aus der Wirtschaft oder anderen Bereichen) in das System eingepflanzt werden, um das zu erhalten, was sie vom System wollen, dann ist das Modell der plebiszitären Demokratie im Wesentlichen gleichbedeutend mit dem Modell totalitärer Herrschaft.« (Dahl 1959:37–8)

Es gibt wohl kaum eine wichtigere Frage, mit der sich eine demokratische Gesellschaft auseinandersetzen muss. Doch die Weigerung von Intellektuellen und Sozialwissenschaftlern, sich dieser Frage zu stellen, ist zu einem spezifischen Merkmal der Sozialwissenschaften in den USA geworden.

# 3 Die erste Amerikanisierungsbewegung

In den Vereinigten Staaten ist die Missionierung des Volkes durch die Wirtschaft gängige Praxis. Schon kurz nach der Wende zum 20. Jahrhundert warb der amerikanische Konzernkapitalismus mit groß angelegten Propagandaprogrammen für seine Werte und Institutionen, wann immer und wo immer die Stimmung in der Bevölkerung ungünstige Formen annahm. Von ihrer Machart her ähnelten diese Programme den weltlichen Billy-Graham-Evangelisationen, wenngleich sie eine größere Reichweite und höheren Durchdringungsgrad aufwiesen. Das erste dieser Programme war das 1912, vor dem Ersten Weltkrieg, gestartete Amerikanisierungsprogramm. Seine aktivsten Förderer waren Handelskammern und mit ihnen verbundene Geschäftsinteressen. Später verschmolz die Evangelisation mit der Kriegsbegeisterung und tauchte nach Kriegsende als eigenständiges nationalistisches Programm auf, das von industriellen Interessen getragen wurde.

Der breite politische Hintergrund und der direkte industrielle Bezug des ursprünglichen Kreuzzuges sind von speziellem Interesse, weil sie Teil eines Musters sind, das sich bei jedem weiteren Amerikanisierungskreuzzug der folgenden Jahrzehnte im Wesentlichen wiederholt. Dieses Muster besteht aus drei Hauptkomponenten: (1) Eine (reale oder imaginäre) Bedrohung von außerhalb der USA entfaltet eine tiefgreifende Wirkung auf das öffentliche Bewusstsein. (2) Diese Entwicklung findet zu einer Zeit statt, in der konservative Interessen die liberalen Reformen und die Feindseligkeit der Bevölkerung gegen die großen Unternehmen und die von ihnen ausgeübte Macht als eine tiefgreifende Bedrohung des sozialen und politischen Systems der USA wahrnehmen. (Die Reformen sind in der Regel mit einer Verbesserung der rechtlichen und politischen Stellung der organisierten Arbeiterschaft und mit einer parallelen Kontrolle der Stellung des organisierten Kapitals durch verstärkte Regulierung verbunden.) Und schließlich (3) verschmelzen die beiden wahrgenommenen Bedrohungen, um die internen Reformen und alle politischen Parteien, Personen oder Politiken, die mit ihnen in Verbindung gebracht werden, zu diskreditieren.

Was die äußeren Entwicklungen betrifft: Zwischen 1890 und 1910 schürte ein massiver Zustrom von Einwanderern innerhalb der Bevölkerung die Befürchtung, dass die traditionellen amerikanischen Wertvorstellungen und Institutionen durch fremde Einflüsse bedroht seien.

Was die internen Entwicklungen anbelangt: In die Zeit der Präsidentschaft Theodore Roosevelts (1901–1912) fielen gesetzgeberische Maßnahmen, die darauf abzielten, die Macht von Trusts und Kombinaten zu beschneiden und den Gewerkschaften einen gewissen rechtlichen Schutz zu gewähren. In diesem Zeitraum verdreifachte die große, elitäre und ideologisch konservative American Federation of Labor ihre Mitgliederzahl von 600 000 auf 1 800 000. Im Jahr 1905 wurde die kleine radikal-anarchosyndikalistische Gewerkschaft Industrial Workers of the World (IWW) gegründet. Ihre Führer verkündeten Millionen von verarmten Immigranten und anderen Menschen lautstark den Weg der gewaltsamen Revolution als einzige Lösung für die Lage der Arbeiter. Seit der Gründung der IWW betrachtete die US-Regierung die Probleme der inneren Sicherheit in erster Linie im Zusammenhang mit dieser Organisation. Die Bedeutung dieser Entwicklung lag darin, dass sie ein Muster für alle nachfolgenden ideologischen Kreuzzüge in den USA lieferte. Jeder Einzelne wurde als Reaktion auf ein Problem für die innere Sicherheit angesehen, das als eine kommunistische Bedrohung aufgefasst wurde.

Insbesondere zwei Entwicklungen waren für die Reaktion der Öffentlichkeit und der Interessenvertreter der Industrie auf die IWW von Bedeutung. Zwischen 1909 und 1912 gewann die IWW – mit erheblicher liberaler Unterstützung – eine Reihe von Free

Speech Fights [Anm. d. Übers.: Free Speech Fights sind Kämpfe um die freie Meinungsäußerung, insbesondere jene Kämpfe, an denen die Gewerkschaft Industrial Workers of the World beteiligt war] gegen die Unterdrückung ihrer Bekehrungs- und Propaganda-aktivitäten, was für beträchtliche Beunruhigung sorgte. Im Februar 1912 gewann die IWW einen außerordentlich erfolgreichen Streik von im Ausland geborenen Arbeitern in Lawrence, Massachusetts, der sie auf den Höhepunkt ihrer Mitgliederzahl (60 000), ihres Einflusses und ihres Bekanntheitsgrades brachte.

Bis 1912 trugen diese Entwicklungen dazu bei, die Unternehmensinteressen zu mobilisieren und die Notwendigkeit einer Amerikanisierungskampagne für im Ausland geborene Personen energisch voranzutreiben – modern ausgedrückt: einer Kampagne zur kulturellen Säuberung. Die Entwicklung, die die Wirtschaft in diesem Zusammenhang zum Handeln animierte, war die aktive Verbindung zwischen der IWW mit ihrer radikalen Botschaft einerseits und den unzufriedenen ausländischen Arbeitern im Lawrence-Streik andererseits. Diese Verbindung sollte in der Öffentlichkeit das Bild einer gewalttätigen Allianz zwischen einer Bedrohung der amerikanischen Kultur durch ausländische Einwanderer und einer Bedrohung der amerikanischen Institutionen durch radikale Arbeiter entstehen lassen. Wie in der späteren McCarthy-Ära wurden Liberale und Gewerkschaften durch (tatsächliche oder eingebildete) Assoziationen mit dem einen oder anderen Aspekt des radikal-ausländisch-subversiven Schreckgespenstes in Verbindung gebracht. Alle relevanten Quellen der Kritik am Status quo (d. h. Liberale und Gewerkschaften) würde man dann diskreditieren und die Reaktion festigen können.

Der seit 1912 von den Handelskammern und den mit ihnen verbundenen Interessen geführte landesweite Kreuzzug für ein Amerikanisierungsprogramm erreichte im Wesentlichen die gewünschte Dramatisierung: eine gleichzeitige Bedrohung aus dem Ausland und aus dem Inland in Form von ausländischen Arbeitskräften, die von einer radikalen Gewerkschaftsbewegung vereinnahmt wurden. Die weitere Entwicklung wurde jedoch durch die

Unterbrechung der Kriegsjahre erschwert, sodass eine umfassende Umkehr der Bevölkerung in Richtung Konservatismus und Repression erst 1919–1920 erreicht wurde.

In diesem Kapitel wird die Entstehung der Amerikanisierungsbewegung vor dem Krieg detailliert nachgezeichnet; ihre undurchsichtige Fortsetzung während des Krieges war integraler Bestandteil einer außergewöhnlichen nationalistischen Propagandakampagne, die alle Amerikaner, ob im In- oder Ausland geboren, hinter den Kriegsanstrengungen vereinen sollte. Schließlich wurden auch verschiedene Ängste und Ziele der ursprünglichen Amerikanisierungskampagne von 1919–1920 reaktiviert, wiederum im Kontext der Konfrontation zwischen organisierten Wirtschaftsinteressen und organisierter Arbeiterschaft.

**Ursprünge**

Zwischen 1880 und 1910 nahm die Einwanderung in die USA stark zu. Noch schneller änderten sich jedoch die hauptsächlichen Herkunftsländer der Einwanderer, nämlich von Nordwesteuropa in wirtschaftlich und kulturell relativ schwache Gebiete Ost- und Südeuropas. Um 1890 machte sich in der US-Bevölkerung eine gewisse Besorgnis darüber breit, wie sich so viele (oft ungebildete) Neuankömmlinge mit ihren fremden Sprachen und Sitten auf die amerikanische Gesellschaft auswirken würden.

In den 1890er-Jahren und bis etwa 1904 zielte die starke Agitation vor allem (erfolglos) darauf ab, eine gewisse Begrenzung der jährlichen Zuwanderung zu erreichen. Die organisierte Arbeiterschaft, religiöse Gruppen und rassistische Gruppierungen (nicht aber die Arbeitgeberinteressen) spielten bei dieser Agitation eine wichtige Rolle. Im Unterschied zu den anderen Gruppen waren die Vorbehalte der Arbeiterschaft gegenüber den Neuankömmlingen in erster Linie wirtschaftlicher Natur.

Wegen ihres vergleichsweise niedrigeren Lebensstandards, ihrer Fügsamkeit angesichts schwierigster Arbeitsbedingungen und ihres Einsatzes durch die Industriellen, um Streiks zu brechen und Tarifverhandlungen zu verhindern, reagierte insbesondere die

Arbeiterschaft sehr feindselig auf die Einwanderer aus Süd- und Osteuropa. Es liegt auf der Hand, dass die amerikanischen Gewerkschaftsführer in den Immigranten eine ernsthafte Bedrohung für den damals noch in den Kinderschuhen steckenden Kampf um Lohnerhöhungen und Arbeitszeitverkürzungen sahen.

Nach 1900 entwickelte sich eine alternative und wohlwollendere Bewegung, die aktiv zur Assimilierung von Einwanderern beitrug. Einige patriotische und religiöse Organisationen boten einer beträchtlichen Zahl von Einwanderern Englischunterricht, Unterweisung in staatsbürgerlichen Rechten und Pflichten sowie andere praktische Unterstützung an. Zu diesen Organisationen gehörte vor allem der YMCA [dt. Entsprechung: CVJM, Anm. d. Übers.]. Bis 1912 half er 55 000 Einwanderern beim Erlernen der englischen Sprache und vermittelte in rund 300 Zweigstellen in den USA Grundkenntnisse über die amerikanische Gesellschaft (Hartman 1948:23–9).

Als der YMCA 1907 mit dieser Tätigkeit begann, belief sich die jährliche Zahl der Einwanderer allein aus Süd-Osteuropa auf nahezu eine Million. In vielen industriellen Zentren des Nordostens und des Mittleren Westens, wohin die Einwanderer hauptsächlich kamen, waren ihre Arbeits- und Lebensbedingungen katastrophal schlecht. Die pädagogische und materielle Hilfe, die der YMCA und andere Organisationen leisteten, reichte daher bei Weitem nicht aus, um das Problem zu bewältigen.

Vor diesem Hintergrund entwickelte sich die Unterstützung für ein nationales Programm zur Integration von Zuwanderern. Es dauerte nicht lange, bis sich eine starke Interessengruppe bildete. Aus ihren Bemühungen ging die Bewegung hervor, die schließlich im Amerikanisierungskreuzzug der Jahre unmittelbar vor, während und nach dem Ersten Weltkrieg gipfelte. Diese Bewegung, so bemerkt Hartman, »bot ein Programm an, das das Einwandererproblem mit der kleinstmöglichen Beeinträchtigung des wirtschaftlichen und politischen Lebens der Nation lösen sollte; ein Programm, das nicht zum Verlust eines außerordentlich wertvollen Arbeitskräfteangebots für Amerika führen würde« (ebd.: 8).

Im Februar 1907 veranstaltete der YMCA in New York eine Konferenz interessierter Kreise mit dem Ziel, eine Organisation zu gründen, die sich für die Verbesserung der Lebensbedingungen von Einwanderern einsetzt. Daraus entstand die erste aktive Amerikanisierungsgruppe, die North American Civic League for Immigrants (NACLI). Die Liga setzte sich aus eher konservativen Wirtschaftsvertretern zusammen. Ihr Präsident war W. Chauncy Brewer, Rechtsanwalt und späterer Leiter der Bostoner Handelskammer; ihr Vizepräsident war Bernard J. Rothwell, Industrieller und Präsident der Bostoner Handelskammer. »Die Organisation der Liga spiegelte die im ersten Jahrzehnt des 20. Jahrhunderts allgegenwärtige Angst um die Sicherheit der amerikanischen Institutionen wider ... Die Liga ... kann als Initiatorin der Bewegung zur Amerikanisierung der Einwanderer angesehen werden« (ebd.: 38–41).

Die erste Aktivität der Liga bestand darin, die Lebensbedingungen der Einwanderer zu untersuchen. Sie gelangte zu dem Schluss, dass diese im Allgemeinen erbärmlich waren und dass die Einwanderer – vielleicht als Folge davon – häufig unter den Einfluss von »böswilligen Radikalen« gerieten. In den zwei Jahren bis 1909 trug die Liga viel dazu bei, die Aufmerksamkeit der bürgerlichen und karitativen Einrichtungen auf die Bedürfnisse der Einwanderer zu richten.

Im Dezember 1909 wurde ein separater Zweig der NACLI unter der Bezeichnung New York (später New York-New Jersey) Committee of the NACLI gegründet. Das NY-NJ Committee, das sich fast ausschließlich aus Unternehmensführern zusammensetzte, übernahm in seiner Region rasch die Führung, wie es auch die Mutterorganisation in Neuengland getan hatte. Das Komitee organisierte zahlreiche Aktivitäten, die Einwanderern zugute kamen, darunter die Ausarbeitung eines Kurses zum Thema Staatsbürgerkunde für den Einsatz in Abendschulen.

Im März 1910 veranstaltete die Liga eine Konferenz führender Industrieller aus Neuengland. Es überrascht nicht, dass die Konferenz die Arbeit der Liga einstimmig befürwortete und die weitere Unterstützung des Programms der Liga sowohl als Mittel zum

»Selbstschutz« vor der Bedrohung durch die Einwanderer als auch wegen seines wirtschaftlichen Nutzens nachdrücklich empfahl. Im Dezember 1910 hörten führende Industrielle auf einer ähnlichen Konferenz einen Bericht der Bundeskommission für Einwanderung, die vier Jahre zuvor eingesetzt worden war, um die Einwanderungsfrage umfassend zu untersuchen. Der Vorsitzende der Kommission unterstützte die Arbeit der Liga und ihre Besorgnisse hinsichtlich der sozialen und politischen Bedingungen der Einwanderer voll und ganz. Ihr offizieller Bericht verschaffte den von der Liga vorgeschlagenen Abhilfemaßnahmen große Aufmerksamkeit (ebd.: 88–90, 68).

Die Konferenz von 1910 führte zu einem begeisterten Echo bezüglich der Möglichkeit einer Zusammenarbeit zwischen der Liga und den industriellen Interessen, um die Einwanderer in die »richtigen Beziehungen« mit dem amerikanischen Volk und den amerikanischen Institutionen einzubinden. Um Mittel und Wege zur Unterstützung der Liga bei ihrer Arbeit zu finden, wurde ein Neu-England-Industriekomitee gebildet, das sich aus 15 prominenten Industriellen Neuenglands zusammensetzte.

Dieses Komitee arbeitete einen Plan aus, um den Standpunkt der Industrie hinter der Liga zu vereinen. Außerdem führte es eine Untersuchung zu den Arbeitsbedingungen in den neuenglischen Textilstädten Lawrence, Lowell, Haverhill und Manchester durch, die allesamt von Unruhen und Aufruhr in dicht gedrängten Kolonien voller nichtamerikanisierter Ausländer geprägt waren. Hartman stellte fest, dass »die jüngsten Unruhen in der Neuengland-Sektion der IWW … die Furcht vor einer Zunahme des Radikalismus unter der eingewanderten Arbeiterklasse in diesem Gebiet geweckt hatten«. Die in Lawrence durchgeführte Untersuchung »bestätigte die schlimmsten Befürchtungen des Komitees hinsichtlich einer zunehmenden Radikalisierung der eingewanderten Arbeiter.« Als Reaktion darauf rief die Liga zu finanzieller Unterstützung für die Aktivitäten in diesem Gebiet auf und verteilte unter den Arbeitern eine Broschüre mit dem Titel »Respect the Law and Preserve Order« (Respektiert das Gesetz und bewahrt die Ordnung), welche die Ausländer dazu anhielt, »sich mit dem rechtschaffenen Teil der Gemeinschaften, in denen sie lebten, zusammenzuschließen« (ebd.: 90–1).

## Der Einfluss der IWW

Von ihrer Gründung im Jahr 1905 bis zum Jahr 1909 waren die IWW politisch und industriell von geringer Bedeutung. Ab 1909 jedoch verschafften sie sich durch eine Reihe von Auseinandersetzungen um die Redefreiheit einen landesweiten Ruf wegen ihrer »unschlagbaren Militanz«. Die revolutionäre Propaganda der IWW empörte den amerikanischen Durchschnittsbürger. Doch die Verhaftung des IWW-Sprechers rief lediglich eine Reihe von Seifenkistenrednern auf den Plan, die die Stadtgefängnisse so lange überfüllten, bis die Stadtväter schließlich zum Einlenken bereit waren. Preston zufolge kämpften die IWW in den Auseinandersetzungen um die Redefreiheit mit den besitzenden Klassen und den zivilen Behörden bis zum Äußersten und gewannen. Da die Bill of Rights die IWW unterstützte, schien es keinen legalen Weg zu geben, sie zum Schweigen zu bringen.

> »Von Spokane im Jahr 1909 bis San Diego im Jahr 1912, durch Washington, Montana, South Dakota, Minnesota, Wisconsin, Pennsylvania, Massachusetts, Missouri und Colorado war die Verteidigung des Ersten Verfassungszusatzes durch die IWW … gewissermaßen subversiv und aufrührerisch geworden, während der gewaltlose Widerstand der IWW-Sprecher die Amerikaner verschreckt und verblüfft zurückließ. Die Bürger fühlten sich von der unkontrollierbaren Protestwelle in den Strudel der Anarchie gezogen.« (Preston 1963:44)

Noch wichtiger für die Entwicklung der Amerikanisierungsbewegung war die nächste große Aktion der IWW, der Textilstreik in Lawrence. Harris (1938:313–28), der die Hintergründe und den Verlauf des Streiks beschreibt, berichtet, dass um 1900 70 bis 90 Prozent aller Arbeiter in den Textilfabriken Neuenglands im Ausland geboren waren. Die Arbeiter aus Lawrence verdienten »Hungerlöhne«. Jahrelang waren sie gezwungen, »in Slums zu leben ... mit bis zu 17 Personen in fünf Zimmern«. Jedes sechste Kind starb vor seinem ersten Geburtstag. Diejenigen, die überlebten, litten an Rachitis und an Krankheiten im Zusammenhang mit Unterernährung. Am 11. Januar 1912 rebellierten etwa 25 000 im Ausland geborene Arbeiter »gegen den Woolen Trust, der hauptsächlich von der American Woolen Company vertreten wurde«. Da ihre Appelle von der American Federation of Labor über lange Zeit abgelehnt worden waren, luden die Textilarbeiter Joseph Ettor von den IWW (denen nur etwa 4 Prozent ihrer Mitglieder angehörten) ein, nach Lawrence zu kommen und die Streikleitung zu übernehmen (ebd.: 313–15).

Nach dem Eintreffen Ettors wurden Hunderte von Milizionären zu Patrouillen in den Betrieben abkommandiert; um Ettor und die Streikenden zu diskreditieren, wurden Dynamitvorräte deponiert (»ein örtlicher Bestatter gestand, dass er es auf Geheiß von Unternehmens- und Polizeibeamten deponiert hatte«); ein Bürgerausschuss aus Unternehmensvertretern und lokalen Honoratioren wurde gebildet, um den Streik als anarchistisches Komplott zu denunzieren; und »Schlägertrupps wurden angeheuert, um Straßenbahnen zum Entgleisen zu bringen und deren Scheiben einzuschlagen, um die Streikenden ›unamerikanischer Gewalttätigkeit‹ zu bezichtigen« (ebd.: 319–21).

Am 29. Januar wurde eine Weberin unter den Streikenden durch eine Kugel getötet, die »vermutlich von einem Polizeibeamten abgefeuert worden war«. Ettor und ein weiterer IWW-Funktionär wurden festgenommen, wegen Beihilfe zum Mord angeklagt und ins Gefängnis gesteckt. Nach heftigen internationalen Protesten wurden sie später freigesprochen. Der Ausnahmezustand wurde ausgerufen, die Streikpostenketten überrannt und die Arbeiter verhaftet (ebd.: 321–2).

Um die sozialen Probleme im Zusammenhang mit dem Streik zu lindern, traf das gewerkschaftliche Streikkomitee Vorkehrungen, um Kinder von Streikenden bei Freunden und Sympathisanten außerhalb von Lawrence unterzubringen. Nachdem ein Transport mit 119 Kindern am 10. Februar in der Grand Central Station in New York von einer jubelnden Menge von Arbeitern begrüßt worden war, untersagten der Marschall von Lawrence und der Chef der Miliz (Colonel Sweatser) weitere Zugtransporte mit diesen »Botschaftern für die Sache der Streikenden«. Als das Streikkomitee am 24. Februar versuchte, weitere vierzig Kinder nach Philadelphia zu schicken, wurden Kinder, Mütter und Betreuer, die sich am Bahnhof von Lawrence versammelt hatten, von der Polizei mit einer Brutalität verprügelt, die normalerweise Kriminellen vorbehalten ist. Eine Schwangere wurde bewusstlos geschlagen und ihr ungeborenes Kind starb. Diese Aktionen hatten verheerende politische Folgen.

> »Das ganze Land war entsetzt, und die Redakteure empörten sich über den Anblick wehrloser Frauen und Kinder, die von den Gesetzeshütern misshandelt und geschlagen wurden … Der Aufschrei eines landesweit erwachten sozialen Gewissens peitschte über die Köpfe der Textilfabrikanten hinweg, bis sie vor den Auswirkungen der Barbarei, die sie selbst gefördert hatten, zurückschreckten … Anfang März [1912] zogen sie sich allmählich zurück … bis am 12. März die American Woolen Company alle Forderungen der Streikenden erfüllte.« (Ebd.: 323–5)

Nach neuneinhalb Wochen hatten die Streikenden einen der wenigen eindeutigen Siege in der Geschichte der amerikanischen Arbeiterbewegung errungen. Doch so spektakulär und scheinbar umfassend der Sieg auch war, er war nur von kurzer Dauer. Die IWW und ihre revolutionär gesinnten Führer waren organisatorisch und vom Temperament her für harte Kämpfe mit den Arbeitgebern gerüstet, nicht aber für die tagtägliche Verteidigung der Arbeitnehmerinteressen gegen deren Aushöhlung. Binnen kurzer Zeit führten die Unternehmensführungen in Lawrence Programme ein, die die erkämpften Errungenschaften wieder zunichtemachten.

## Die Amerikanisierungsbewegung nach Lawrence

Die anfänglichen Befürchtungen des konservativen Industrie-Komitees (der NACLI) bezüglich der Umstände in den Textilfabriken Neuenglands hatten sich als ziemlich vorausschauend erwiesen. Die Liga handelte schnell, um dem Erfolg des Streiks in Lawrence entgegenzuwirken. Am 29. Februar, fünf Tage nach den Misshandlungen von Frauen und Kindern, die zu einem öffentlichen Aufschrei geführt hatten, hielten die Handelskammer von Boston und die Liga eine gemeinsame Sitzung zum Thema Einwanderung ab. Auf der Versammlung, an der zahlreiche Vertreter aus Wirtschaft und Industrie teilnahmen, sprachen Brewer (Präsident der Liga und Geschäftsführer der Kammer), Rothwell (Vizepräsident der Liga und der Kammer) sowie Colonel Sweatser, der während des aktuellen Streiks die Miliz in Lawrence befehligte. Auf dem Treffen wurde betont, dass die Wachsamkeit im Hinblick auf die Situation der Einwanderer erhöht werden muss.

Kurz nach dem Lawrence-Streik, im Frühjahr 1912, startete die Liga eine Kampagne, um die verschiedenen Handelskammern und Berufsverbände für ihre Pflichten als Hüter der »ureigenen Interessen« ihrer Gemeinden zu sensibilisieren. Diese Pflichten erforderten die Bereitschaft anzuerkennen, dass die industrielle Zukunft des Landes in hohem Maße von der Ausbildung der erwachsenen ausländischen Arbeitskräfte in der Industrie abhing. Handelskammern und andere Wirtschaftsverbände in einem weiten Umkreis folgten dem Ruf zu den Waffen, sodass es, wie Hartman (1948: 92–6) feststellt,

> »den Amerikanern in kurzer Zeit gelungen war, bei den verschiedenen Handels- und Industrieverbänden Neuenglands Interesse für ihre Kampagne zu wecken; sie hatten eine Bewegung in Gang gesetzt, die sich auf die mittelatlantischen Bundesstaaten und den Mittleren Westen ausbreitete, bis praktisch jede Handelskammer oder vergleichbare Organisation jeder bedeutenden Gemeinde mit ausländischem Bevölkerungsanteil ein spezielles Einwanderungs-

komitee hatte, das sich energisch und aktiv für die Amerikanisierung der Einwanderer einsetzte.«

In den Vorkriegsjahren setzte die Liga ihr Programm bei Wirtschaftsvereinigungen, kirchlichen Organisationen, Handelskammern und Industrieverbänden in ganz Neuengland durch. Als die Amerikanisierungskampagne in den Kriegsjahren ihren Höhepunkt erreichte, sah sich die Liga folglich einer Bevölkerung gegenüber, die für Propaganda und ideologische Kontrolle empfänglich war.

Während die Mutterorganisation ihre konzertierte Aktion fortsetzte, um die Interessen der Industrie hinter ihrem Amerikanisierungsprogramm zu vereinen, beschloss das NY-NJ Committee der Liga Anfang 1914, sein Programm auf die gesamte Nation auszuweiten. Deshalb änderte es seinen Namen in »Committee for Immigrants in America« (CIA, nicht zu verwechseln mit dem erst viel später gegründeten Geheimdienst, Anm. d. Lektorats). In der Folgezeit wurden seine Aktivitäten auf nationaler Ebene ausgeweitet, bis es, wie Hartman (ebd.: 96–7) berichtet, »zur Speerspitze und zum führenden Impulsgeber des Angriffs auf nicht-assimilierte Einwanderer« und »zum allgemeinen Beratungszentrum für die Einwanderungs- und die Amerikanisierungsarbeit im ganzen Land« wurde.

Im April 1914 schlug das CIA vor, dass das Federal Bureau of Education das Amerikanisierungsprogramm unterstützen sollte. Dies war der erste Schritt zur landesweiten Ausdehnung der Kampagne und verlieh ihr zudem ein offizielles und anerkanntes Gütesiegel. Eine solche Legitimation ist wichtig, wenn Propaganda weithin und unkritisch akzeptiert werden soll. Das Büro zeigte sich interessiert, hatte aber keine Mittel zur Verfügung. Davon unbeeindruckt stellte das CIA sowohl die erforderlichen Gelder wie auch einen ganzen Stab von Ermittlern und anderem erfahrenen Personal zur Verfügung, um das Programm vom Federal Bureau of Education aus durchzuführen.

Als Ergebnis dieser »Großzügigkeit« wurde innerhalb des Federal Bureau of Education eine spezielle Division of Immigrant

Education (Abteilung für Einwandererbildung) eingerichtet. Selbstverständlich wurde sie von CIA-Mitarbeitern geleitet und verwaltet. Ende 1914 machte sich diese neue Abteilung daran, ein umfassendes Programm zur Umerziehung im Ausland geborener Personen zu entwickeln. Diese Amerikanisierungskampagne wurde fünf Jahre lang fortgesetzt, bis die Abteilung im Juli 1919 geschlossen wurde, als die Bundesregierung schließlich beschloss, keine finanzielle Unterstützung mehr von privaten Organisationen anzunehmen. (Übrigens zu einem Zeitpunkt, als die Wirtschaft begann, dem Amerikanisierungsprogramm immer weniger Bedeutung beizumessen.)

Da die Abteilung keine öffentlichen Mittel für ihre Aktivitäten erhalten konnte, konzentrierte sie sich weitgehend auf die Bekanntmachung und Förderung des »Amerikanisierungsproblems«. Hierzu dienten Bulletins, Rundschreiben und Presseerklärungen. Zusätzliche Hilfe seitens der Bundesregierung war jedoch in greifbare Nähe gerückt. Ende 1913 veranstaltete das Federal Bureau of Naturalisation Konferenzen mit dem Arbeitsminister, mit Schulleitern, Regierungsbeamten und natürlich mit Wirtschaftsverbänden zum Thema eines »landesweiten Plans zur Vorbereitung auf die Staatsbürgerschaft durch die Amerikanisierung der hier lebenden ausländischen Bevölkerung«. Auf diese Weise schloss sich das Bureau of Naturalisation der Amerikanisierungsbewegung an. Der Plan sah vor, mit öffentlichen Schulen zusammenzuarbeiten, um ein öffentlich finanziertes System von Staatsbürgerschaftskursen im ganzen Land zu fördern. Der Plan des Büros zur Optimierung der Staatsbürgerschaft sollte auf alle Gemeinden in den USA ausgeweitet werden. Die Schulen sollten in die Programme zur »Zusammenstellung« von Einbürgerungskandidaten einbezogen werden und patriotische Kurse und Übungen anbieten. Dies war ein Plan, den die Sonderabteilung für die Erziehung von Einwanderern selbst umzusetzen hoffte.

In seiner Zusammenfassung der Ereignisse in den Jahren 1910–1914 stellt Hartman fest, dass »das Interesse an der Amerikanisierung der Einwanderer in diesem Zeitraum merklich zunahm, was vor allem auf die industriellen Streiks und Unruhen in dieser Zeit zurückzuführen ist«. Die NACLI hatte damit begonnen, die Interessen der Industrie zur Unterstützung der Bewegung zu bündeln, während ihre Tochterorganisation, das NY-NJ Committee, die Bewegung auf nationaler Ebene vorantreiben wollte. Die Bundesbehörden für Bildung und Einbürgerung hatten sich in die Listen eingetragen und Pläne zur Finanzierung und Stärkung der Bewegung in Angriff genommen. »*Damit waren die Weichen für eine groß angelegte Kampagne zur Unterstützung der Amerikanisierung gestellt, sobald die Zeit reif war*« (ebd.: 103–4; meine Hervorhebung).

## Das Streben nach rechtlicher und finanzieller Unterstützung durch den Staat

In den Jahren 1910 bis 1914 bemühte sich die NACLI intensiv um legislative und finanzielle Unterstützung für das Amerikanisierungsprogramm auf bundesstaatlicher und nationaler Ebene. In diesen vier Jahren ergriffen sechs Bundesstaaten diverse Maßnahmen, um das von der NACLI und den ihr angeschlossenen Gruppen skizzierte Programm zu unterstützen. Insoweit waren die Amerikanisierer in ihrem Bemühen um staatliche Unterstützung für ihr Herzensprojekt erfolgreich gewesen. Fortan konnten sie sich auf die Legitimität berufen, die ihnen die neuen staatlichen Instanzen bei ihren künftigen Bemühungen verschafften, die Nation dazu zu bringen, das Ausmaß des Problems des »ausländischen Bevölkerungsanteils« besser zu erkennen.

Für das Jahr 1910 war die NACLI in erster Linie für die Rechtsvorschriften des Staates New York zuständig, der ein spezielles »Bureau of Industries and Immigration« einrichtete. Das neue Büro wurde mit der Aufgabe betraut, eine rasche Assimilierung und Amerikanisierung der ansässigen Einwanderer herbeizuführen. Es hatte die Aufgabe, die Lebensbedingungen der Einwanderer im Staat New York zu untersuchen und Maßnahmen zu ihrem Schutz, ihrer Unterstützung und ihrer Assimilierung zu empfehlen. Frances Kellor, Sekretärin des NY-NJ-Ausschusses, wurde zur Leiterin des Büros ernannt.

Nach dem Erfolg von NACLI im Bundesstaat New York erarbeitete das NY-NJ-Komitee einen speziellen Gesetzesentwurf, der die Einrichtung einer staatlichen Einwanderungskommission in New Jersey vorsah. Der Gesetzesentwurf wurde 1911 verabschiedet, allerdings wurden keine staatlichen Mittel dafür bereitgestellt, weshalb die Arbeit der Kommission durch das New York-NJ Committee und private Spenden finanziert werden musste. Gleichzeitig erarbeitete die NACLI einen ähnlichen Gesetzentwurf für eine Massachusetts-Kommission, der im Mai 1913 verabschiedet wurde. Die Massachusetts-Kommission wurde von Bernard J. Rothwell geleitet, dem Vizepräsidenten der NACLI und Präsidenten der Bostoner Handelskammer.

1913 richteten Kalifornien und Pennsylvania und 1914 Rhode Island ähnliche Stellen zur Erforschung der Einwandererproblematik und zur Empfehlung von Abhilfemaßnahmen ein. Im Fall von Rhode Island wurden die Aktivitäten der Einrichtung wiederum durch fehlende finanzielle Mittel behindert.

## Die Amerikanisierung wird patriotisch

Bis 1914 war es der Amerikanisierungsbewegung nicht gelungen, die amerikanische Öffentlichkeit für sich einzunehmen. Auch bei der Beschaffung öffentlicher Mittel hatte sie nur begrenzte Fortschritte gemacht. Trotz intensiver Propaganda der North American Civic League for Immigrants, des Committee for Immigrants in America sowie der beiden Bundesbehörden für Bildung und Einbürgerung blieb die Öffentlichkeit weitgehend desinteressiert. Diese Situation änderte sich jedoch 1915, hauptsächlich infolge des Krieges in Europa. Der Krieg weckte starke nationalistische Gefühle und ein wachsendes Misstrauen gegen alles Fremde, das als »unamerikanisch« und möglicherweise subversiv galt. Viele Amerikaner argwöhnten, dass die Loyalität von Einwanderern und nationalen Minderheiten eher ihrem alten Herkunftsland gelten könnte als ihrer neuen Heimat.

Eine Atmosphäre des Misstrauens und des Argwohns gegen Einwanderer bot den Amerikanisierern 1915 ein weitaus empfänglicheres Publikum als je zuvor. »Die Zeit war reif«, so Hartman (1948:105–9), »für eine Kampagne von geradezu kreuzfahrerischem Ausmaß.« Im Sommer 1915 entfalteten sich die Pläne, die das Federal Bureau of Naturalisation (Bundesamt für Einbürgerung) sechs Monate zuvor sorgfältig ausgearbeitet hatte, zu einem Kreuzzug gegen das Desinteresse.

Auf Initiative der Behörde wurden Vorkehrungen getroffen, damit Präsident Wilson am 10. Mai 1915 auf einem spektakulären »patriotischen« Empfang zu 5 000 frisch eingebürgerten Personen in Philadelphia sprechen konnte. Unmittelbar vor dem Empfang hatte die Behörde im gesamten Schulsystem für die Kampagne geworben. In seiner Ansprache bekräftigte Wilson seine Abneigung und sein Misstrauen gegen die sogenannten »Bindestrich-Amerikaner« und betonte, dass »diejenigen, die sich einer bestimmten nationalen Gruppe in Amerika zugehörig fühlen, noch keine Amerikaner sind«. Die weithin verbreitete Rede des Präsidenten löste »eine Welle patriotischer Gefühle aus«, und in den Städten des Landes wurden »Amerikanisierungskomitees gebildet, um die Einbürgerung von Einwanderern zu fördern und zu feiern« (ebd.: 109–11).

Unterdessen erkannte das CIA in dem neu entfachten öffentlichen Interesse ein Mittel zur Stärkung und Legitimierung des Amerikanisierungsprogramms. Mit Frances Kellor als Herausgeberin gab es eine vierteljährlich erscheinende Zeitschrift mit dem Titel The Immigrants in America Review heraus, die die öffentliche Meinung im Hinblick auf die Verabschiedung einer nationalen Politik für dieses arme Wesen – den »fremden Einwanderer« – und auf die Bestimmungen für seine endgültige Assimilation beeinflussen sollte.

Zudem entwickelte das CIA eine brillante Propagandastrategie, um jeden Amerikaner in ein jährlich wiederholtes Ritual nationaler Identitätsbildung einzubinden. Dieses Ritual sollte die kulturelle

Intoleranz des Amerikanisierungsprogramms in eine formell und offiziell geheiligte Identitätsstiftung einbetten. Das CIA setzte sich dafür ein, den 4. Juli 1915 zum nationalen Tag der Amerikanisierung zu machen, zu einem Tag, der »ein großer nationalistischer Ausdruck der Einheit und des Glaubens an Amerika« sein sollte. Um den Erfolg dieses Vorschlags zu gewährleisten, gründete das CIA das National Americanization Day Committee (NADC), das sich vorwiegend aus führenden Vertretern der Wirtschaft sowie aus deren Ehefrauen zusammensetzte. Der Vorsitzende des CIA, Frank Trumbull (der auch Vorsitzender der Chesapeake and Ohio Railroad, stellvertretender Vorsitzender des NY-NJ-Committee der NACLI und später Vorsitzender des Immigration Committee of the Chamber of Commerce war), übernahm den Vorsitz des neuen Ausschusses. Dem Exekutivausschuss des NADC gehörten Frau Vincent Astor, Frances Kellor, Peter Roberts vom YMCA, Frau Cornelius Vanderbilt und Felix Warburg, Bankier und Finanzier, an.

Der neue Ausschuss gab eine von Kellor verfasste Broschüre heraus, in der die Notwendigkeit einer nationalen Einwanderungspolitik dargelegt und »insbesondere die wichtige Rolle betont wurde, die die amerikanischen Industrieverbände bei der Entwicklung einer solchen Politik spielen könnten«. Die Broschüre fasste die diversen Interessen der Kampagne in einer einzigen Botschaft zusammen und betonte: Wie gut auch immer die Regierung, Wirtschaft und Wohlfahrtsverbände eine nationale Politik zur Amerikanisierung der Einwanderer konzipieren und in die Wege leiten mögen – der letztendliche Erfolg dieser Politik wird immer davon abhängen, wie gut es gelingt, »amerikanische Durchschnittsbürger« dazu zu bringen, den Einfluss seiner konservativen Einstellungen auf die Einwanderer geltend zu machen. Denn »ein solcher Bürger ist der natürliche Feind der IWW und jener zerstörerischen Kräfte, die versuchen, die Äußerungen der Einwanderer in ihrem neuen Land in falsche Bahnen zu lenken. Und auf ihm ruhen die Hoffnungen und die Wahrung der Ideale und Institutionen des Landes« (ebd.: 115). Hier haben wir es mit einer unverhohlen wirtschaftsfreundlichen und parteiischen Sichtweise zu tun, die sich mit der Intoleranz gegen Einwanderer und den Werten der nationalen Sicherheit vermischt, und zwar in einer Stellungnahme, die diese Interessen und die Intoleranz im Rahmen des jährlichen Rituals des späteren Unabhängigkeitstages zementieren sollte. Derart umfassend und weitreichend war diese Propagandakampagne.

Für das Programm zum 4. Juli gelang es dem NADC, die Unterstützung des Federal Commissioner of Immigration (Bundesbeauftragten für Einwanderung) zu gewinnen, der landesweit Briefe an alle Bürgermeister verschickte, in denen er sie um Unterstützung für die Feier des 4. Juli als Tag der Amerikanisierung bat. Ein ähnliches Schreiben wurde landesweit an die Schulbehörden versandt. In großem Umfang wurden Werbematerialien verteilt und ausgelegt. Dazu gehörten ein befürwortender Artikel von Ex-Präsident Theodore Roosevelt, eine Mitteilung von Präsident Wilson, Vorschläge für den Inhalt von Reden für Hunderte von Rednern sowie 52 000 Poster zum Amerikanisierungstag. Am 4. Juli fanden im ganzen Land Amerikanisierungs-Zeremonien statt:

> »In Pittsburg lauschten mehr als 10 000 Erwachsene den patriotischen Gesängen von fast 1000 Schulkindern, während sie eine riesige amerikanische Flagge bildeten. In Indianapolis hielten frischgebackene amerikanische Staatsbürger Reden in elf verschiedenen Sprachen zu den Pflichten der amerikanischen Staatsbürgerschaft … In vielen Kirchen wurden spezielle Predigten zum Tag der Amerikanisierung gehalten.« (Ebd.: 121)

Die Kampagne zum Tag der Amerikanisierung rief derart viele neue Aktivitäten und Interessen auf den Plan, dass das NADC beschloss, seine Arbeit fortzusetzen, um diese Entwicklung zu begleiten und zu lenken. Es änderte seinen Namen in National Americanization Committee (NAC) und nahm die Arbeit an einer fortlaufenden Kampagne für die Amerikanisierung der Einwanderer auf. Im Oktober 1915 startete das NAC im Haus von Vincent Astor in New York eine »America First«-Kampagne. Offizielle Ziele der Kampagne waren die Einführung von standardisierten Kursen zur Staatsbürgerkunde an allen Regelschulen und Abendschulen sowie die Förderung der Amerikanisierung und Einbürgerung von Einwanderern mit diesen und anderen Mitteln. Es war offensichtlich, dass das NAC ein entschiedenes Interesse daran hatte, sein Amerikanisierungsprogramm in die allgemeine Kriegsvorbereitungskampagne einzubinden, die das Land aufgrund zunehmender diplomatischer Schwierigkeiten Amerikas mit Deutschland in Beschlag genommen hatte. Vor dem Hintergrund zunehmender Ängste in der Öffentlichkeit um die nationale Sicherheit erhoffte sich die NACLI – durch die Verknüpfung des Amerikanisierungsprogramms mit einer Kampagne gegen den Radikalismus unter den eingewanderten Arbeitern –, die Unterstützung der Bevölkerung und öffentliche Gelder zu gewinnen, die die industriellen Führer der Bewegung seit Langem gefordert hatten.

Im Rahmen ihrer Kampagne erarbeitete und veröffentlichte das NAC einen Lehrplan zur Staatsbürgerkunde für die »Arbeit in öffentlichen Schulen« (gedruckt von der Bundesbehörde für Bildung) und bereitete einen Kursus zur Ausbildung von Männern und Frauen vor, die zu Führungskräften innerhalb der Amerikanisierungsarbeit werden sollten. Außerdem erstellte sie eine Reihe einfacher Amerikanisierungs-Lektionen, die traditionelle amerikanische Ideale hervorhoben und für den Gebrauch in bestimmten Gemeinschaften (wie Bergbau- und Holzfällerlagern) gedacht waren, in denen die üblichen Bildungseinrichtungen nicht verfügbar waren.

Ende 1915 organisierte die NACLI ferner ein Experiment zur umfassenden Amerikanisierung der Arbeiter Detroits, wo 75 Prozent der Bevölkerung im Ausland geboren waren. Mitteilungen in Lohntüten und Plakate in fast allen Geschäften und Fabriken der Stadt forderten ausländische Arbeiter auf, Abendschulen zu besuchen und Englisch zu lernen. Unter dem Druck, den die Arbeitgeber auf die Arbeitnehmer ausübten, stieg die Zahl der Abendschulbesucher sprunghaft an, und das Experiment wurde als großer Erfolg gewertet. Infolge des Experiments von Detroit gelangten die NAC-Mitglieder zu dem Schluss, dass die »industrielle Amerikanisierung«

ein großer Erfolg war, ja dass sie sogar die »Arbeit der Zukunft« darstellte. Das NAC begann daraufhin in Zusammenarbeit mit der US-Handelskammer im ganzen Land, Arbeitgeber von Arbeitsmigranten von den Vorteilen der Amerikanisierung zu überzeugen.

Als Beispiel für diese Industrieförderung organisierte John Fahey, Mitglied des NAC und gleichzeitig Präsident der US-Handelskammer, im Dezember 1915 das kammerinterne Einwanderungskomitee zur Förderung der »industriellen Amerikanisierung«. Der Einwanderungsausschuss der Kammer wurde hauptsächlich vom CIA und der NACLI finanziert. Sein Vorsitzender war Frank Trumbull (der auch Vorsitzender des CIA und der NACLI sowie stellvertretender Vorsitzender des NY-NJ Committee of the NACLI war). Anhand dieser Verbindungen können wir den gleichsam inzestuösen und nicht repräsentativen Charakter derjenigen erkennen, die die gesamte Kampagne kontrollierten.

Anfang 1916 gründete sich das Chamber's Immigration Committee (Einwanderungs-Ausschuss). Es fungierte als Zentrum für Amerikanisierungsaktivitäten für lokale Handelskammern, Handelsverbände und Industrieunternehmen und entwickelte Pläne, um die Aufmerksamkeit dieser Gruppen auf diesen Kreuzzug zu lenken. Während der Kammerausschuss die Verantwortung für die Amerikanisierung der Industrie übernahm, setzte der NAC seine Bemühungen fort, die breite Öffentlichkeit für sich zu gewinnen, indem er sich die Dienste und das Ansehen des Federal Bureau of Education zunutze machte. In dem das CIA selbstverständlich seine eigene Division of Immigrant Education unterhielt. Im Rahmen dieser Kampagne verteilte das Bureau 150 000 »America First«-Plakate, um für die Abendschul-Bewegung zu werben.

Diese Aktivitäten zusammenfassend notiert Hartmann:

> »Die Amerikanisierer hatten das Jahr 1915 tatsächlich sehr gut genutzt. Sie profitierten von der allgemeinen Unruhe und dem Misstrauen, die durch den europäischen Krieg und den aufkommenden amerikanischen Patriotismus und Nationalismus hervorgerufen wurden. Und so gelang es den Befürwortern einer entschlossenen

Innenpolitik zur Amerikanisierung der ausländischen Bevölkerung durch ausgeklügelte Werbung und wohldurchdachte Kampagnen, einen beträchtlichen Teil der amerikanischen Öffentlichkeit von der Dringlichkeit zu überzeugen, in diesem Sinne zu handeln, wie es bereits 1908 erstmals gefordert worden war.« (Ebd.: 131–3)

## Die weitere Entwicklung 1916

Außerdem begann das kürzlich eingesetzte Committee on Immigration of the Chamber of Commerce of the United States (CICC) eine aktive Rolle in der Kampagne zu spielen und wurde rasch zu einer der stärksten Kräfte zur Unterstützung der Amerikanisierungskampagne.

Als Behörde des Federal Department of Labor beschränkte sich das Bureau of Naturalisation weitgehend darauf, über seine Außendienstmitarbeiter direkt mit den Schulbehörden zu interagieren und das Interesse der High Schools und Schulbehörden im ganzen Land für die Amerikanisierungsaktivitäten zu wecken. Im Unterschied dazu betrieb das Bureau of Education durch die Veröffentlichung von Literatur und Plakaten aktive Propaganda für die Amerikanisierungsbewegung, und zwar durch die Division of Immigrant Education. Die Abteilung wurde weiterhin von dem CIA finanziert, sodass ihre Aktivitäten in vielerlei praktischer Hinsicht eine sehr wertvolle und einflussreiche Ergänzung zur Arbeit darstellten, die der CIA und das ihm angeschlossene NAC jeweils unter ihrem eigenen Namen geleistet hatten.

Das NAC eröffnete das Jahr mit einer nationalen Konferenz zur Amerikanisierung in Philadelphia. Erklärtes Ziel der Konferenz war es, die Amerikanisierungsbewegung auf nationaler Ebene zu vereinheitlichen und eine gewisse Standardisierung der Inhalte und Verfahren in Bezug auf den Staatsbürgerkunde-Unterricht und die Amerikanisierungsaktivitäten im Allgemeinen zu erreichen. In ihrer Begründung der Notwendigkeit eines nationalen Engagements für die Amerikanisierung betonten die Organisatoren der Konferenz die wichtige Rolle, die die Amerikanisierung bei den nationalen Vorbereitungsbemühungen spielen könnte. Das Land wäre nicht vorbereitet, warnte das Komitee, wenn »ausschließlich militärische Erfordernisse« berücksichtigt würden. Eine soziale und wirtschaftliche Vorbereitung sei unerlässlich, um »gute Beziehungen zwischen Arbeitgebern und Arbeitnehmern«, allgemeinen Wohlstand und ein »starkes Nationalgefühl« aufrechtzuerhalten.

Erstmals kamen auf der Konferenz in Philadelphia auf nationaler Ebene Vertreter fast aller wichtigen gesellschaftlichen Organisationen und Interessen zusammen: Wirtschaft, Regierung, Bildungswesen, Kirchen, Frauenverbände und patriotische Organisationen. Die einzige große Ausnahme bildete die organisierte Arbeiterschaft. Wie das NAC berichtete, hatten sich als Ergebnis der Konferenz »zum ersten Mal staatliche und private Organisationen jeglicher Couleur und Glaubensrichtungen verpflichtet, bei der Durchführung der Amerikanisierung in einem nationalen Projekt zusammenzuarbeiten« (ebd.: 135).

Zu den Konferenzrednern gehörten Frank Trumbull von der Handelskammer, P. P. Claxton, Commissioner of Education, Louis F. Post, Assistant Secretary of Labor, und der ehemalige Präsident Theodore Roosevelt. Im Anschluss an die Konferenz sorgte das NAC dafür, dass sich eine überaus einflussreiche Gruppierung, nämlich die rasch wachsenden Frauenclubs und -organisationen, tatkräftig und landesweit an der Amerikanisierungskampagne beteiligte.

Der wichtigste Beitrag der Frauenclubs bestand darin, dass sie sich dafür einsetzten, dass in Schulen, Abendschulen und anderen Einrichtungen im ganzen Land spezielle Kurse in Staatsbürgerkunde angeboten werden und dass sie diese Kurse (unter der Leitung der NACLI) organisierten. In diesem Zusammenhang setzte die NACLI ihre Arbeit zur Förderung der Amerikanisierung durch die Verteilung von Broschüren und anderen Schriften fort. Unter Rückgriff auf die Erfahrungen des Vorjahres erstellte sie eine Broschüre zur Verteilung in den lokalen Gemeinden (Americanization Day – Fourth of July), in der Richtlinien »zur Durchführung eines erfolgreichen Amerikanisierungsprogramms für den kommenden vierten Juli« dargelegt wurden. Die Richtlinien behandelten Themen wie Finanzen, Werbung, Presse, Kirchen und beschrieben viele andere Aspekte, wie z. B. die korrekte Durchführung von Flaggenzeremonien, Treuegelöbnissen, Festumzügen, Paraden und Bürgerempfängen. Ferner veröffentlichte die NACLI einen Aufruf zum National Service, in dem sie um Unterstützung für die Amerikanisierung warb, und verteilte eine CIA-Broschüre mit dem Titel Citizen Syllabus, die in Abendschulen verwendet werden sollte.

Das CICC begann seine Aktivitäten im Januar 1916 mit einer Umfrage (vermutlich unter den Mitgliedern der Handelskammer) zum Thema Einwanderung und den damit verbundenen Problemen. Es wurde festgestellt, dass »ein dringender Bedarf« an »praktischer Amerikanisierung zur Stärkung der Einheit des Landes« bestand. Um alle lokalen Handelskammern über die Notwendigkeit der Amerikanisierung und insbesondere der industriellen Amerikanisierung zu informieren, gab das CICC ab April 1916 ein monatliches Bulletin heraus. In Zusammenarbeit mit der NACLI und dem CIA führte es Erhebungen zur Amerikanisierung durch, die die materiellen und sozialen Bedingungen der Einwanderer in 244 Industriestädten erfassten. Zusammenfassungen der gesammelten Informationen wurden an die örtlichen Handelskammern, andere kommerzielle Einrichtungen, Industrieunternehmen und lokale Organisationen gesandt, verbunden mit Empfehlungen für die Arbeit an der »praktischen Amerikanisierung«.

Um die lokalen Kammern zusätzlich zu motivieren, veranstaltete das CICC in 14 Städten eine Reihe von »Konferenzen zur gewerblichen Amerikanisierung«. Diese Konferenzen führten in zahlreichen Städten des Landes zu weiteren Amerikanisierungsaktivitäten. Außerdem sponserte das CICC eine besondere Konferenz zur gewerblichen Amerikanisierung für industrielle Führungskräfte in New York, eine weitere für Ingenieure und eine dritte für Verleger und Redakteure. Des Weiteren fungierte es als nationale Beratungsstelle und Informationsbehörde, die sich bemühte, die Oberaufsicht über die Grundsätze der Amerikanisierung zu behalten.

In den Jahren 1915–1916 verteilte das Federal Bureau of Naturalisation zudem umfangreiches Material zum Thema Staatsbürgerschaft, welches Lehrern im Zusammenhang mit ihrer Amerikanisierungsarbeit zur Verfügung gestellt wurde. Vielleicht etwas zu kleinlaut wies die Behörde darauf hin, dass sie »nicht versucht, die Rolle eines Erziehers zu übernehmen, sondern lediglich den öffentlichen Schulen im ganzen Land bei ihren Programmen zur Staatsbürgerkunde als Hilfe dient«. Trotz der großen Öffentlichkeitswirkung der Bemühungen, Einwanderer für Staatsbürgerkurse zu gewinnen, reagierten zahlreiche Einwanderer nicht darauf.

Die Behörde entschied, dass eine »persönlichere Ansprache« erforderlich sei. Daher schickte es Briefe an jeden Einbürgerungskandidaten, in denen es um die Teilnahme am Unterricht in einer öffentlichen Schule bat. Anschließend schickte sie den Namen aller Kandidaten an den örtlichen Schulinspektor, ähnliche, aber getrennte Schreiben an die Ehefrauen eines jeden Kandidaten und die Namen aller Ehefrauen an die örtlichen öffentlichen Schulen und forderte die Lehrer in den Staatsbürgerschaftsklassen auf, die Schüler zu drängen, ihre Freunde zur Anmeldung zu bewegen. Trotz alledem erwies es sich als schwierig, eine regelmäßige Teilnahme am Unterricht zu erwirken. Die Behörde war der Meinung, dass ein materieller Anreiz helfen könnte, und befürwortete die Auslobung von Preisen für Referate und Debatten der Schüler über verschiedene Aspekte der Amerikanisierung.

Obwohl sich die Zuwanderer selbst vom Prozess der kulturellen Assimilierung nicht gerade begeistert zeigten, erhielten die Vorschläge der Behörde von den verschiedenen Amerikanisierungsagenturen ein hohes Maß an Unterstützung. Während im Juli 1915 nur 38 Städte auf den Aufruf des Arbeitsministers zur Unterstützung des Programms der Behörde geantwortet hatten, stieg die Zahl der Städte, die sich bereit erklärt hatten, mit der Behörde bei der Durchführung von Staatsbürgerschaftskursen zusammenzuarbeiten, bis Ende 1916 auf mehr als tausend.

Auch 1916 machte das Federal Bureau of Education seine Autorität und seinen Einfluss auf die Amerikanisierungsarbeit durch die Division of Immigrant Education geltend, die von der Industrie geleitet und finanziert wurde. Im Laufe des Jahres verteilte die Abteilung eine riesige Menge an Werbematerial, darunter fast 100 000 Rundschreiben, Informationsblätter, Normenkataloge und Lehrpläne sowie 29 400 Pressemitteilungen. Die Abteilung machte Fortschritte auf dem Weg, sich als nationale Dokumentationsstelle für alle Arten von Informationen über die Amerikanisierungsbewegung zu etablieren. Das Federal Bureau of Education berichtete mit Genugtuung, dass im Laufe des Jahres 1916 »zahlreiche Fortschritte bei der Amerikanisierung der Einwanderer gemacht wurden und dass sich starke Tendenzen zur Zentralisierung abzeichneten«. Das heißt: Tendenzen zur Standardisierung und Kontrolle der Staatsbürgerschaftskurse durch eine allgemeine Übernahme von inhaltlichen und methodischen Empfehlungen, die größtenteils von industriellen Einrichtungen wie dem CIA, dem NAC, dem CICC und der Abteilung für Einwandererbildung entwickelt wurden (ebd.: 158–61).

Für das Amerikanisierungs-Programm gab es im Laufe des Jahres 1916 nur eine ungünstige Entwicklung: Bis zu diesem Zeitpunkt hatten die Aktivitäten der Amerikanisierer keinen Gegenwind erfahren. Nun aber äußerte die organisierte Arbeiterschaft ein gewisses Misstrauen gegenüber den Motiven der Propagandisten und insbesondere gegenüber dem NAC. Samuel Gompers, der zutiefst konservative Vorsitzende der American Federation of Labor (AFL), schlug vor, dass vielleicht auch die Industriellen amerikanisiert werden sollten. Im *American Federationist* schrieb er:

> »Es ist unangebracht, ein angemessenes Verständnis der amerikanischen Ideale oder des Patriotismus unter denen zu erwarten, deren tägliches Leben von ungerechten Arbeitsbedingungen geprägt ist und die nichts als Missbrauch und Ausbeutung erfahren. Jeder ernsthafte Versuch, die ausländischen Arbeiter, die in unseren Industriezentren und unseren Bergbaurevieren zusammengedrängt wurden, zu amerikanisieren, muss sich zugleich mit dem Problem der Amerikanisierung von Arbeitgebern, Trusts und Konzernen be-

> fassen ... Solange [die USA Steel Corporation} bewaffnete Schläger anheuert, um Arbeiter, die den Mut haben, für ihre Rechte zu kämpfen, in die Unterwerfung zu prügeln, wird dieses Unternehmen ... ein Hindernis für die Arbeit der Amerikanisierung von Ausländern in unserem Land darstellen.« (Ebd.: 141)

Darüber hinaus schrieb Frank Walsh von der United Mineworkers Union an Frank Trumbull, den Vorsitzenden des NAC, und teilte ihm mit, dass

> »Sie versuchen, eine Bevormundungspraxis zu etablieren, die die Arbeitnehmer dieses Landes noch stärker unter die Kontrolle der Arbeitgeber bringen wird ... Unter den aktiven Mitgliedern Ihres Komitees befinden sich viele große Arbeitgeber, die sich unerbittlich jeder Bewegung widersetzen, ... die ihre Beschäftigten von der Tyrannei am Arbeitsplatz und schwerer wirtschaftlicher Ausbeutung befreien will.«

Walsh listete im Ausschuss eine Reihe solcher Großunternehmer auf, die Spione und bewaffnete Wachen einsetzten, bei denen katastrophale Arbeitsbedingungen herrschten oder die Arbeitnehmer auf andere Weise ungerecht behandelten. Auf der Liste standen unter anderem Elbert Gary, Präsident der United Steel Corporation, und Trumbull selbst, der Chef der Illinois Central Railroad. Walsh fuhr fort:

> »Ich sehe viele eindeutige Beweise dafür, dass Ihre Bemühungen in erster Linie darauf abzielen, die Tyrannei am Arbeitsplatz in diesem Land zu stärken. Sie schlagen vor, die Unterdrückung zu heiligen und zu bekräftigen, indem Sie hinterlistig jeden Versuch, das Joch der von Ihnen vertretenen Ausbeuterinteressen abzuschütteln, als unpatriotisch brandmarken.« (Ebd.: 142–3)

Grundsätzlich war die Haltung der Arbeiterschaft jedoch zwiespältig, da sie von Anfang an anerkannte, dass der Englischunterricht für Einwanderer (der Teil der Amerikanisierung war) für alle von Nutzen sein konnte. Als die Amerikanisierungsbewegung (und der patriotische Eifer) nach 1916 Fahrt aufnahm, verstummte die Kritik von dieser Seite. Als staatliche und bundesstaatliche Stellen eine immer wichtigere Rolle bei der Legitimierung der Amerikanisierungskampagne zu spielen begannen, wandelte sich die vorherrschende Haltung der Gewerkschaften – wie auch im übrigen Land – leider zu einer positiven Unterstützung.

## Die Ereignisse des Jahres 1917

Zum Zeitpunkt des Kriegseintritts der USA (im April 1917) hatten die verschiedenen Amerikanisierungsgruppen bereits seit Jahren eine Agitations- und Propagandakampagne durchgeführt. Dadurch hatten sie sich eine breite Basis an privater, kommunaler, staatlicher und föderaler Unterstützung geschaffen. Auf dieser Grundlage hoffte die Führung der Bewegung (eine Führung, die aus einer kleinen Gruppe von Geschäftsleuten bestand, die NACL, das CIA, die NACLI und die das CICC kontrollierten), eine noch größere Bewegung aufbauen zu können. Die Amerikanisierer begriffen, dass dies eine einmalige Gelegenheit war, ihren Kreuzzug bis zum Äußersten zu treiben.

> »Sie erreichten dies, indem sie ihre Bewegung von den verschiedenen staatlichen Kriegsbehörden als festen Bestandteil des nationalen Kriegsprogramms anerkennen ließen. Infolgedessen stand zu erwarten, dass … die Amerikanisierungsbewegung immer stärker werden würde …, bis praktisch jeder Ort in den USA, der eine zugewanderte Bevölkerung aufwies, die volle Wirkung des Kreuzzugs erfuhr.« (Ebd.: 164)

1917 stand das CIA an der Spitze der Bewegung und trieb die industrielle Amerikanisierungsbewegung kontinuierlich voran. Es richtete ein Committee on Industrial Engineering (unter dem allgegenwärtigen Vorsitz von Frank Trumbull) ein, um das zu fördern, was als »human engineering work« [Anm. d. Übers.: Heute könnte man dies vielleicht mit »Anthropotechnik« übersetzen] bezeichnet wurde. Dieser Titel lässt erahnen, wie systematisch das CIA die Frage der Beeinflussung des Denkens und Verhaltens nicht nur von Einwanderern, sondern der gesamten Öffentlichkeit anging.

Das Jahr 1917 brachte dem CIA mehrere bedeutende Erfolge. So organisierte es die Fremdsprachen-Abteilung des Committee on Public Information und stellte dieser Abteilung einen eigenen Assistenten zur Verfügung; es konzipierte einen Gesetzentwurf für die Registrierung feindlicher Ausländer und legte ihn vor. Und es untersuchte Produktionsverzögerungen in kriegsrelevanten Industriezweigen. Nach Ansicht des CIA trugen diese Bemühungen sowohl zur Unterstützung der Kriegsanstrengungen als auch zur Verhinderung »subversiver« Aktivitäten der IWW bei.

Im April 1917 ernannte das CIA ein National Committee on Patriotic Literature (Vorsitzender: Frank Trumbull), das in der Folgezeit etwa zwei Millionen Exemplare patriotischer Broschüren und Flaggenposter zur Verteilung in den Einwanderergemeinden herstellte. Darüber hinaus organisierte und finanzierte das CIA in großem Umfang Amerikanisierungsaktivitäten zahlreicher Einrichtungen der Kriegszeit auf nationaler, staatlicher und kommunaler Ebene. Dazu gehörten Militär- und Sicherheitsorganisationen, Verteidigungsbündnisse, Komitees für öffentliche Sicherheit sowie patriotische Vereinigungen.

Über seinen Ableger, das NAC, veröffentlichte das CIA eine Broschüre mit dem Titel War Americanization for States. Damit wurde der Versuch fortgesetzt, die Amerikanisierung mit den Kriegsanstrengungen gleichzusetzen. Gemeinsam legten diese beiden Ausschüsse dem Council of National Defence ein Memorandum vor, um die offizielle Anerkennung der Amerikanisierung als Teil des offiziellen Kriegsprogramms zu erreichen. Das Memorandum befürwortete eine Kriegspolitik gegenüber den Ausländern, die folgende Umstände berücksichtigen sollte: die Anwesenheit von etwa drei Millionen nicht assimilierten Einwanderern, die kein Englisch sprachen und deren Einstellung zu den USA unbekannt war; Arbeitsbedingungen in der Industrie, die es »Pazifisten, Agitatoren und anderen antiamerikanischen Gruppen« ermöglichten, Unruhe, Unzufriedenheit und Illoyalität zu schüren; eine angeblich weit verbreitete Infiltration der Industrie durch deutsche Agenten; Fortschritte der IWW bei der Erlangung von Unterstützung unter den Ausländern; und schließlich eine angebliche allgemeine Zunahme von Unruhen am Arbeitsplatz, Sabotage und Streiks. Es wurde behauptet, dass diese Bedingungen in Verbindung mit ausländischen und antiamerikanischen (d. h. wirtschaftsfeindlichen) Einflüssen und insbesondere mit dem Einfluss einiger fremdsprachiger Zeitungen zu erheblichen Verzögerungen in der Rüstungsproduktion geführt hätten.

Insgesamt wurde eine Politik gefordert, die zwar formell die Bedeutung der »Lohnungerechtigkeit und der ungünstigen Lebensbedingungen« anerkannte, aber im Allgemeinen Unruhen in den Betrieben und Verzögerungen in der Rüstungsproduktion auf die Kontrolle der Betriebe durch Ausländer und antiamerikanische Einflüsse, insbesondere die IWW, zurückführte.

Zu den allgemeinen Empfehlungen des CIA gehörte die Beseitigung von Bedingungen, die Männer und Frauen für antiamerikanische (wirtschaftsfeindliche) Einflüsse anfällig machten, und die Schaffung verbesserter Möglichkeiten, sich zu amerikanisieren, d. h., patriotisch und unternehmensorientiert zu denken. Allerdings waren ihre spezifischeren Empfehlungen zugleich eher sanktionierend: »Die Unterbindung antiamerikanischer Propagandaaktivitäten und -pläne durch die Überwachung aller Ausländer«, sowohl der verbündeten als auch der feindlichen, die Einweisung »feindlicher« Ausländer in Internierungslager oder rüstungsferne Gewerbe und die Einberufung«freundlicher« Ausländer in die Streitkräfte.

Die Säuberung der Arbeiterschaft von radikalen oder unamerikanischen, wirtschaftsfeindlichen Einflüssen war natürlich ein langgehegtes Ziel führender Industriekreise in der Amerikanisierungsbewegung gewesen. Gemäß den neuen Vorschlägen dieser Kreise sollte diese Säuberung von der Regierung im Namen des

Patriotismus und der Sicherheit in Kriegszeiten durchgeführt werden. Desgleichen sollte das Angebot an Amerikanisierungskursen für Ausländer erhöht werden. Die permanente Betonung der Gefährdung der Kriegsanstrengungen durch »unamerikanische« Einflüsse unter den eingewanderten Arbeitskräften ermöglichte es den Wirtschaftsführern nun, für ein öffentlich finanziertes Programm zur Amerikanisierung der eingewanderten Arbeitskräfte einzutreten, ohne sich den plausiblen Einwand (z. B. von Gewerkschaften) gefallen lassen zu müssen, die Wirtschaft nutze die Kriegssituation aus, um parteipolitische und ideologische Interessen auf Kosten der Allgemeinheit zu fördern.

Im Dezember 1916 ernannte der Commissioner of Education ein National Committee of One Hundred (NCOH), um die Bundesbehörden sowie staatliche und lokale Gruppen zu mobilisieren, die sich für die Amerikanisierung einsetzten. Das NCOH versuchte, sämtliche staatlichen und lokalen Gruppen dazu zu bringen, ihre Programme zu koordinieren, damit sie effektiv mit der Behörde zusammenarbeiten konnten. Und für die Restdauer des Krieges betrieb es eifrig Propaganda für die Amerikanisierung. Anfang Februar 1917 hielt das NCOH eine Konferenz ab, an der führende Industrielle und Funktionäre teilnahmen, um die Pläne für die Amerikanisierungskampagne des kommenden Jahres festzulegen. Während des gesamten Jahres 1917 setzte die Behörde eine aktive Kampagne zur Ausweitung und Standardisierung der Amerikanisierungskurse fort. Dies geschah in erster Linie durch eine umfassende Öffentlichkeitsarbeit und die Bereitstellung von Materialien und Schulungen für Lehrer im ganzen Land.

Im Laufe des Jahres 1917 spielten zwei weitere Behörden (neben der NACLI, dem CIA, dem NAC, dem Federal Bureau of Education und dem NCOH) eine wichtige Rolle bei der weiteren Amerikanisierung sowie bei der Beeinflussung der öffentlichen Meinung zur Unterstützung eines umfassenden Amerikanisierungsplans. Diese Agenturen waren das Committee on Immigration of the Chamber of Commerce und das Federal Bureau of Immigration. Somit wurde die Amerikanisierungskampagne 1917 (wie bereits 1916) –

mit Ausnahme der Arbeit des Bureau of Immigration im Bereich der Schulen – vom wirtschaftsbasierten CIA und der NAC geleitet und dominiert.

Mithilfe von Öffentlichkeitsarbeit und der Förderung durch die US Chamber of Commerce führten die lokalen Kammern bis Ende 1917 in 104 Städten umfangreiche lokale Kampagnen und Amerikanisierungsprogramme durch, während die Kammern in einigen größeren Einwanderungszentren zu Kristallisationspunkten wurden, um die sich die Amerikanisierer sammelten. Hartman berichtet, dass die Amerikanisierungsaktivitäten in den Fabriken zunahmen und in mindestens 27 Branchen Amerikanisierungsklassen eingerichtet wurden.

Im selben Jahr trieb das Bureau of Naturalisation seine Staatsbürgerschaftskampagne in Zusammenarbeit mit den öffentlichen Schulen weiter voran, bis sie praktisch jeden Teil des Landes mit Einwanderungsbevölkerung erreicht hatte. In diesem Zusammenhang vermeldete die Behörde einen »erstaunlichen Fortschritt«, der nach eigenen Angaben durch die Aktionen und die Propaganda der verschiedenen Amerikanisierungsgruppen angestoßen worden war. Auch die Zahl der Ortschaften, die sich der Bewegung angeschlossen hatten, hatte sich in diesem Jahr fast verdreifacht (von 610 auf 1754). In allen diesen Orten wurde großer Wert darauf gelegt, dass nicht assimilierte Ausländer die Tausenden von Abendschulen besuchten, die zu diesem Zweck überall im Land eingerichtet worden waren. Mit Genugtuung stellte die Behörde fest, dass »der Geist der ›Überfremdung‹ nicht darauf hoffen kann, in Anbetracht dieser umfassenden Amerikanisierungs-Kräfte, die sich in den öffentlichen Schulhäusern des Landes entwickeln, zu überleben« (ebd.: 180–1). Kommerzielle Einrichtungen spielten eine wichtige Rolle, um dieses Ergebnis zu erreichen.

Im Laufe des Jahres 1917 hatte die Amerikanisierungsbewegung also an zwei Fronten Fortschritte gemacht. Sie hatte eine kontinuierlich wachsende Unterstützung für die Amerikanisierung der Einwanderer und für das Amerikanisierungsprogramm insgesamt erreicht. In einem wichtigen Punkt war der Erfolg jedoch noch nicht eingetreten. Obwohl der Kriegseintritt Amerikas und der damit verbundene Anstieg des Patriotismus die Aufmerksamkeit auf sich gezogen hatte, war das Amerikanisierungsprogramm bislang noch nicht zu einem offiziellen Bestandteil des Kriegsprogramms gemacht worden.

## 1918 – Die Amerikanisierung erhält volle staatliche Unterstützung

Im Laufe des Jahres 1918 erreichten die Führer der Amerikanisierungsbewegung zwei seit Langem verfolgte Ziele in vollem Umfang: Die Bewegung wurde offiziell als einer der grundlegenden Bausteine des Kriegsprogramms anerkannt; und sie erhielt die volle Unterstützung und das uneingeschränkte Vertrauen zweier neuer Bundesbehörden, des Council of National Defence (CND) und des Committee on Public Information (CPI). Für die Unternehmenspropaganda bedeutete diese Unterstützung vonseiten der Regierung eine enorme Stärkung ihrer Überzeugungskraft.

Erzielt wurden diese Fortschritte insbesondere durch die Bemühungen des Federal Bureau of Education, das durch seine Abteilung für Einwandererbildung die Führung bei der Bekanntmachung und Förderung der Amerikanisierungsbewegung als grundlegendem Bestandteil der Kriegsanstrengungen übernahm. Um dieses Ziel zu erreichen, hatte die Behörde Schritte unternommen, um einen Beschluss des Council of National Defence zu erwirken, der das Bundesprogramm zur Amerikanisierung befürwortete. Die offizielle Billigung durch den Council of National Defence war ein eindeutiges Kompliment an die Adresse des CIA und der NACLI. Für den Propagandabereich bedeutete dies eine vollständige Übereinstimmung von Wirtschaftsinteressen mit patriotischen Bestrebungen. Von nun an waren wirtschaftliche Interessen patriotisch.

Anschließend forderte der Council of National Defence alle bundesstaatlichen Councils of Defence (Landesverteidigungsräte) auf,

Amerikanisierungskomitees zu bilden, die die Behörde bei der Umsetzung ihres nationalen Amerikanisierungsprogramms gemäß den von ihr vorgelegten Plänen unterstützen sollten. Die Behörde übermittelte allen Landesverteidigungsräten und einer großen Zahl von Gemeinderäten ihren nationalen Amerikanisierungsplan – nebst einer Vielzahl detaillierter Anleitungen. Die Amerikanisierungsausschüsse der Landes- und kommunalen Verteidigungsräte kontrollierten und koordinierten somit die Arbeit der Landes- und Kommunalbehörden in den Bundesstaaten mit einer bedeutenden Einwandererbevölkerung.

Mit diesen Maßnahmen noch nicht zufrieden, unternahm das Federal Bureau of Education im April 1918 einen weiteren Schritt, um die Amerikanisierung als Kriegsmaßnahme zu etablieren. Es veranstaltete eine nationale Konferenz zur Amerikanisierung, an der alle Gouverneure der Bundesstaaten, die Vorsitzenden der staatlichen Verteidigungsräte und die Präsidenten von Industriekonzernen und Handelskammern teilnahmen. Die Konferenz verabschiedete Resolutionen, in denen der Kongress aufgefordert wurde, landesweit Mittel für die Amerikanisierungsarbeit bereitzustellen. Später wurde ein Ausschuss ernannt, der die Konferenz repräsentierte, um beim Kongress Lobbyarbeit zu betreiben, und das Federal Bureau of Education erarbeitete Gesetzesentwürfe, die die gewünschten Bundesmittel bereitstellen sollten.

Bis 1918 waren die staatlichen Verteidigungsräte in erster Linie mit der Registrierung und Überwachung der im Ausland Geborenen beschäftigt gewesen, um »Aufruhr zu verhindern«. Ihre Hauptaufgabe wurde nun die »Kriegsamerikanisierung«. Diese Version der Amerikanisierung verband die Vorbereitung auf die Staatsbürgerschaft mit der Förderung der patriotischen Unterstützung des Krieges und der Überwachung aller im Ausland Geborenen. Darüber hinaus wurde die Amerikanisierungsarbeit auch von der Women's Division des Council of National Defence durchgeführt, die über ihre staatlichen Räte eine breit angelegte Missionierung betrieb. Um bei der Amerikanisierung des Krieges zu helfen, wurden auf staatlicher Ebene Zehntausende von Frauen rekrutiert.

Um das Bureau of Education in die Lage zu versetzen, diese erweiterte Aufgabe zu erfüllen (für die keine Bundesmittel zur Verfügung standen), finanzierte die NACLI eine erhebliche Aufstockung des Personals der Behörde und ihrer Räumlichkeiten für die Amerikanisierung. In New York und Washington wurden eigene Büros mit 36 Mitarbeitern eröffnet, die jeweils von Joseph Mayper und Frances Kellor geleitet wurden. Darüber hinaus wurden landesweit mehr als hundert weitere Mitarbeiter auf Kosten des NAC eingestellt. Dieser erweiterte Mitarbeiterstab wurde im Mai 1918 mit der früheren Abteilung für Einwandererbildung zu einer neuen Amerikanisierungsabteilung der Behörde zusammengelegt.

Ferner stellte das NAC Mittel für die Arbeit von eintausend Amerikanisierungskomitees zur Verfügung, die auf Ersuchen des Innenministeriums (dessen Hauptaufgabe die Sicherheit war) in sämtlichen Branchen eingerichtet worden waren. Das NAC setzte ein umfassendes Propagandaprogramm fort, das sich durch Konferenzen, Vorträge, Artikel und die aktive Teilnahme an lokalen Aktivitäten an die im Ausland geborenen Personen richtete; es veröffentlichte »staatsbürgerliche Lektionen« in fremdsprachigen Zeitungen, führte Hausbesuche bei im Ausland geborenen Personen durch und verteilte an Tausende von Betrieben, die im Ausland geborene Personen beschäftigten, eine Fülle von Wachsamkeits- und sonstigem Kriegs-Amerikanisierungsmaterial.

Im Auftrag des Committee on Public Information führten die Mitarbeiter des NAC eine umfassende Erhebung zu Amerikanisierungsaktivitäten durch. Befragt wurden 50 000 nationale, staatliche und kommunale Stellen, die mit im Ausland geborenen Personen zu tun hatten. Auf der Grundlage der Umfrageergebnisse konnte das CPI eine Strategie zur Förderung der Amerikanisierungsbewegung planen. Aufgrund der Ergebnisse der vom NAC durchgeführten Umfrage beschloss die CPI, Gruppenleiter aus den unterschiedlichen nationalen Gruppen zu rekrutieren, die als Speerspitze ihrer Amerikanisierungskampagne fungieren sollten. Zu diesem Zweck wurden innerhalb der ethnischen Gemeinschaften Gruppenleiter gesucht, die die vom Amerikanisierungsprogramm geforderte Missionsarbeit leisten sollten.

Im Laufe des Jahres 1918 gründete das CPI vierzehn fremdsprachige Behörden und übertrug ihnen die Aufgabe, die Stimmung für die Amerikanisierung und die Unterstützung des Krieges in der jeweiligen Bevölkerungsgruppe zu fördern. Diese Behörden waren so erfolgreich, dass von den insgesamt 865 fremdsprachigen Zeitungen 745 mit ihnen zusammenarbeiteten. Darüber hinaus waren die fremdsprachigen Behörden maßgeblich an der Petition beteiligt, die Präsident Wilson am 21. Mai 1918 überreicht wurde und in der verlangt wurde, den 4. Juli als einen Tag mit besonderer Bedeutung für im Ausland geborene Personen anzuerkennen, an dem sie ihre Loyalität gegenüber ihrer Wahlheimat demonstrieren konnten. Wilson stimmte zu. Mit dem Einverständnis des Präsidenten machte sich das CPI an die Arbeit, um für den sogenannten Independence Day eine enthusiastische Feier zu planen.

Die Änderung in »Independence Day« anstelle des ursprünglich 1915 vom NAC vorgeschlagenen »Americanization Day« (Amerikanisierungstag) ist eine interessante Wendung. Man könnte dahingehend argumentieren, dass die mit dem Begriff »Amerikanisierung« verbundenen kulturellen und ethnischen Unverträglichkeiten im Jahr 1918 zu offenkundig waren, um eine breite öffentliche Unterstützung für eine nationale Feier auszulösen. »Independence Day« ist zwar weniger offensichtlich ethnozentrisch, leidet aber dennoch unter einer gewissen Zweideutigkeit. In seinem historischen Kontext verweist der »Independence Day« sowohl auf die Loslösung der Einwanderer von ihren alten kulturellen Bindungen als auch auf den Umstand, dass ihnen die neue, geschäftsorientierte amerikanische Kultur fremd blieb. In den Feiern zum Unabhängigkeitstag schwingt selbst heute noch etwas von diesem historischen Entfremdungszusammenhang mit. – Auch wenn die meisten Menschen diesen Tag eher als eine Feier der nationalen als der ethnischen Unabhängigkeit betrachten.

Auch 1918 setzte die Einbürgerungsbehörde ihre Amerikanisierungsbemühungen fort, insbesondere im Hinblick auf die Schulen. Die Behörde berichtete, dass in praktisch allen US-Gemeinden Amerikanisierungskomitees eingerichtet worden waren, dass die Handelskammern überaus aktiv waren und dass es landesweit kaum eine Handels- oder Unternehmensorganisation gab, die nicht in irgendeiner Form die Bemühungen der Behörde unterstützte. In zahlreichen Gebieten hatten auch die Kirchen Programme zur Amerikanisierung organisiert. Überdies sponserte die Behörde Amerikanisierungskurse in Industriebetrieben und veranlasste die Stadt Chicago, eintausend Lehrer für diese Arbeit zur Verfügung zu stellen. Insgesamt unternahm die Behörde alles in ihrer Macht Stehende, um das Evangelium für eine tiefgreifende Amerikanisierungskampagne zu verkünden.

## Der Amerikanisierungsschub in der Nachkriegszeit

Nach Kriegsende im November 1918 bereiteten sich sowohl die Unternehmen als auch die Arbeitnehmer auf eine große Konfrontation vor. Zwischen 1900 und 1918 hatte sich die Gewerkschaftsbewegung stark entwickelt. In den Kriegsjahren profitierte die organisierte Arbeiterschaft – zumindest der konservative Teil, der von der AFL vertreten wurde – von der neuen Situation, dass die staatlichen Behörden ihr zumindest neutral, manchmal sogar wohlwollend gegenüberstanden. Doch während die Gewinne der Industrie während des Krieges in die Höhe schnellten, hielten die Lohnerhöhungen kaum mit den Lebenshaltungskosten Schritt. Nach dem Friedensschluss mobilisierten sich die Arbeitnehmer, um ihre neu gewonnene Stärke und die verbesserten Beziehungen zur Regierung zu nutzen, um den mächtigen Arbeitgebern formelle Zusagen und bessere Bedingungen abzuringen.

In den gut zehn Jahren vor dem Krieg befand sich das Großkapital permanent in der Defensive gegenüber Enthüllungsjournalisten, einer feindseligen öffentlichen Meinung und den damit verbundenen Bemühungen der Regierung, die schlimmsten Auswüchse finanzieller und instrieller Macht durch verschiedene Formen der Regulierung zu kontrollieren. In einer Atmosphäre des Patriotismus, der während des Krieges ständig geschürt wurde, war es für die Erlangung der Staatsbürgerschaft unabdingbar, vom System der freien Wirtschaft überzeugt zu sein. Wegen der Sedition Acts und der allgegenwärtigen Überwachung war es sehr gefährlich, nicht davon überzeugt zu sein. Dieser Umstand sowie die Bedeutung der Unternehmen in der Kriegsproduktion führten dazu, dass die Vertreter des Großkapitals in der Regierung und in den politischen Parteien wieder die Oberhand gewannen (Murray 1955:8–9).

Diese Faktoren stellten das Ansehen der Industrie in der Öffentlichkeit weitgehend wieder her – und das war der Sinn dieser ganzen Amerikanisierungskampagne. Trotz dieser positiven Entwicklung war das Großkapital bei Kriegsende immer noch paranoid. Es war entschlossen, endlich damit Schluss zu machen, was es als zwei Jahrzehnte des Rückzugs vor der feindseligen öffentlichen Meinung, vor juristischen Schikanen durch »fortschrittliche« Verwaltungen und vor der wachsenden Stärke der organisierten Arbeiterschaft empfand. Mehr noch, die Geschäftswelt war entschlossen, das zurückzuerobern, was sie als die traditionelle und »moralische« Voraussetzung für die Unternehmensführung und ihre allgemeine Vorherrschaft in Politik und Gesellschaft ansah. Was die Forderungen der organisierten Arbeiterschaft betraf, so war die Wirtschaft auf eine Auseinandersetzung vorbereitet. Infolgedessen war 1919 ein Jahr, in dem mehr Zeit durch Streiks verloren ging als in jedem anderen Jahr der amerikanischen Geschichte, ein Jahr, in dem die organisierte Arbeiterschaft eine umfassende und vernichtende Niederlage erlitt.

Aufseiten der Unternehmen erwies sich die öffentliche Besorgnis über die Bedrohung der amerikanischen Gesellschaft und ihrer Institutionen durch »unamerikanische« Einstellungen und einen »unamerikanischen« Radikalismus unter den im Ausland Geborenen als die wirksamste Waffe für die bevorstehende Konfrontation mit den Gewerkschaften im Jahr 1918. Seit dem erfolgreichen Lawrence-Streik der im Ausland geborenen Textilarbeiter unter Führung der IWW im Jahr 1912 waren die Sorgen in der Öffentlichkeit durch unablässige Propaganda geschürt und genutzt worden. Nach dem Waffenstillstand im November 1918 hielt das öffentliche Interesse an der Amerikanisierung der im Ausland Geborenen zunächst noch an. Innerhalb eines Jahres jedoch ebbte dieses Interesse allmählich ab. Doch der Große Stahlstreik von 1919 verlieh der Kampagne neuen Auftrieb. Der Streik, der Ende September begann, sollte zur entscheidenden Konfrontation zwischen der Macht der Unternehmen und der organisierten Arbeiterschaft werden. In ihrem Kampf um die Kontrolle der öffentlichen Meinung wurde die Industrie erneut von der Regierung unterstützt, diesmal vom US-Justizministerium. Unter der Führung von Generalstaatsanwalt Mitchell Palmer lenkte das Justizministerium die öffentliche Aufmerksamkeit erneut auf die Notwendigkeit, im Ausland geborene Bürger zu amerikanisieren.

Dieses Wiederaufleben eines intensiven (in diesem Fall sogar hysterischen) öffentlichen Interesses und der Besorgnis hinsichtlich der im Ausland Geborenen resultierte aus der »Roten Angst«. Ausgelöst wurde diese Angst durch eine Reihe hochgradig öffentlichkeitswirksamer und dramatischer Aktionen des Justizministeriums zwischen Oktober 1918 und Februar 1919. Diese Aktionen hatten den erklärten Zweck, Amerika vom bösartigen Einfluss der sogenannten »radikalen Ausländer« zu befreien. Als Reaktion auf diese dramatischen Entwicklungen kam es zu einer Intensivierung der Amerikanisierungsaktivitäten seitens der alten Agenturen und Gruppen, die die Amerikanisierungsaktivitäten gefördert hatten – Gruppen, die weiterhin von der Unternehmenswelt geführt und dominiert wurden. Im Januar 1920 brach der Große Stahlstreik zusammen, mit katastrophalen Folgen für die gesamte Arbeiterbewegung. Wie nicht anders zu erwarten, wurde er von der Regierung und Unternehmensvertretern als bolschewistische revolutionäre Infragestellung der amerikanischen Gesellschaft durch unamerikanische, im Ausland geborene Arbeiter dargestellt.

Ende 1920 hatte sich die Rote Angst weitgehend gelegt. Ihr rasches Abklingen war die Folge eines Streits zwischen dem Justiz- und dem Arbeitsministerium, der die Aktivitäten des Justizministeriums bei der Verfolgung der Roten weitgehend in Misskredit brachte. In der Folge nahmen die Vertreter des Justizministeriums eine vernünftigere Haltung ein, und die Massenhysterie ebbte allmählich ab. Im Jahr 1921 saß ein republikanischer Präsident im Weißen Haus, der sich voll und ganz mit den Interessen der Wirtschaft identifizierte (»the business of America is business«). Von nun an konnten die Wirtschaftsführer der Amerikanisierungsbewegung ein gewisses Maß an öffentlicher Gleichgültigkeit zulassen, denn sie hatten die Kontrolle über das Präsidentenamt und die öffentliche Meinung erlangt und den langen Prozess eingeleitet, den amerikanischen Geist für kritisches Denken zu verschließen.

# 4 Der McCarthy-Kreuzzug

In Australien ist kaum bekannt, welch außergewöhnliche, geradezu orwellsche und kafkaeske Kontrolle McCarthy in den entscheidenden fünf Jahren der frühen 1950er-Jahre über die amerikanische Innen- und Außenpolitik ausübte. Um den Einfluss von McCarthy richtig einzuschätzen, dürfen wir seine Paranoia jedoch nicht als Einzelfall in der amerikanischen Geschichte verstehen. Es handelte sich um eine extreme, aber dennoch typische Form von Propaganda und Gesinnungskontrolle, der sich die amerikanische Öffentlichkeit seit der Zeit vor dem Ersten Weltkrieg ausgesetzt sah; die Intoleranz des McCarthy-Kreuzzugs enthielt nichts, was der Öffentlichkeit nicht schon viele Male zuvor aufgetischt worden war. Zu Beginn der 1950er-Jahre waren die Überzeugungskampagnen der Unternehmen mit ihren antiamerikanischen Sündenböcken derart alltäglich geworden, dass es nur noch wenige gab, die McCarthys antikommunistischen Kreuzzug für etwas anderes als einen normalen Teil des politischen Lebens hielten. Dass diese Kampagne in der Lage war, so triviale Dinge wie das Handbuch der Pfadfinderinnen[1] zu beeinflussen und gleichzeitig Einfluss auf die Innen- und Außenpolitik zu nehmen, spricht Bände über das Ausmaß an Konformität, das der amerikanischen Psyche in den zurückliegenden vierzig Jahren eingetrichtert wurde.

Zwischen 1945 und 1950 gewann die Republikanische Partei, die den amerikanischen Konservatismus vertritt, erheblich an Unterstützung. (Im November 1946 hatten die Republikaner erstmals seit 1928 die Kongresswahlen gewonnen.) Es waren die Jahre des beginnenden Kalten Krieges. Die zunehmende Unterstützung für die Republikaner beruhte zu einem großen Teil auf dem Vorwurf, dass »Versäumnisse« in der Außenpolitik der Demokraten die Ausweitung der kommunistischen Macht und des kommunistischen Einflusses in der ganzen Welt ermöglicht und sogar unterstützt hätten. Insbesondere wurde behauptet, unzureichende Sicherheitsmaßnahmen hätten es den Russen ermöglicht, das Geheimnis der Atombombe zu »stehlen«, und eine »weiche« Außenpolitik habe dazu geführt, dass China an den Kommunismus »verloren« gegangen sei. All dies sei geschehen, weil die demokratische Regierung voller New Dealer, liberaler Intellektueller und ähnlicher »Gesinnungsgenossen« sei, die heimlich mit dem Kommunismus sympathisierten.

Um die Offensive der Republikaner abzuwehren, führte Truman 1947–1948 neue Sicherheitsüberprüfungen (»Loyalitätstests«) für zweieinhalb Millionen Regierungsangestellte ein. – Eine Maßnahme, die bald auf acht Millionen Lohn- und Gehaltsempfänger ausgeweitet wurde (Horowitz 1967:95–7, 104). Damit begann eine antikommunistische Kampagne, die das liberal/visionäre politische Denken in den am stärksten betroffenen Ländern für etwa zwanzig Jahre nahezu lähmte.

Trumans Entscheidung, dem Spiel der Republikaner ein Schnippchen zu schlagen, indem er sich ihnen anschloss, anstatt sie zu konfrontieren, führte zu einem wilden Wettstreit, in dem Demokraten und Republikaner um antikommunistische Ehren buhlten – zu einer wahnwitzigen Übertreibung der »roten Bedrohung«. Im Sinne ausgleichender Gerechtigkeit holte ihn der republikanische Wahnsinn, den Truman 1947–1948 gefördert hatte, schließlich ein. Im November 1953 klagte der Generalstaatsanwalt der Vereinigten Staaten ... Truman selbst an, »wissentlich einen russischen Spion beherbergt zu haben« (ebd.: 97).

Anfangs bestand die Hauptargumentation der Republikaner darin, dass die Demokratische Partei Roosevelts New-Deal-Traditionen übernommen habe (die eine gewisse Rücksicht auf Sozialplanung und soziale Wohlfahrt enthielten) und dass sie daher »sozialistisch« sei. Mit dem Tod Roosevelts (1945) und der sich abzeichnenden Nachkriegskonfrontation zwischen Russland und dem Westen eröffneten sich den Republikanern ganz neue Möglichkeiten. Sie argumentierten, dass die amerikanische Gesellschaft seit Roosevelts New-Deal-Politik kontinuierlich von den Demokraten unterwandert worden sei.

Aus dem bloßen Vorwurf, die Demokraten seien sozialistisch und untergrüben daher die »wahren« und »besten« amerikanischen Traditionen, ließ sich eine größere und sehr viel schwerwiegendere Anschuldigung machen (siehe Ginsburg 1954:10–14). Die lange unterstellten (wiewohl nicht vorhandenen) »sozialistischen« Tendenzen der Demokraten machten sie für den Vorwurf anfällig, sie seien »gegenüber dem Kommunismus nachgiebig«. Jedes Vordringen des Kommunismus in der Welt, jeder politische, wissenschaftliche oder militärische Erfolg, eines kommunistischen Regimes wurde als Folge einer »nachgiebigen« oder »sympathisierenden« Politik der Demokraten gegenüber der »roten Gefahr« gedeutet. Der drastische Positionswechsel – von Roosevelts Entschlossenheit in den Jahren 1944–1945, eine kooperative Lösung mit den Russen anzustreben, bis hin zu Trumans und Eisenhowers fast zehnjähriger Weigerung (1946–1955), sich mit Russlands Spitzenpolitikern auch nur zu treffen (Horowitz 1967:13–14) – war eher auf das Bedürfnis der Demokraten zurückzuführen, sich gegen die Republikaner zu verteidigen, als auf die Realitäten der weltpolitischen Lage. Dasselbe gilt für die Veränderungen in der Asienpolitik der USA in den Jahren nach 1945: von einer Politik des Widerstands gegen die Rückkehr Frankreichs nach Vietnam und einer eher wohlwollenden, unparteiischen Vermittlung zwischen Mao und Chiang mit dem Ziel einer Kompromisslösung des chinesischen Bürgerkriegs im Jahr 1945 bis hin zur vollständigen Ablehnung eines solchen Ziels im Jahr 1948 (siehe »US Relations with China« 1949).

Vor diesem Hintergrund trat Senator Joseph McCarthy auf den Plan. Bis Januar 1950 war McCarthy drei Jahre lang ein unbedeutender Senator aus Wisconsin gewesen. Nun suchte er nach einem Thema, um seine Wiederwahl 1952 zu fördern. Sein Biograf Richard Rovere (1959:9)[2] berichtet, dass McCarthy »den Kommunismus fast ebenso zufällig entdeckte wie Kolumbus Amerika oder James Marshall das kalifornische Gold«.

Am 9. Februar 1950 hielt McCarthy in Wheeling, West Virginia, eine Rede, in der er sagte, das Außenministerium sei voller Kommunisten und er sowie der Außenminister (Acheson) kennten ihre Namen. Im März, April und Mai schien es in Washington vor allem darum zu gehen, ob die amerikanische Diplomatie in den Händen von Verrätern war (ebd.: 11). Rovere zitiert die *London Times* und berichtet, dass »die Ängste und Verdächtigungen, die von ... Senator McCarthy ausgehen, ... heute ein wesentlicher Faktor in der Politik des Westens sind«; und er gelangt zu dem Schluss, dass »McCarthy den Verbündeten der USA inzwischen Grund zur Sorge bietet« (ebd.: 14).

McCarthys einzige und überaus mächtige Waffe war die Kommunistenhetze. Von Anfang an setzte er sie mit verheerender Wirkung ein.

1950, nur wenige Wochen nach McCarthys Rede in Wheeling, übernahm Millard Tydings aus Maryland den Vorsitz eines Ausschusses, der McCarthys Vorwürfe gegen das Außenministerium untersuchen sollte. Im Senat war Tydings ein Titan; niemand schien dort besser etabliert zu sein als er, ein Patrizier aus Maryland, ein schwerreicher Mann und Mitglied des inneren Kreises des Senats. 1938 hatte Franklin D. Roosevelt, damals auf dem Höhepunkt seiner Karriere, versucht, Tydings, der in Roosevelts Augen ein Reaktionär war, zu Fall zu bringen. Roosevelt scheiterte kläglich. 1950 ging McCarthy – 1949 noch ein Niemand – gegen Tydings vor. Und was geschah? Tydings verlor. (Natürlich unterscheiden sich die Methoden etwas: Roosevelt begab sich nach Maryland und versuchte, die Wähler davon zu überzeugen, einen anderen Mann zu wählen; McCarthy blieb in Washington und schickte Agenten nach Maryland, die die Nachricht verbreiteten, Tydings sei prokommunistisch.) Im selben Jahr (1950) machte McCarthy Jagd auf Scott Lucas aus Illinois, den Fraktionsvorsitzenden der Demokraten. Lucas wurde ebenfalls abgewählt. Rovere bemerkt, dass Tydings' Rolle als McCarthys Hauptgegner auf William Benton überging, der im

Senat eine Resolution eingebracht hatte, die McCarthys Ausschluss forderte. McCarthy wurde allerdings nicht ausgeschlossen, sondern Benton, und zwar von den Wählern. Nach dem Ausscheiden von Lucas übernahm Ernest MacFarland aus Arizona die Führung der Demokraten im Senat. McCarthy führte einen Wahlkampf gegen ihn. Auch MacFarland wurde besiegt. 1951 griff McCarthy den Außenminister, General George Marshall, an, erzwang seinen Rücktritt und »ruinierte« dessen Karriere auf ganzer Linie.

McCarthy beschuldigte die demokratische Truman-Regierung pauschal, »mit Kommunisten zu paktieren und von ihnen unterstützt zu werden«. »Man neigt heute dazu, zu vergessen«, erläutert Rovere, »dass McCarthy bei der Diffamierung der Truman-Regierung [1950–1953] mit Korruptionsvorwürfen fast ebenso erfolgreich war wie später bei der Demoralisierung der Regierung [Eisenhower]« (ebd.: 16). Dean Acheson, Trumans Außenminister, verbrachte einen Großteil dieser Jahre damit, Dienstleistungsorganisationen wie den Elks, Moose, Women Voters und Legionären zu erklären, dass er nicht korrupt sei, dass er gegen den Kommunismus sei und dass er keine Verräter einstelle. Um seine Glaubwürdigkeit zu beweisen, stellte das Außenministerium John Foster Dulles ein und entließ eine Reihe von Beamten, die McCarthy angegriffen hatte.

Selbst wenn die Ernennung von Dulles der einzige Einfluss geblieben wäre, den McCarthy auf das Außenministerium ausgeübt hätte, so wäre er doch nachhaltig gewesen. Von 1953 bis zu seinem Tod im Jahr 1959 betrieb Dulles die Außenpolitik der USA praktisch als sein Privateigentum und mit unermüdlichem antikommunistischem Eifer (Roberts 1954:13; siehe Holsti 1965). Es sei hier nur daran erinnert, dass Dulles' wiederholte Versuche, die Genfer Konferenz zu stören, den britischen Premierminister Anthony Eden zu der verzweifelten Feststellung veranlassten, dass »die Amerikaner offenbar große Angst davor haben, mit den Kommunisten auch nur die harmloseste Vereinbarung zu treffen« (Eden 1960:127).

Sowohl General Bedell Smith als auch Walter Robertson, der Dulles während des größten Teils der Genfer Konferenz vertrat, wurden von McCarthy persönlich als »nachgiebig« gegenüber dem

Kommunismus angegriffen (Hale 1954:14, 16). Auf McCarthys Geheiß wurden beide als »Sicherheitsrisiko« vor den Senatsausschuss geladen. Auf diese Weise dezimierte McCarthy das Außenministerium um sein erfahrenes und eher liberal eingestelltes Personal. Von den 22 Mitarbeitern des China-Service des Außenministeriums, die seit mehr als zehn Jahren im Dienst waren, verblieben rund ein Jahr nach McCarthys Machtübernahme nur noch zwei im Ministerium. Allein im Jahr 1952 setzte McCarthy die Entlassung von 534 Personen aus dem Außenministerium aus angeblichen »Sicherheitsgründen« durch. – Ohne dass er irgendwelche Beweise für Subversion oder Illoyalität vorlegen konnte (Horowitz 1967:104; Hale 1954:16). Später wurde weithin angenommen, dass all dies zu einem »fehlbesetzten« und demoralisierten diplomatischen Dienst führte, in dem »Diplomaten im Ausland ... zögerten, objektive Berichte vorzulegen, weil sie befürchteten, dass die Sicherheit [d. h. McCarthys Illoyalitätsjäger] etwas gegen sie in der Hand haben könnte« (Hale 1954:17, 22–4; Fullbright 1954:10).

Das Weißbuch des Außenministeriums von 1949, *United States Relations with China*, wurde 1967 neu aufgelegt. Die Einleitung enthält folgende Passagen:

> »McCarthys Anschuldigungen [im Hinblick auf einen kommunistischen Einfluss im Außenministerium] erwiesen sich letztlich als unbegründet. Aber bis dahin waren Existenzen zerstört und Karrieren ruiniert und die amerikanische Außenpolitik nachhaltig beschädigt. Die Rezeption des Weißbuches führte zahlreichen Regierungsbeamten den Wert der Zurückhaltung vor Augen ... Einige der fähigsten und qualifiziertesten Chinaspezialisten Amerikas wurden aus dem Außenministerium entlassen ... Andere wurden auf weniger bedeutende Posten versetzt ... Manche wurden überredet, vorzeitig in den Ruhestand zu gehen. Wie auch immer, ihre langjährigen Erfahrungen und intimen China-Kenntnisse gingen verloren. Zu den bekanntesten unter ihnen gehörten John Carter Vincent, John Stewart Service und John Paton Davies. Ihre Berichte über China in den 1940er Jahren haben den Test der Zeit bestanden ... Viele der

> Berichte, für die sie verurteilt wurden, gewährten tiefgreifende Einblicke in die politische Realität Chinas. Sie waren sich der Gefahren bewusst und warnten ihre Vorgesetzten davor, die USA unwiderruflich an ein Regime zu binden, das sich rasch selbst diskreditierte und möglicherweise nicht überleben konnte. Weil sie unangenehme Wahrheiten über die Nationalisten sagten, wurden sie später als Kommunisten bezeichnet. Die von Professor John K. Fairbanks an sie gerichtete Würdigung ist einfach nur gerecht: ›Diese Männer waren echte China-Spezialisten, und es gibt heute [1967] niemanden mehr wie sie. Zu unseren Lebzeiten werden wir über das Geschehen in China das Geschehen in China nie wieder so gut unterrichtet sein.‹« (China White Paper 1967)

Vier Jahre lang brachte McCarthy die liberalsten und mutigsten Politiker zum Schweigen. Die demokratische Regierung wurde zu lächerlichen Bekundungen des Antikommunismus getrieben. So beteuerten Dean Acheson und sein unmittelbarer Vorgänger, General George Marshall – beide von McCarthy heftig angegriffen –, in Senatsanhörungen zur Fernostpolitik, dass sie niemals auch nur in Erwägung ziehen würden, das kommunistische China anzuerkennen oder seine Aufnahme in die Vereinten Nationen zu unterstützen. Sie versicherten dem Senat, dass die Idee der Anerkennung ihnen und anderen amerikanischen Diplomaten so zuwider sei, dass sie im Außenministerium nicht einmal diskutiert worden sei (Rovere 1959:17–18). Verlogenheit, Dummheit, Sturheit und der Wille, die Dinge nicht aus der Hand zu geben – zu diesen Verhaltensweisen trieben McCarthy und der McCarthyismus diese intelligenten Männer.

Im November 1952 wurde eine republikanische Regierung unter Eisenhower und Nixon gewählt. Diese Regierung handelte 1953 einen Waffenstillstand in Korea aus, den die Demokraten mit ziemlicher Sicherheit nicht hätten akzeptieren können – denn er hätte McCarthy einen weiteren Grund gegeben, ihre Loyalität infrage zu stellen. »Für diesen Waffenstillstand wäre ich gekreuzigt worden«, sagte Harry Truman (ebd.: 18).

Mit seinen zahlreichen Enttäuschungen, seinem Ausmaß an Tod und Zerstörung und der Verwicklung chinesischer Truppen in lange und erbitterte Kämpfe mit den amerikanischen Streitkräften hat der Koreakrieg zweifellos die Haltung und die Politik der USA gegenüber Asien in jene starre Form gegossen, die sie seither geprägt hat. Wie Professor Bernard Fall (1967:219) feststellt, war es der Koreakrieg, der »dem französischen Kampf in Vietnam ein neues Gesicht gab und ihn von einem Kolonialkrieg in einen antikommunistischen Kreuzzug verwandelte«.

Gehen wir einmal der Frage nach, welche Bedeutung die Tatsache haben könnte, dass Truman bei seinem Vorgehen im Koreakrieg den Kräften McCarthys ausgeliefert war. Der Koreakrieg begann am 25. Juni 1950. Etwa zwölf Wochen später waren die Invasoren bis an die Grenze Nordkoreas zurückgedrängt worden, und bis zu diesem Zeitpunkt waren die Verluste und das Ausmaß an Zerstörung relativ gering gewesen. Bis zum Einmarsch der US-Truppen in Nordkorea (Mitte August) gab es keine Anzeichen oder Hinweise auf einen möglichen Kriegseintritt Chinas (siehe Whiting 1960).[3] Wenn Truman dies gewollt hätte, so hätte er den Krieg nach zwölf Wochen am 38. Breitengrad beenden können. Wegen der innenpolitischen Dominanz McCarthys musste Truman jedoch die wiederholten Initiativen Russlands, Indiens und Chinas für einen Waffenstillstand und Verhandlungen zurückweisen; er musste die ausdrücklichen Warnungen Chinas ignorieren, als sich die US-Streitkräfte dem 38. Breitengrad näherten, dass China in den Krieg eintreten würde, wenn US-Truppen (im Unterschied zu den südkoreanischen Truppen) in Nordkorea einmarschierten.

Stattdessen sprach sich Warren Austin (US-Botschafter bei den Vereinten Nationen) am 17. August 1950 dafür aus, den Krieg nach Nordkorea zu tragen. Am 25. August nahm der damalige Marinestaatssekretär Francis Matthews (dem McCarthy gedroht hatte, ihn wegen angeblicher Sympathien für den Kommunismus anzuklagen) McCarthys Eifer in der formellen Entscheidung der USA zur Invasion Nordkoreas vorweg. Matthews gelangte zu dem Schluss, dass die amerikanische »friedensorientierte Politik, obwohl sie uns eine für eine wahre Demokratie ungewohnte Rolle auferlegt – nämlich diejenige des Initiators eines Angriffskrieges –, uns einen begehrten und anerkannten Titel einbringen würde: Wir würden die ersten Aggressoren für den Frieden werden« (Horowitz 1967:119; Whiting 1960:96). Am 8. Oktober marschierten US-Truppen in Nordkorea ein. Nach einer letzten Warnung und einem schließlich zurückgewiesenen Appell an die Vereinten Nationen für einen Waffenstillstand und Verhandlungen überquerten chinesische Truppen am 16. Oktober den Yalu-Fluss nach Nordkorea.

Der Koreakrieg dauerte weitere zweieinhalb Jahre, verwüstete die gesamte Halbinsel, verfünffachte die Zahl der US-amerikanischen Opfer und brachte Millionen von Zivilisten Tod und Verderben. Schließlich wurde in der Nähe des 38. Breitengrades ein Waffenstillstand vereinbart; fast genau dort, wo Truman den Krieg nur zwölf Wochen (und nicht drei Jahre) nach seinem Beginn hätte beenden können (und nach allen Regeln des Rechts und der Vernunft hätte beenden müssen).

McCarthy und die Republikanische Partei schürten ein Klima der Angst: Angst vor Unterwanderung im Inneren und vor Bedrohungen von außen. Indem er sich vor diesem Hintergrund als patriotische Geißel der »prokommunistischen« Demokraten und der »illoyalen«, »mitläuferischen« Liberalen, Intellektuellen usw. gerierte, gewann McCarthy sowohl in seiner eigenen Partei als auch im Land insgesamt großen Rückhalt. Es gelang ihm, seine eigenen Kandidaten – oft ehemalige FBI-Leute – in diverse Schlüsselpositionen im Außenministerium und an anderer Stelle einzuschleusen; und mit ihnen baute er eine ausgeklügelte »Sicherheitsorganisation« auf. Ausdrückliches Ziel dieser Organisation war es, »abfällige Informationen« über Mitarbeiter und Angestellte ausfindig zu machen. Angeblich auf der Basis solcher »Informationen« erhob er Anklage gegen Personen, die sich ihm widersetzten, und sorgte damit für Schlagzeilen. 1951 »erwies er sich für die [republikanischen] Wahlkampfausschüsse als wahrer Segen, und die republikanischen Organisationen wetteiferten darum, ihn mit Haufen von Dokumenten über jeden herfallen zu lassen, der ihnen Schwierigkeiten bereitete« (Rovere 1959:144). Er stand im Mittelpunkt des republikanischen Parteikongresses von 1952 und erlebte eine »stürmische und widerwärtige Demonstration von Solidarität«. Noch im Januar 1954, vier Jahre nach seinem Amtsantritt, zeigten die Ergebnisse einer Gallup-Umfrage, dass 50 Prozent der Amerikaner eine »positive Meinung von ihm hatten; nur 29 Prozent hatten eine negative Meinung« (ebd.: 24).

Im Januar 1953 trat Eisenhower die Nachfolge Trumans an. Doch die Lähmung, die Truman befallen hatte, war nichts im Vergleich zur Erstarrung, die Präsident Eisenhower zumindest in den ersten beiden Jahren seiner Amtszeit (bis zur Genfer Konferenz 1954) erfasste. Eisenhower war bereits vor seiner Wahl eine empfindliche Niederlage beigebracht worden. Er hatte nämlich einen kleinen Akt des Widerstands geplant. Sein Plan bestand darin, sich zu McCarthy nach Wisconsin zu begeben und ein paar freundliche Worte über seinen alten Chef und Förderer General Marshall (Ex-Außenminister, Ex-Vorsitzender des Generalstabs) zu verlieren, den McCarthy praktisch als Verräter bezeichnet hatte. (McCarthy hatte über Marshall geäußert, er sei »jemand, in dessen Aktivitäten ein klares Muster zu erkennen ist, nach dem seine Entscheidungen ... immer und ausnahmslos der Weltpolitik des Kreml dienen« [ebd.: 17]).

Die Parteiführer in Wisconsin befürchteten, dass McCarthy durch eine solche Vorgehensweise in Rage geraten könnte, und baten Eisenhower, diesen Teil seiner Rede wegzulassen, was er laut Rovere denn auch tat. McCarthys Sieg wurde ihm noch durch die Tatsache versüßt, dass er selbst keinen Anteil daran hatte. Er hatte verlauten lassen, Eisenhower könne über Marshall sagen, was er wolle, und dass es ihm, McCarthy, völlig egal sei. Er hatte sogar angeboten, aus dem Wahlkampfzug in Wisconsin auszusteigen, falls sich der General dadurch wohler fühlen würde. Aber die Angst vor ihm war derart groß, dass Eisenhower nachgab, obwohl McCarthy großmütig erklärt hatte, dies sei nicht nötig. Im Jahr 1953 konnte allein schon der Gedanke an Joe McCarthy »das Weiße Haus erzittern lassen und die gesamte Exekutive in Panik versetzen« (ebd.: 18).

Als die Regierung unter Eisenhower im Januar 1953 die Amtsgeschäfte übernahm, kontrollierte McCarthy weitgehend die Ernennungen und Entlassungen im In- und Ausland. Als der neue Präsident John Foster Dulles zum Außenminister ernannte, machte McCarthy Scott McLeod zum State Department's personnel and security officer (Personal- und Sicherheitsbeauftragten des Außenministeriums); und in den ersten Tagen der neuen Regierung war es ziemlich unklar, ob Dulles oder McLeod – der sich als FBI-Agent in Manchester auf eine diplomatische Karriere vorbereitet hatte – mehr Einfluss auf die Angelegenheiten des Ministeriums haben würde. Wenn es um die Ernennung von Botschaftern und die Einstellung und Entlassung von Ressortleitern ging, stimmte sich Dulles mit McLeod ab, der wiederum alles mit McCarthy abklärte.

In der *New York Times* vom 28. Februar 1954 kommentierte Hanson Baldwin: »Ob sich Präsident Eisenhower dessen nun bewusst ist oder nicht: Das Kommando über die Armee teilt er sich jetzt mit Senator McCarthy.« Im Februar 1954 sah sich nur eine einzige Person (Fullbright) in einem sechsundachtzigköpfigen Senat in der Lage, gegen die Bewilligung von 214 000 Dollar zur Unterstützung von McCarthys Aktivitäten zu stimmen. Hochrangige Demokraten wetteiferten mit McCarthy um die Ehre, der härteste Kommunistenbekämpfer zu sein, und sie wetteiferten mit den Republikanern in einer Art »geiferndem Lob des FBI, einer Behörde, die tief in einige der schlimmsten Verfehlungen McCarthys verwickelt war« (ebd.: 176).

Der Einfluss von McCarthy war allgegenwärtig. Einige Beispiele mögen dies veranschaulichen.

1953 sorgte McCarthy dafür, dass weltweit in den Bibliotheken des American Information Service sämtliche Bücher verbrannt wurden, die ihm missfielen – von Büchern, die im Verdacht standen, »nachgiebig« gegen den Kommunismus zu sein, bis hin zu Krimis prokommunistischer Autoren. Er sorgte dafür, dass der Chef des Nachrichtendienstes, Generalmajor Partridge, seines Amtes enthoben wurde, weil er in die Bibliographie eines Studienkurses über Russland ein Buch eines mit dem Kommunismus sympathisierenden Autors aufgenommen hatte, in dem der Autor (Corliss Lamont) erklärte, dass die Massen Sibiriens voraussichtlich nicht so schnell antikommunistisch werden würden. Er bereinigte die Organisation Voice of America von allen, die liberaler (d.h. gegen McCarthy gerichteter) Ansichten verdächtigt wurden. Als McCarthy damit fertig war, hatte er den größten Teil der Voice-Führung gestürzt, die Regierung gezwungen, sie zu diskreditieren, und in den Reihen der Organisation Verzweiflung und Ratlosigkeit gesät.

Im Februar 1953 berief Eisenhower einen millionenschweren Geschäftsmann (R.L. Johnson), um die Situation zu retten, und übertrug ihm die Leitung der International Information Administration, die sämtliche US-Informationsstellen im Ausland umfasste, einschließlich der Sendungen von Voice of America sowie 201 Bibliotheken in 89 Ländern. Umgehend teilte McCarthy Johnson mit, wen er als »prokommunistische Liberale« entlassen müsse; er sagte ihm, er müsse 418 Autoren verbieten, darunter Arthur Schlesinger, John Dewey, Auden Louis Bromfield, Theodor Dreiser, Edmund Wilson – und Foster Rhea Dulles, den Cousin des Außenministers!

Johnson widersprach und wandte sich an Eisenhower. Alles, was der Präsident dazu sagte, war, dass er fand, »wir sollten den Krimiautor Dashiell Hammett nicht verbieten«. Johnson wandte sich an Dulles – mit noch weniger Erfolg: »Als ich ihn am 15. Juni aufsuchte, bemerkte [Dulles] … klagend: ›Warum eigentlich steht mein Cousin auf dieser Liste?‹« Johnson wurde McCarthy übergeben, der ihm mitteilte, dass es keine Gelder für seine Organisation geben würde, wenn er sich nicht entschuldigte und mitspielte. Johnson trat zurück. McCarthy hatte gewonnen (Merson 1954).

Auf ähnliche Weise litt auch die wissenschaftliche und universitäre Gemeinschaft. Im November 1954, fast fünf Jahre nach der Machtübernahme McCarthys, wurde Albert Einstein gebeten, sich zu dieser Situation zu äußern. Einstein notierte:

»Statt zu versuchen, das Problem zu analysieren, möchte ich in einer kurzen Bemerkung meinen Gefühlen Ausdruck verleihen: Wäre ich noch einmal ein junger Mann und müsste mich entscheiden, wie ich meinen Lebensunterhalt bestreiten soll, würde ich nicht versuchen, Wissenschaftler, Gelehrter oder Lehrer zu werden. Vielmehr würde ich den Beruf des Klempners wählen oder Kaufmann werden. In der Hoffnung, auf diese Weise das bescheidene Maß an Unabhängigkeit zu finden, das unter den gegenwärtigen Umständen noch möglich ist.« (*Reporter* 18. November 1954:8)

In der von McCarthy geschürten hysterisch-patriotischen Atmosphäre galten alle Gesinnungen oder Organisationen (insbesondere die Vereinten Nationen), die sich für Frieden und internationale Verständigung einsetzten, als »subversiv« und »unamerikanisch«. Die Paranoia ging so weit, dass sogar die Fluoridierung [Anm. d. Ü.: Fluoridierung des Trinkwassers] in den USA mit der Begründung bekämpft wurde, sie sei eine Form der »sozialisierten Medizin« und ein kommunistisches Komplott, um den Volkswillen zu brechen. In der Regel war der Widerstand aus diesen Beweggründen erfolgreich (*Reporter* 16. Juni 1955:28–30).

Einen Eindruck vom damaligen Zeitgeist vermitteln schließlich einige Auszüge aus dem Fall eines Arbeiters von Bell Aircraft, der wegen seiner »früheren Verbindungen« zum »Sicherheitsrisiko« erklärt wurde.

»[Mike] hatte keine Ahnung von den konkreten Anschuldigungen gegen ihn oder davon, wer die behördliche Untersuchung eingeleitet hatte … Das Unternehmen entließ Mike, sobald es von der Entscheidung des Untersuchungsausschusses erfuhr, und drei Detektive drängten ihn unter Körpereinsatz aus dem Werk.

In den Tagen des Truman-Loyality Program [1948–1953] nutzte Bell Aircraft ein System, bei dem Arbeiter ohne Sicherheitsfreigabe ein Erkennungszeichen trugen, eine Art Sicherheitsversion des Davidsterns. Bell folgte nun dem allgemeinen Muster, ›Risikopersonen‹ zu entlassen und dann abzuwarten, ob die betroffene Person den Fall anfechten wollte.

Die Chancen stehen gut, dass Arbeitnehmer, die auf diese Weise entlassen werden, lieber aufgeben, als den Zeitaufwand und die Mühen eines hochriskanten Kampfes gegen das bestehende System auf sich zu nehmen …

Obwohl sich [im Juli 1954] allmählich umfassendere Bemühungen zum Schutz der Arbeitnehmerrechte abzeichnen, ist es noch ein weiter Weg. Die Entlassungen gehen weiter. Unter den einfachen Arbeitern gibt es immer noch eine Minderheit, die alles befürwortet, was den Roten schadet. In einigen Betrieben … üben Mitglieder persönliche Vergeltung gegen ›Linke‹, die von Untersuchungsausschüssen oder Entlassungsgremien identifiziert wurden.

Die Folgen einer Entlassung als Sicherheitsrisiko sind stets äußerst schwerwiegend … [Der Arbeitnehmer] verliert wertvolle Jahre der Betriebszugehörigkeit, die der Schlüssel zu einer gut bezahlten Arbeit sind. Die Folgen einer Entlassung beeinträchtigen seine Wohnsituation, seine Familie und die Beziehungen zu Freunden.

Für den zähen und selbstbewussten Mike ist das alles fast unverständlich. ›Wissen Sie‹, sagt er, ›es gibt hier Jugendliche, die mit meiner sechzehnjährigen Tochter nicht mehr reden wollen, seit das passiert ist … Ich hätte nicht gedacht, dass so etwas in Amerika geschehen kann.‹

Und selbst diejenigen, die freigesprochen werden und ihre Arbeit wieder aufnehmen können, haben oftmals weiterhin Schwierigkeiten am Arbeitsplatz. Immer gibt es Leute, die von Verdächtigungen profitieren. Und die entlastete Person muss mit der ständigen Drohung leben, dass ihre Akte ›reaktiviert‹ wird und der ganze Prozess von vorne beginnt.« (*Reporter* 6. Juli 1954:14–18)

Viereinhalb Jahre nach dem Erscheinen von McCarthy blickte der *Reporter* auf den soeben abgeschlossenen Fall Oppenheimer zurück und beurteilt die Gesamtsituation:

»Gibt es überhaupt irgendwelche Bürger, die nicht den Entscheidungen von Loyalitätsgremien oder den Repressalien von Denunzianten ausgesetzt sind? Sicherlich nicht die Millionen von Beschäftigten in Wirtschaftsunternehmen mit Staatsaufträgen – und der

Staat ist nun einmal der mit Abstand größte Kunde der Privatwirtschaft. Sicherlich nicht die Hunderttausende von Lehrkräften von der Universität bis zum Kindergarten, die überall im Land den Razzien von Denunzianten ausgesetzt sind … Es gibt keinen Tätigkeitsbereich, weder in der Privatwirtschaft noch im öffentlichen Sektor, der letztlich verschont bleibt.« (6. Juli 1954)

Ende 1954 verlor McCarthy seine persönliche Macht, hatte aber weiterhin eine große Anhängerschaft. Bis zuletzt wurde er von einer Mehrheit seiner eigenen Partei nicht abgelehnt. Zwei Jahre später starb er an den Folgen von Alkoholkonsum und Krankheit. Doch die Intoleranz und Paranoia, die sein Kreuzzug verkörperte, hielt weitgehend unvermindert an. Ausgehend von den Propagandaprogrammen der zurückliegenden Jahre verstärkten seine Säuberungsaktionen den etablierten Zeitgeist, sodass die McCarthy-Stimmung noch lange nach seinem Tod anhielt. Die gesamte Zeit des Vietnamkriegs war kaum etwas anderes als die Fortsetzung jener überhitzten Stimmung, die McCarthy der amerikanischen Politik in entscheidenden fünf Jahren eingehaucht hatte. So unglaublich es klingen mag: In den meisten seriösen Studien zur amerikanischen Außenpolitik und den Vietnamkrieg werden McCarthy und sein Einfluss nicht einmal erwähnt. Meines Erachtens ist dies ein Beleg für die unbewusste Tiefenwirkung und Allgegenwart von McCarthys irrationalem antikommunistischem Erbe.

## Anmerkungen:

1. 1954 attackierte die American Legion die Girl Scouts of America und forderte, dass sie ihr Handbuch in Ordnung bringen. Der Pfadfinderinnen-Verband kam dieser Forderung mit vierzig Änderungen nach. Z. B. wurde aus dem Abzeichen »One World« (Eine Welt) in der Ausgabe von 1953 das Abzeichen »My World« (Meine Welt); aus »Du bist dabei, dich auf die Weltbürgerschaft vorzubereiten« wurde »Du bereitest dich darauf vor, eine Naturfreundin zu sein«. Im Kapitel über Völkerfreundschaft wurde der Satz »Beginne nicht damit, Freunde zu suchen die du nicht magst« nach dem Wort »Freunde« beendet. Und aus »Erfinde ein Quizspiel über

die UNO« wurde »... über den Weltverband der Pfadfinderinnen und Gruppenleiterinnen« (Reporter 30. Dezember 1954:2).

2. Rovere ist einer der angesehensten politischen Kommentatoren Amerikas. Er verfasst regelmäßig die Kolumne »Washington Newsletter« für den *New Yorker* und ist zusammen mit Arthur M. Schlesinger Co-Autor von »*The General and the President*«.
3. Whiting war Leiter der Forschungsabteilung des Außenministeriums. Er führte diese Studie unter der Schirmherrschaft der Rand Corporation durch. Sie wurde von der US Air Force in Auftrag gegeben und finanziert.

# 5 Die Neuformatierung der Wahrheit

Am Ende des Zweiten Weltkrieges genossen die Vereinigten Staaten eine internationale Vormachtstellung in Bezug auf Macht, Prestige und moralische Autorität, wie es sie in der Geschichte der Menschheit vielleicht noch nie gegeben hat. Heute, nur dreißig Jahre später, sehen sich das Ansehen und die moralische Autorität Amerikas seit zehn Jahren einer fast ununterbrochenen Folge nachteiliger Enthüllungen ausgesetzt. In der Summe haben diese Enthüllungen zu einer immensen Kluft zwischen den Behauptungen, die in den populären Bildern und der offiziellen Rhetorik zum Ausdruck kommen, und der zunehmend sichtbaren und immer abgründigeren Realität hinter diesen Bildern und dieser Rhetorik geführt. Daher gibt es einen neuen Euphemismus für das Erzählen von Lügen und das Aufdecken von Lügen: die Glaubwürdigkeitslücke.

Erinnern wir uns an die Symbole, mit denen die Amerikaner ihren Traum definiert und ihre soziale Wirklichkeit entworfen haben: Die Freiheitsstatue mit ihrem christusgleichen Versprechen, den Armen und Elenden dieser Erde zu helfen und sich ihrer anzunehmen; die Unabhängigkeitserklärung mit ihrer hehren Proklamation der Achtung der gleichen und unveräußerlichen Rechte aller Männer und Frauen; die unablässige öffentliche Litanei der Lobpreisung amerikanischer Freiheit, amerikanischen Individualismus und amerikanischer Demokratie; ein geradezu religiöses Bekenntnis zum amerikanischen Wirtschaftssystem des freien Unternehmertums mit seiner angeblich fast makellosen Verbindung von Privatinteresse und Gemeinwohl.

Führen wir uns einige Aspekte der rauen Wirklichkeit vor Augen, die dieses langgehegte Traumbild erschütterten:

- die elitäre Verachtung hoher amerikanischer Beamter für die einfachen Leute, denen sie eigentlich dienen sollen. Diese Verachtung zeigt sich implizit in den Jahrzehnten raffinierter Täuschung und kultivierter Unmenschlichkeit, die durch die Pentagon-Papiere ans Licht gekommen sind. Täuschung und Weltgewandtheit ermöglichten es diesen Amtsträgern, dem amerikanischen Volk die »demokratische« Autorität zu entreißen, um drei harmlose bäuerliche Gesellschaften zu verwüsten. [Anm. d. Übers.: Gemeint sind vermutlich Vietnam, Laos und Kambodscha.]
- den absoluten Tiefpunkt des systematischen Missbrauchs von Psyche und Physis durch amerikanische Institutionen und Strategien, der in dem Gerichts-Plädoyer von Leutnant Calley nach dem Massaker von My Lai deutlich wird: »Niemand hat uns je gesagt, dass sie Menschen sind«;
- die Enthüllung, dass General Motors, Standard Oil und Firestone Tyres – die nach außen hin zu den patriotischsten und rechtschaffensten amerikanischen Unternehmen gehören – sich privat verschworen hatten, um einen Großteil des öffentlichen Verkehrssystems in Amerika zu zerstören, um so den Verkauf ihrer Produkte anzukurbeln (Snell 1974); und dass ITT während des Krieges nicht nur weiterhin Fabriken in Deutschland betrieb, die Bomber für die deutsche Luftwaffe bauten, sondern später auch 27 Millionen Dollar Entschädigung vom amerikanischen Volk kassierte, weil die amerikanische Luftwaffe die deutschen ITT-Fabriken bombardiert hatte (Sampson 1974:45).
- und schließlich der wohl verheerendste Schlag von allen – nämlich die Korruption, die einen amerikanischen Präsidenten umgab und in nicht geringem Maße auch die amerikanische Präsidentschaft, als sie auf zynische Weise gegen eine ungesetzliche Begnadigung eingetauscht wurde. [Anm. d. Übers.: US-Präsident Nixon trat am 9. August 1974 im Zusammenhang mit der Watergate-Affäre zurück und wurde von seinem Nachfolger, Gerald Ford, begnadigt, obwohl Ford die Möglichkeit gehabt hätte, gegen Nixon ein Ermittlungsverfahren einzuleiten.]

Außerdem war Nixon 1972 kein suspekter oder unerwünschter Präsident. Seit seinem Sturz ist es üblich, an Nixons zwanzig Jahre zurückreichende Geschichte von Betrug, Skrupellosigkeit und Korruption zu erinnern. Doch 1972 war er noch immer der neue, warmherzige, fast liebenswerte Nixon, der (wie verantwortliche Kommentatoren in ihrer Rolle als offizielle Imagemacher seiner Präsidentschaft feststellten) unter dem weihevollen Einfluss der Verantwortung des Präsidentenamtes gewachsen war, eine neue Statur, ja geradezu eine neue Persönlichkeitsstruktur ausgebildet hatte.

Während die Imagemacher Nixon so umformten und inszenierten, dass er mehr Wählerstimmen erhielt als jeder andere Präsidentschaftskandidat in der amerikanischen Geschichte, schmiedeten der Präsident und seine höchsten Berater und Minister im Tonfall und mit der Moral einer Clique von Mafiaschlägern Pläne, wie sie die Macht des Präsidenten noch besser zur Korruption und zum Betrug nutzen könnten. – Tonbandmitschnitte des Präsidenten belegen dies. Leider gibt es aber auch keinen stichhaltigen Grund für die Annahme, dass die Glaubwürdigkeitslücken deutlich geringer ausgefallen wären, wenn Kennedy oder Johnson so leichtsinnig gewesen wären, die Realität hinter ihrem öffentlichen Image auf ebenso vielen Tonbandrollen festzuhalten wie Nixon.

Der Niedergang der amerikanischen Ideale und der amerikanischen Macht, den das letzte Jahrzehnt offenbart hat, ist eine amerikanische Tragödie. In Anbetracht des Ausmaßes der amerikanischen Macht stellen sie aber zugleich ein Weltproblem ganz anderer Dimension dar: eine unkalkulierbare Quelle für die Verschärfung der Gefahr nuklearer Vernichtung. Aus diesem Grund ist es von größter Bedeutung zu verstehen, wie es zu dem tragischen Verfall des amerikanischen demokratischen Systems kommen konnte – und ob und wie er korrigiert werden kann.

Insoweit Kulturgeschichte ein kontinuierlicher Prozess ist, muss jeder Ausgangspunkt für eine Erklärung der gegenwärtigen amerikanischen Misere willkürlich sein. Deshalb werde ich aus Gründen, die ich noch darzulegen hoffe, mit dem Beginn dieses Jahrhunderts anfangen.

Die einflussreichsten Sozialphilosophen in der jüngeren amerikanischen Geschichte waren William James und John Dewey. Beide waren Männer mit vorbildhaftem Charakter und edlen humanistischen Ambitionen. Aber ebenso wenig wie Marx Stalin wollte, bestimmten die Absichten von James und Dewey die Konsequenzen ihrer Theorien. Beide waren Pragmatiker; das heißt, sie machten die Wahrheit einer Überzeugung nicht von den Beweisen abhängig, die zu ihrer Annahme führen, sondern von den Konsequenzen, die sich aus dieser Annahme ergeben.

Da sie gleichzeitig populäre Verkünder des Pragmatismus waren, bietet es sich an, für eine zusammenfassende Charakterisierung der pragmatischen Sichtweise auf James und Dewey zurückzugreifen. (Natürlich weist die amerikanische Kultur eine viel längere Geschichte der pragmatischen Beschäftigung mit Erscheinungen und Auswirkungen auf.) Wie Boorstin (1961:212) kurz und bündig feststellt: »Die gesamte amerikanische Tradition des Pragmatismus, von Benjamin Franklin, der darauf bestand, dass es weniger wichtig sei, ob ein religiöser Glaube wahr ist, als vielmehr, ob die Folgen des Glaubens uns zuträglich sind, bis hin zu William James … hat ein leidenschaftliches Interesse an der Erscheinung der Dinge zum Ausdruck gebracht.« James (1907:75, 222, 299) vertrat die Auffassung, dass »eine Idee so lange wahr ist, wie der Glaube daran für unser Leben von Nutzen ist, und dass ›das Wahre‹ … nur das Zweckmäßige in unserem Denken ist, wie auch ›das Richtige‹ nur das Zweckmäßige in unserem Verhalten ist«. Er behauptete zum Beispiel, dass der Glaube an die Existenz Gottes wahr ist, wenn er im weitesten Sinne des Wortes zufriedenstellend funktioniert, und fügte hinzu: »Die Erfahrung zeigt, dass er sehr wohl funktioniert.«

Auch Dewey (1920:128–30) vertrat die Ansicht, dass Überzeugungen als »gut« und »schlecht« und nicht als »wahr« und »falsch« unterschieden werden sollten. »Fakten« gibt es für Dewey nicht, so Bertrand Russell (1945:825–6), »in dem Sinne, dass ›Fakten‹ stur sind und nicht manipuliert werden können«. Dewey (1938:7–11, 118, 546) schlug vor, den Begriff der Wahrheit durch den Begriff der »gerechtfertigten Behauptbarkeit« zu ersetzen. Jeder Überzeugung, von der behauptet werden kann, dass sie nützliche Konsequenzen mit sich bringt, könne allein aus diesem Grund »gerechtfertigte Behauptbarkeit« zugesprochen werden.

Der Begriff der »gerechtfertigten Behauptbarkeit« hat bereits einen Beigeschmack von Watergate. Für den Moment werden wir diese spezifische Andeutung nicht weiterverfolgen, sondern lediglich Russells Warnung vor jedweder Philosophie zitieren, die, indem sie die Konsequenzen einer Überzeugung zum Test ihrer Wahrheit macht, mächtigen Individuen und Nationen das Recht überträgt zu sagen, welche Überzeugungen als »gut« oder »wahr« bezeichnet werden sollen.

> »In alledem sehe ich eine ernstliche Gefahr ... Zu den Mitteln der Philosophie, der Menschheit das Element der Demut einzuprägen, gehörte der Begriff der Wahrheit, und zwar jener Wahrheit, die auf weitgehend außerhalb des menschlichen Herrschaftsbereichs liegenden Fakten beruht. Wenn dem Stolz nicht mehr auf diese Weise Einhalt geboten wird, dann ist ein weiterer Schritt getan auf dem Wege zu einer bestimmten Form von Wahnsinn – zum Machtrausch ... Nach meiner Überzeugung ... verstärkt jede Philosophie, die – wenn auch unabsichtlich – dazu [zu diesem Machtrausch] beiträgt, die drohende Gefahr einer ungeheuren sozialen Katastrophe.« (Russell, Philosophie des Abendlandes, 3. Auflage, Holle Verlag, Darmstadt 1954 S. 684. Anm. d. Übers.: Übersetzung geringfügig modifiziert.)

Ab etwa 1900 gab es in der amerikanischen Presse zwanzig Jahre lang eine »Flut von Artikeln über den Pragmatismus«. Ausgelöst wurde diese Flut durch James und Dewey. James bediente sich einer sehr anschaulichen Rhetorik wie »Wahrheit ist das, was funktioniert«, »das Wahre ist das Zweckmäßige« und »der Glaube an eine Tatsache trägt dazu bei, die Tatsache zu schaffen« (Weisner 1958:180).

Die Botschaft von James und Dewey *fiel zusammen* mit der Ausweitung eines »Problems« für die Wirtschaft, für das ihr pragmatischer Standpunkt eine kongeniale »Lösung« bot; es *folgte* die Entwicklung einer Massenkommunikationstechnologie (insbesondere Radio und Fernsehen), die die Implementierung dieser Lösung erheblich unterstützte.

Der pragmatische Standpunkt – der die Existenz einer vom menschlichen Glauben unabhängigen Welt bestreitet – vertrat die Ansicht, dass die Menschen ihre Probleme und Enttäuschungen dadurch lösen sollten, dass sie jeden beliebigen Glauben annehmen und verbreiten, der zu diesem Zweck »funktioniert«. Die folgenden Beobachtungen von V. O. Key, Professor für Regierungslehre an der Harvard University, zeigen, dass dieser Standpunkt den amerikanischen Unternehmen im politischen Kontext, wie er sich nach 1900 entwickelte, sehr entgegenkam:

> »Unternehmer sind eine kleine Minderheit, die überaus anfällig für Angriffe seitens der Politik ist ... Sie ... müssen sich auf etwas Anderes verlassen als auf ihre Stimmabgabe. Sie müssen ihren Verstand – und ihr Geld – einsetzen, um eine öffentliche Meinung zu erzeugen, die es zulässt, dass die Unternehmen ihren jeweiligen Status in der Wirtschaftsordnung genießen ... Um die Gunst der Öffentlichkeit zu gewinnen, beschäftigen die Wirtschaftsverbände in großer Zahl Public-Relations-Experten, jene Meister der verbalen Magie, die es verstehen, den privaten Vorteil in das öffentliche Wohl umzumünzen ... [und] die unermüdlich Propaganda betreiben, um die Einstellung der Öffentlichkeit zum Wirtschaftssystem positiv zu beeinflussen.« (Key 1958:103)

Als nun die Macht der Wirtschaft nach 1900 wuchs, wurde eine gezielte Politik zur Beeinflussung der öffentlichen Meinung betrieben, um diese Macht zu erhalten. Ab etwa 1920 ernannten immer mehr Unternehmen Führungskräfte für Öffentlichkeitsarbeit, deren Aufgabe es war, mit Worten zu wirken. – Mit Worten, die darauf abzielten, die öffentliche Meinung zu beeinflussen, ohne dass dies notwendigerweise eine grundlegende Änderung der Haltung oder des Handelns seitens des Unternehmens zur Folge hatte (Bemays 1952:87).

Bis Mitte der 1930er-Jahre hatte sich eine gut organisierte, landesweite Unternehmenspropaganda herausgebildet; eine Kampagne, die darauf abzielte, dem amerikanischen Volk die Ideen und Werte des Systems der freien Marktwirtschaft zu verkaufen. Der Verkauf dieser geradezu sakrosankten Ideen wurde im gleichen zu einer Übung in der Förderung pragmatischer Werte. Dies geschah mit Schlagworten wie »all the traffic will bear« [ans obere Preislimit gehen], »repetition is reputation« [Wiederholung schafft kaufende Kunden] und »truth is believability« [Glaubwürdigkeit verkauft sich immer] (Brady 1943:292–3; Bursk 1948:372–84). Nach dem Zweiten Weltkrieg nutzten die Vertreter von Unternehmensinteressen ihre Public-Relations-Ressourcen mehr und mehr für die »Verbreitung politischer Ideologien ... [bis sie] eine geradezu überwältigende Lehrmeinungspropaganda erzeugten ... [und] eine Sättigung der Medien mit Werbung bewirkten, die eher auf den Verkauf von Ideen denn von Waren abzielte« (Key 1958:106–7).

Bis 1948 kostete die von der amerikanischen Wirtschaft betriebene Anti-New-Deal-/Sozialisten-/Kommunisten-Propagandakampagne allein 100 Millionen Dollar pro Jahr (MacDougall 1952:568; Fortune September 1950:78). Das Jahr 1950 warf in Gestalt von Senator Joe McCarthy einen unerwarteten Gewinn ab; und bei gebührender Hege und Pflege erbrachte dieser Gewinn 1952 die endgültige Dividende, auf die die Kampagne letztlich abzielte (Fortune September 1950:79; Moulton und McKee 1951:126): das Ende von zwanzig Jahren demokratischer Regierungen (ein zusammenhängender Zeitraum, der der Summe *aller* demokratischen Regierungen in den neunzig Jahren vor 1933 entspricht).

Ein wichtiger Punkt sollte nicht unerwähnt bleiben. Zwischen Pragmatikern und Propagandisten gibt es eine bemerkenswerte Übereinstimmung hinsichtlich ihrer Einstellung zur Wahrheit. Beide rechtfertigen die Propagierung falscher Überzeugungen, wo immer man davon ausgehen kann, dass falsche Überzeugungen gesellschaftlich nützliche Folgen haben. Der Hauptunterschied zwischen ihnen besteht vielleicht darin, dass der gewöhnliche Propagandist weiß, dass er lügt, während der pragmatische

Propagandist – der die Wahrheit so umdefiniert hat, dass sie von Propaganda nicht mehr zu unterscheiden ist – Gefahr läuft, sich unentrinnbar in den vermeintlich »nützlichen« Täuschungen und Illusionen zu verfangen, die er als »gerechtfertigte Behauptbarkeiten« anerkennt.

Im Folgenden möchte ich jetzt die zunehmende Anpassung der mit der amerikanischen Wirtschaft verbandelten Intellektuellen an die parteipolitischen und pragmatischen Werte der Wirtschaft und die zweckmäßigen Begründungen nachzeichnen, mit denen sie (als echte Pragmatiker in eigener Sache) ihren Anspruch auf Integrität wahren konnten, ohne ihre Karrierechancen zu schmälern.

Bis 1900 verhielten sich die amerikanischen Unternehmen gegenüber der Öffentlichkeit geringschätzig. Zwischen 1900 und 1910 jedoch prangerten Upton Sinclair und andere die Ausbeutung und Brutalität in der amerikanischen Industrie mit großem Erfolg an. Wobei – wie die Zeitschrift *Fortune* später schrieb – »die Wirtschaft erst dann entdeckte, dass in einer Demokratie nichts wichtiger ist als [die öffentliche Meinung], als ihr Ruf schon fast zerstört war« (»Business is still« 1949:198). Diese Entdeckung führte rasch zur Entwicklung eines Berufsstandes von Spezialisten für »Public Relations«, deren Aufgabe es war, dafür zu sorgen, dass die öffentliche Meinung über die Wirtschaft so beschaffen war, dass sowohl die Wirtschaft als auch die Öffentlichkeit zufrieden waren. (Es sollte vielleicht daran erinnert werden, dass nach James und Dewey jede öffentliche Überzeugung, die derartige Folgen hat, wahr ist.) Ivy Lee war der erste große PR-Mann. Er brachte der Wirtschaft bei, wie man die Presse benutzt. Doch seine »bekannteste Leistung«, wie *Fortune* bemerkt, »bestand darin, John D. Rockefeller im öffentlichen Bewusstsein von einem Unhold in einen Wohltäter zu verwandeln« (ebd.: 70).

Nach Ivy Lee war Edward L. Bernays die nächste herausragende Figur auf dem Gebiet der neuen Propaganda- und Öffentlichkeitsarbeit – ein Gebiet, das er in den nächsten dreißig Jahren weiterentwickelte und prägte. 1937 stellte die *Business Week* fest, dass Bernays »ein Neffe von Sigmund Freud, dem großen Wiener Psychoanalytiker«, war, und bemerkte, dass »Herr Bernays auf seinem eigenen Gebiet der Psychologie eine ähnliche Bedeutung erlangt hat«, welches die *Business Week* als Motivation und Kontrolle des »Massenbewusstseins« beschrieb (23. Januar 1937:34).

Zu einer bedeutsamen Anwendung des pragmatischen Wahrheitsbegriffs kam es 1917. Mit dem Eintritt der USA in den Ersten Weltkrieg wurde ein Committee on Public Information (besser bekannt als das Creel Committee) gegründet. Bernays, der in diesem Ausschuss mitarbeitete, berichtet, dass »alle bekannten Mittel der Überredungskunst und der Suggestion [eingesetzt wurden], um unsere Kriegsziele dem amerikanischen Volk zu verkaufen«, das zunächst wenig begeistert war. Bemays (1952:71, 75, 74) stellte fest, dass die »Berichte des Creel-Komitees, wonach die Deutschen Bestien und Hunnen seien, allgemein akzeptiert wurden. Die fantastischsten Gräuelgeschichten wurden geglaubt.« Generell wurde dem Creel-Komitee zugeschrieben, dass es »einen revolutionären Wandel in den Gefühlen der Nation« bewirkte. Bernays zufolge erkannten Unternehmer am Ende des Krieges, dass die Öffentlichkeit in gleicher Weise für ihre Sache gewonnen werden konnte, wie sie während des Krieges für die nationale Sache mobilisiert worden war. Daher überrascht es nicht, dass Bernays und andere, die mit dem Creel-Komitee in Verbindung standen, nach ihrer »Rückkehr ins zivile Leben (im Namen der Wirtschaft) diejenigen Methoden der Öffentlichkeitsarbeit, die sie während des Krieges gelernt hatten, wieder aufnahmen« (ebd.: 78).

Der Einsatz von Propaganda durch Wirtschaftsunternehmen und diverse Branchen zur Kontrolle der öffentlichen Meinung nahm zu, und Bernays hatte Erfolg. Späterhin schrieb die Zeitschrift *Fortune*, dass sich »die 1920er Jahre ... durch den Aufstieg von E. L. Bernays auszeichneten [der] ... für das bekannt wurde, was er ›die Konstruktion von Zustimmung‹ nannte, sowie für die ›Erschaffung von Nachrichten‹« (»Business is still ...« 1949:200). Ab 1923 hielt Bernays Vorlesungen über Public Relations und Propaganda an der New York University. 1928 veröffentlichte das American *Journal of Sociology* einen Artikel von Bernays (1928) mit dem Titel »Manipulating Public Opinion« (Manipulation der öffentlichen Meinung), in dem er den Soziologen für die Informationen dankte, die er von ihnen erhalten hatte.

Von 1930 bis 1960 bekleidete Harold Lasswell eine akademische Führungsposition auf dem Gebiet der Propaganda und Kommunikation, vergleichbar mit Bemays führender Rolle als Praktiker in der Unternehmenswelt (siehe Crick 1959:176). In einem Artikel für die Enzyklopädie der Sozialwissenschaften stellte Lasswell 1933 zynisch fest, dass die »Massen immer noch in Unwissenheit und Aberglauben gefangen sind« und dass die Einführung der Demokratie in Amerika und anderswo »die Entwicklung einer gänzlich neuen Technik der Kontrolle, größtenteils durch Propaganda, erzwungen hat«. Denn Propaganda, so Lasswell weiter, ist »das einzige Mittel der Massenmobilisierung, das billiger ist als Gewalt, Bestechung oder andere mögliche Kontrolltechniken«. Darüber hinaus vertrat er (in Übereinstimmung mit der Unternehmenssicht) die Ansicht, dass Propaganda in einer Demokratie unverzichtbar sei, weil »die Menschen ihre eigenen Interessen oft falsch einschätzen« und daher durch Propaganda zu Entscheidungen bewegt werden müssten, die sie sonst nicht treffen würden (Lasswell 1930–35:523, 524, 527).

Bis Mitte der 1930er-Jahre war die Ablehnung von Techniken zur Konsensbildung recht weit verbreitet. Aber 1947 war der Krieg um die Kontrolle über das öffentliche Bewusstsein der Amerikaner so gut wie gewonnen. Die Ablehnung demokratischer Propaganda aus ethischen Gründen war zu diesem Zeitpunkt fast vollständig verschwunden. Einer der Gründe für dieses Verstummen war, dass ab 1947 eine große Zahl von Sozialwissenschaftlern und Hochschulinstituten aktiv an der Förderung der Techniken des »consent-engineering« [Konsens-Erzeugung] beteiligt waren – insbesondere deshalb, weil sie im Auftrag von Konzernen arbeiteten.

1947 erschien in der renommierten Zeitschrift Annals of the American Academy of Political and Social Sciences ein Artikel von Bernays mit dem Titel »*The Engineering of Consent*«. In diesem Artikel liefert Bernays eine Begründung für den Einsatz von Propaganda in einer Demokratie, die später von der Zeitschrift Fortune und anderen aufgegriffen wurde. Die Logik dieser Begründung besteht in der Gleichsetzung von »Propaganda« mit »Überzeugung« und dann mit »Demokratie«. »Die Erzeugung von Zustimmung«, behauptete Bernays standhaft und verschlagen, »ist das eigentliche Wesen des demokratischen Prozesses – die Freiheit zu überreden und zu suggerieren.« Auch heute noch gäbe es viele Geschäftsleute, die diesen unredlichen Äußerungen zustimmen würden.

Zu diesem Zeitpunkt zeigte Bernays die gleiche elitäre Verachtung für den Durchschnittsbürger und für die Demokratie, die wir 1933 bei Lasswell beobachten konnten. Bernays (1947:114–15) bemerkte fest, dass der durchschnittliche amerikanische Erwachsene »nur sechs Jahre Schulbildung aufweist ... [Daher] müssen demokratische Führer ihren Teil dazu beitragen, ... Zustimmung zu erzeugen ... Heute kann man die Bedeutung technisch hergestellter Zustimmung kaum überschätzen; sie betrifft fast jeden Aspekt unseres täglichen Lebens.«

1949 wurde Bernays von der American Psychological Association für seine Beiträge zur Wissenschaft und Gesellschaft geehrt (»Edward L. Bernays ...« 1949:265). Im selben Jahr stellte die Zeitschrift *Fortune* im Anschluss an Bernays fest, dass »eine echte Demokratie ohne die Wissenschaft der Überzeugung [d.h. Propaganda] ebenso wenig vorstellbar ist wie ein totalitärer Staat ohne Zwang«. Ein derartiger Mangel an Vorstellungskraft ist ungewöhnlich. Weiter heißt es in *Fortune*: »Die tägliche Flut an Propaganda und Werbung ... ist zu einer bestimmenden Kraft im gesellschaftlichen Leben Amerikas geworden. Fast die Hälfte des Inhalts der besten Zeitungen stammt aus Pressemitteilungen; fast der gesamte Inhalt der weniger bedeutenden Zeitungen ... ist direkt oder indirekt das Werk von PR-Abteilungen« (»Business is still ...« 1949:69).

Eine besonders bissige von Lasswell (1950:180) verfasste Beschreibung der Rolle der Propaganda in der (amerikanischen) Demokratie wurde 1950 in einer Reihe von Schriften, die »repräsentativ für die besten Arbeiten auf diesem Gebiet« sind, neu aufgelegt:

»Es haben sich Konventionen herausgebildet, die den Meinungsaustausch und die Durchführung von Abstimmungen begünstigen. Das meiste von dem, was früher mit Gewalt und Einschüchterung erreicht werden konnte, muss heute durch Argumente und Überzeugungsarbeit erreicht werden. Die Demokratie hat die Diktatur [der Debatte] ausgerufen, und die Technik, dem Diktator zu diktieren, heißt Propaganda.«

Eine Stimme, die sich diesen zynischen Überlegungen widersetzte, war Professor William Albig von der Universität Illinois. Im Jahr 1956 gab Albig (1957:14) einen Überblick über die Arbeit der letzten zwanzig Jahre zum Thema öffentliche Meinung und verwandte Themen. Er stellte fest, dass es in diesem Zeitraum »mehr organisierte Studien über die öffentliche Meinung in den USA .... und mehr Sonderappelle und Propaganda ... gegeben hat als in der gesamten bisherigen Kulturgeschichte«. Albig stellte fest, dass, während man sich vor 1936 kontinuierlich mit »ethischen Fragen im Zusammenhang mit der Bildung und den Auswirkungen der öffentlichen Meinung« befasst hatte, dieses Anliegen in späteren Schriften und Untersuchungen weitgehend verschwunden war. Im Gegensatz dazu fand er in den späteren Arbeiten Belege für einen außerordentlichen Enthusiasmus der Fachleute angesichts der Möglichkeit einer verstärkten psychologischen Kontrolle ihrer Mitmenschen; aber auch Belege für eine »weitere Abnahme des Respekts gegenüber ihrem Adressaten, dem Durchschnittsbürger«. Albig schloss seine Rezension mit der Warnung, dass »viele unter den jüngeren Sozialwissenschaftlern« die voraussichtlichen politischen Folgen der in ihrer Arbeit zum Ausdruck gebrachten Werte und Annahmen nicht »angemessen durchdacht« hätten (ebd.: 21–2). Eine solches Durchdenken hätte natürlich in der Regel dazu geführt, dass sie ihre Verträge mit der Wirtschaft verloren hätten.

1961 veröffentlichte der amerikanische Historiker Daniel Boorstin ein Buch mit dem Titel *The Image; or what Happened to the American Dream*. Boorstin, heute Bibliothekar an der Library of Congress, zeigte sich sehr besorgt angesichts der Auswirkungen des enormen Wachstums der Werbung und der damit verbundenen Propaganda. Seiner Ansicht nach war eine der Hauptauswirkungen die Verlagerung des Interesses der Bevölkerung von »Idealen« hin zu »Bildern«. Es ist aufschlussreich, Boorstins Beschreibung der amerikanischen Gesellschaft im Jahr 1960 mit den Auffassungen von Wahrheit zu vergleichen, die James und Dewey fünfzig Jahre zuvor vertreten hatten. Boorstin (1961:84, 205) schrieb, dass »ein ›Unternehmensimage‹ ... gewiss das am aufwendigsten und teuersten konstruierte Bild unserer Gegenwart ist« und dass »das entscheidende Zeichen für den Aufstieg des Image-Denkens und seine Verdrängung von Idealen natürlich der Aufstieg der Werbung ist«. Boorstin vertrat die Ansicht, dass die Amerikaner die Auswirkungen des Aufstiegs der Werbung unterschätzt hätten. »Wir meinen, dass sie eine Zunahme an Unwahrhaftigkeit mit sich brachte. Tatsächlich hat sie eine Umformung unseres Wahrheitsbegriffs bewirkt.«

Infolge dieser Umgestaltung befand Boorstin, dass »nicht Wahrheit, sondern Glaubwürdigkeit der moderne [amerikanische] Maßstab ist. Wir teilen diesen Grundsatz mit den Werbefachleuten selbst.« Er vertrat die Ansicht, dass die amerikanischen »Bürger-Konsumenten im Alltag weniger daran interessiert sind, ob etwas eine Tatsache ist, als vielmehr daran, ob es zweckmäßig ist, dass man es glaubt«. Als Nation, so Boorstin, seien die Amerikaner

> »zu der Überzeugung gelangt, ... dass unser Hauptproblem im Ausland liegt. Wie können wir unsere Vorstellungen in die Welt ›projizieren‹? Doch das Problem mit dem Ausland ist nur ein Symptom für unser tieferliegendes Problem zu Hause. Wir sind dazu übergegangen, derart an unsere eigenen Bilder zu glauben, dass wir uns irgendwann selbst aus dieser Welt herausprojiziert haben werden, [sodass] wir jetzt, auf dem Höhepunkt unserer Macht ... von einer neuen und spezifisch amerikanischen Bedrohung betroffen sind ... Es ist die Bedrohung durch die Unwirklichkeit ... Wir laufen Gefahr, das erste Volk in der Geschichte zu werden, dem es gelungen ist, seine Illusionen dermaßen anschaulich, überzeugend und ›realis-

tisch‹ zu gestalten, dass es in ihnen leben kann. Wir sind auf der ganzen Welt das Volk mit den größten Illusionen. Gleichwohl wagen wir es nicht, uns zu desillusionieren, denn unsere Illusionen bilden das Haus, in dem wir leben; sie sind der Stoff, aus dem unsere Nachrichten sind, unsere Helden ... ja, unsere Erfahrung selbst.« (ebd.: 227, 212, 241, 240)

Dreißig Jahre nach der Veröffentlichung von Bernays' Artikel »*Manipulating Public Opinion*« im American Journal of Sociology (1960) war die öffentliche Meinung in den USA, um es mit Boorstins Worten zu sagen, infolge von Manipulationen »einfach phantastisch«. In weniger als einem weiteren Jahrzehnt hatte die pragmatische Ersetzung von »Wahrheit« durch wünschenswerte Überzeugungen und von handfesten Tatsachen durch »gerechtfertigte Behauptbarkeiten« eindeutig dazu beigetragen, das Ergebnis herbeizuführen, vor dem Bertrand Russell 1945 gewarnt hatte: »zu einer bestimmten Form von Wahnsinn – zum Machtrausch ... [mit der] drohenden Gefahr einer ungeheuren sozialen Katastrophe«.

Und damit zu Vietnam und Watergate und dem schwierigen Weg zurück zur Wahrheit und zur Wahrung der demokratischen Rechte der Bürger. – Ein Weg, der erst dann vollständig beschritten werden kann, wenn dem Thema Propaganda und ihrer Kontrolle innerhalb der amerikanischen Gesellschaft – das von den Politikwissenschaftlern vierzig Jahre lang fast vollständig vernachlässigt wurde – eine vorrangige Bedeutung beigemessen wird. Die zentralen politischen Probleme, mit denen die USA konfrontiert sind, haben sich seit der Definition von Professor Robert Dahl im Jahr 1959 weder verändert noch verbessert. »In welchem Ausmaß«, so fragte er, »kann die allgemein positive Haltung der Amerikaner zur Unternehmenswelt [und das daraus resultierende] Fehlen einer klar definierten Alternative auf bewusste Bemühungen zur Manipulation der Einstellungen zurückgeführt werden?«

Wenn die Idee einer Regierung des Volkes durch das Volk für das Volk einen Sinn haben soll und wenn der amerikanische Traum nicht in einer von der Wirtschaft gesteuerten, raffinierteren Version von Orwells 1984 enden soll, dann ist es von entscheidender Bedeutung, dass die von Dahl beschriebenen Probleme ans Licht gelangen. Bei rechtem Licht betrachtet, würden diese pragmatischen Prozesse zur Herstellung von Zustimmung infrage gestellt und zur Entwicklung einer kritischeren Einstellung führen.

# Teil II:

# Export des Glaubens an die freie Marktwirtschaft

# 6 Graswurzel- und Baumkronen-Propaganda

In der Regel erfolgt die Übernahme US-amerikanischer Trends in Australien mit einiger zeitlicher Verzögerung. Und das Meinungsmanagement in großem Maßstab bildet hier keine Ausnahme. Die lange Regierungszeit der Demokratischen Partei von 1932 bis 1952 und die Reaktionen der amerikanischen Wirtschaft darauf weisen enge Parallelen zu den jüngeren Entwicklungen in Australien auf. Einige Gemeinsamkeiten lassen sich in Bezug auf die sogenannte »Graswurzel«- und »Baumkronen«-Propaganda aufzeigen.

Roosevelts Wahl 1932 und seine Wiederwahl 1936 »schockierten die Unternehmer im ganzen Land« (Rippa 1958:53); deshalb wandte sich die Wirtschaft »landesweit der Entwicklung von Strukturen und Techniken zur ›Erziehung‹ der Öffentlichkeit« zu (Cleveland 1947:323). Zu diesem Zweck schrieb der Präsident der National Association of Manufacturers (NAM), dass »alle Kanäle, über die die Öffentlichkeit erreicht werden kann, genutzt werden müssen« (Tedlow 1976:30–1).

Der Wahlsieg der Labor-Regierung in Australien im Jahr 1972 »schockierte den australischen Kapitalismus zutiefst«, berichtet Geoff Allen (1976). (Allen wirkte eine Zeit lang als geschäftsführender Direktor des Business Council.) Im April 1973 startete die australische Handelskammer eine landesweite »wirtschaftliche Bildungskampagne«. Nach der Wiederwahl der Whitlam-Regierung 1974 forderte der ehemalige liberale Minister Allen Fairhall eine nationale »Propaganda-Organisation«, die »alle verfügbaren Techniken ... einsetzen« sollte, um mit der Öffentlichkeit zu kommunizieren. Unterstützt durch einige »große Erstspenden« von führenden Unternehmen, war die neue Organisation, die unter dem Namen

Enterprise Australia bekannt wurde, »im November 1975 startklar«. Wegen des Verfassungsputsches, bei dem Whitlam am 11. November vom Generalgouverneur entlassen wurde, verzögerte sich der Start jedoch bis April 1976. Enterprise Australia sollte, so Allen, »die bei weitem wichtigste Gruppierung im Propagandakrieg für den Kapitalismus« werden.

Enterprise Australia (EA) befasst sich in erster Linie mit der Bekehrung der Bevölkerung zu einem reaktionären bzw. einem sogenannten »trockenen« Wirtschaftsstandpunkt. Die wichtigsten Zielgruppen sind Schüler, Studenten, Lehrer, Beschäftigte in der Industrie und die breite Öffentlichkeit. In den zurückliegenden Jahren schenkte EA der Förderung von Programmen für »Arbeitnehmer-Arbeitgeber-Beziehungen« in der Wirtschaft, einschließlich der Mitarbeiterbeteiligung, der Ausbildung von Führungskräften und Qualitätszirkeln, erheblich mehr Aufmerksamkeit.

Bei Lehrern und Lehrergewerkschaften im öffentlichen Schulwesen stieß Enterprise Australia auf einigen Widerstand, bei anderen Gewerkschaften dagegen auf relativ wenig. Mehrere Jahre lang hat der Direktor von EA, Jack Keavney, wiederholt behauptet, dass EA von den Gewerkschaften besser akzeptiert werde als jede vergleichbare vom Management gesponserte Organisation in Übersee. Erfreulicherweise haben die australischen Gewerkschaften unlängst die Notwendigkeit erkannt, sich von EA zu distanzieren. Insgesamt stoßen die Aktivitäten von EA auf den aufgeklärten Widerstand einer durchaus skeptischen australischen Gesellschaft. Inwieweit diese Propagandaaktivitäten zum gegenwärtigen konservativen Wirtschaftsklima beigetragen haben, lässt sich nur schwer abschätzen. Allerdings gewöhnen sie die australische Gesellschaft schrittweise an den Gedanken, dass es zur Rolle der Wirtschaft in der Demokratie gehört, darüber zu urteilen, welche Überzeugungen wir haben müssen, um »wirtschaftlich gebildet« zu sein, und große Mengen an steuerlich absetzbaren Dollars auszugeben, um diese Überzeugungen zu sichern. Sollte es diesen Missionaren jemals gelingen, diese Idee hier so salonfähig zu machen wie in den USA, dann werden die Aussichten für die australische Demokratie und insbesondere für die australischen Gewerkschaften düster sein.

Die Art von Propaganda, die in den USA in der Zeit um den Zweiten Weltkrieg in großem Umfang eingesetzt wurde, ist unter dem Begriff »Graswurzel«-Propaganda bekannt. Ihr Ziel ist es, eine möglichst große Anzahl von Menschen zu erreichen, um die öffentliche Meinung im Sinne der Unternehmensinteressen zu verändern. Dies ist auch das Ziel von Enterprise Australia. Die amerikanischen Erfahrungen aus den 1930er- bis 1950er-Jahren bieten eine nützliche Perspektive für die Propagandatechniken, die EA und einige andere australische Wirtschaftsagenturen voraussichtlich anwenden werden. Allerdings profitieren die Entwicklungen in Australien auch von einem erneuten Angriff der amerikanischen Wirtschaft auf die öffentliche Meinung in den 1970er-Jahren.

Bei der Propagandakampagne der 1970er in den USA handelte es sich weitgehend um eine Wiederholung des Graswurzelprogramms von 1945 bis 1950. Insofern enthält sie wenig Neues, abgesehen von ihrem Umfang und ihren Auswirkungen auf die US-Politik. Die Propagandakampagne der 1970er-Jahre brachte jedoch auch eine starke Ausweitung einer ausgefeilteren Form der Propaganda mit sich, die man zur Unterscheidung als »Baumkronen«-Propaganda bezeichnen könnte und die sich an führende gesellschaftliche Akteure richtete. Die rasche Zunahme dieser Form zeitgenössischer Propaganda ist das Markenzeichen der neokonservativen Bewegung, wo auch immer sie in Erscheinung tritt. Das einzig Neue an der neokonservativen Bewegung ist ihre nachweisliche Fähigkeit, Intellektuelle zu rekrutieren, die – nach Art einer Elitefabrik – Millionen von Unternehmensdollar in hochwertige Propaganda für Unternehmensinteressen umwandeln.

## Graswurzel-Propaganda

In den ersten zehn Jahren nach der McCarthy-Ära hatten die Unternehmen in den USA kaum Probleme mit einer kritischen Öffentlichkeit oder mit sonstigen amerikanischen Themen. Erst Vietnam und dann der Watergate-Skandal änderten dies und führten zu einem katastrophalen Niedergang des öffentlichen Ansehens aller amerikanischen Institutionen und insbesondere der Wirtschaft. Um dieser kritischen Stimmung in der Öffentlichkeit entgegenzuwirken, initiierte der Advertising Council 1975 erneut ein nationales Programm zur konservativen »Wirtschaftserziehung« in ähnlichem Umfang wie in der Nachkriegszeit. Die Zeitschrift *Fortune* beschrieb 1977 die laufende Ad-Council-Kampagne als eine Studie in Sachen Gigantismus, die »die Medien sättigte und praktisch jeden erreichte« (Weaver 1977:188). Bis 1978, so ein Sachverständiger vor einem Untersuchungsausschuss des Kongresses, gaben amerikanische Unternehmen jährlich 1000 Millionen US-Dollar für Graswurzel-Propaganda aus (Baxter et al. 1978:67). Diese Ausgaben zielten darauf ab, die amerikanische Öffentlichkeit davon zu überzeugen, dass ihre Interessen mit denen der Unternehmen übereinstimmten.

Die Wirksamkeit dieses neuen milliardenschweren Propagandaprogramms wurde durch eine standardisierte, sehr detaillierte Umfrage überwacht, die vom Werberat gesponsert und alle zwölf Monate wiederholt wurde. Bis 1980 ergab die jährliche Umfrage, dass »der Anteil der Amerikaner, die der Meinung sind, dass es zu viele staatliche Regulierungen gibt« – ein Thema, das den Propagandisten der Neuen Rechten sehr am Herzen lag – »von 42 % ... auf 60 % gestiegen war« (MacDougall 1980). Dann wurde Ronald Reagan gewählt. Eine New Yorker Firma, die sich auf die Erforschung der öffentlichen Meinung im Auftrag von Unternehmen spezialisiert hat, untersuchte den Stimmungsumschwung in der amerikanischen Politik und schrieb: »Zwischen der Wahl von Jimmy Carter 1976 und dem Sieg von Ronald Reagan 1980 vollzog sich in der amerikanischen Bevölkerung eine jener entscheidenden Veränderungen, die Historiker im Allgemeinen als Wendepunkte bezeichnen.« Der Bericht stellt kuriose Spekulationen über mögliche Erklärungen für den verblüffenden Umschwung der öffentlichen Meinung an. Natürlich werden die milliardenschweren Propagandakampagnen der Unternehmen dabei völlig außer Acht gelassen (Yankelovich und Kaagan 1981:696–714). Wie bereits in den Jahren 1919–1921 und 1945–1950 führte ein von der Wirtschaft geförderter Angriff auf die öffentliche Meinung zu einem dramatischen landesweiten Umschwung hin zum Konservatismus. Doch die soziale und moralische Bedeutung des Kaufs der öffentlichen Meinung mit dieser Art von Geld – und was dies für die Demokratie bedeutet – wurde von den Sozialwissenschaftlern nicht in nennenswertem Umfang untersucht.

## Baumkronen-Propaganda

Die »Baumkronen«-Propaganda richtet sich nicht an die Menschen auf der Straße. Sie zielt darauf ab, eine ausgewählte Gruppe einflussreicher Personen zu beeinflussen: politische Entscheidungsträger im Parlament und im öffentlichen Dienst, Zeitungsredakteure und Journalisten, Wirtschaftskommentatoren in Rundfunk und Fernsehen. Ihr unmittelbarer Zweck ist es, die Rahmenbedingungen für Debatten festzulegen, die Art der Fragen zu bestimmen, die die öffentliche Diskussion beherrschen sollen – mit einem Wort: die politische Programmatik so zu gestalten, dass sie den Interessen der Unternehmen entgegenkommt.

Da diese Taktik erfolgreich ist, wird in der öffentlichen Debatte beispielsweise nicht mehr davon ausgegangen, dass Wohlstandsgesellschaften vorrangig dafür verantwortlich sind, Arbeitsplätze für alle zu schaffen, die sie haben wollen, sondern es wird darüber diskutiert, ob 6 oder 10 Prozent ein »natürliches« (und damit akzeptables) Maß an Arbeitslosigkeit darstellen. Es ist nicht länger selbstverständlich, dass wir ein Recht auf saubere Luft haben; die Debatte dreht sich vielmehr darum, inwieweit die Kosten, die der Wirtschaft dadurch entstehen, dass sie die Umwelt verschmutzt, wirtschaftlich akzeptabel sind. Die Debatte beschäftigt sich nicht länger mit der Frage, inwieweit und in welchen Bereichen der Staat in die Wirtschaft eingreifen muss, sondern mit Argumenten für eine geringere Einmischung des Staates und mit Zeitplänen für die Erreichung dieses Ziels. Die Debatte befasst sich nicht länger mit der sozialen Rolle der Gewerkschaften, sondern mit der Frage, wie sich die Befugnisse der Gewerkschaften am besten einschränken lassen. Und schließlich wird es bei einer erfolgreichen Baumkronen-Propaganda in den Debatten niemals um die Beschneidung der manipulativen Macht der heutigen Unternehmensgruppen gehen.

Die Taktik, mit der solche Änderungen der politischen Programmatik durchgesetzt werden, besteht darin, dass die Konzerne wortgewandte konservative Wirtschaftswissenschaftler und gefügige Akademiker ausfindig machen, sie in üppig finanzierten, steuerlich absetzbaren Denkfabriken zusammenbringen und sie großzügig dafür bezahlen, die einschlägige Debatte mit einem endlosen Strom von Büchern und Forschungsberichten zu überschwemmen. Diese Entwicklung vollzog sich in den USA in den 1970er-Jahren mit außerordentlicher Geschwindigkeit. Von dort wird sie nun rasch nach Australien übertragen, und auch in Großbritannien hat sie erhebliche Fortschritte gemacht.

Die wichtigste konservative Denkfabrik in Großbritannien ist das Institute of Economic Affairs (IEA). Es hat eine große Menge an marktwirtschaftlich orientierter Literatur veröffentlicht, subventioniert und verbreitet und wird weithin als wichtiger Wegbereiter der Thatcher-Ära angesehen. Lord Ralph Harris, der Direktor des Instituts, beschrieb 1978 kurz und bündig die beiden von mir unterschiedenen Ebenen der Propagandatätigkeit und ihr Verhältnis zueinander. »Ein wachsendes Heer aus IEA-Ökonomen, die in der großen klassischen liberalen Tradition stehen«, so Harris (1978:10–12), »setzte seinen unablässigen wissenschaftlichen Dauerbeschuss von einer feindlichen Position nach der anderen fort.« Harris weist die Ansicht einiger Unternehmer zurück, wonach »alle Bemühungen auf einfache Propaganda konzentriert werden sollten, die sich an den Mann auf der Straße richtet«. Er wandte ein, dies sei so, als würde man annehmen, »dass Bodentruppen ohne Unterstützung durch die intellektuelle Artillerie vorrücken könnten, um die verschanzten Stellungen des Feindes aufzulockern«. Würde ein Armeekommandant seine besten Infanteristen vor einem Luftangriff in die Schlacht schicken? Die von der Wirtschaft unterstützte Arbeit von Harris' »Armee« aus marktwirtschaftlich orientierten Ökonomen wird in Australien unter anderem von dem von der Wirtschaft finanzierten Centre for Independent Studies (Sydney) verbreitet.

In den USA wird die Arbeit zahlreicher privater Denkfabriken, die politische Strategien zu einer Reihe von nationalen Themen entwickeln, als »Politikforschung« bezeichnet. Derartige Organisationen gibt es bereits seit Langem. Einige sind eher rechts orientiert – wie das Conference Board und das Hoover Institute –, andere weniger, wie die Brookings Institution und das Committee for Economic Development. In den 1970er-Jahren tauchte eine neue, aggressive Art dieser Organisationen auf. Sie wurden großzügig von Unternehmen finanziert und produzierten einen endlosen Strom marktorientierter Studien. Vor allem aber legten die neuen Denkfabriken einen ganz neuartigen Schwerpunkt auf die Förderung und landesweite Verbreitung ihrer Produkte, d.h. auf die Missionierung. Dieser Aspekt ihrer Arbeit rechtfertigt die Bezeichnung »Baumkronen-Propaganda«. Diese neuen bzw. neu belebten Denkfabriken und die von ihnen rekrutierten Wissenschaftler begründeten praktisch die neokonservative Bewegung der 1970er-Jahre (Rosen 1976:39–40). Im Folgenden möchte ich auf drei der bekanntesten Think-Tanks eingehen.

## US-Denkfabriken

Die wichtigste unter den neuen Denkfabriken ist das American Economic Institute for Public Policy Research (AEI). Es ist die Heimatbasis und ein langjähriger Förderer von Irving Kristol, dem Guru der neokonservativen Bewegung. Der Verwaltungsrat des AEI besteht »fast ausschließlich aus Vertretern großer Unternehmen«. Sein Budget wuchs von weniger als 1 Million Dollar im Jahr 1970 auf über 7 Millionen Dollar im Jahr 1978. Die Zahl der Mitarbeiter stieg von 24 auf 125, und zusätzlich arbeiten 100 wissenschaftliche Hilfskräfte an von der AEI geförderten Studien. Wie die New York Times berichtete, umfasste die »enorme Fülle an Material und Aktivitäten« im Jahr 1977 »54 Studien, 22 Diskussionsforen und Konferenzen, 15 Analysen wichtiger Gesetzesvorschläge, 7 Zeitschriften und Informationsblätter, eine Reihe von Leitartikeln, die regelmäßig an 105 Zeitungen verschickt werden, Sendungen zu öffentlichen Angelegenheiten, die von mehr als 300 Fernsehsendern ausgestrahlt werden, sowie Auslagestellen für AEI-Material in rund 300 Hochschulbibliotheken«.

1978 war Irving Kristol Co-Vorsitzender einer neuen Initiative, die das AEI mit 60 Millionen Dollar ausstatten sollte (Crittenden 1978a:9). Obwohl das AEI zu den größten gehört, ist es nur eines neben vielen anderen von Unternehmen gesponserten Zentren für Politikforschung in den USA.

Bei der 1973 gegründeten Heritage Foundation, die etwas kleiner ist als das AEI, handelt es sich um eine besonders energische Befürworterin des Neokonservatismus. Sie ist seit Kurzem die Heimstätte von Professor Owen Harries, einem ehemaligen Berater von Malcolm Fraser. Als Befürworter der Marktwirtschaft organisiert die Heritage Foundation die Kommunikation zwischen einer, wie sie es nennt, »Ressourcenbank [von] tausend Akademikern und mehreren hundert weiteren politischen Forschungsgruppen« (Gruber 1986:126).

1978 sprach der Präsident der Heritage Foundation, Dr. Edwin Feulner, auf einer in London abgehaltenen internationalen Konferenz von Meinungsmachern aus der Unternehmenswelt. »Der öffentliche Raum in den USA«, so berichtete er erfreut, »ist mit fundierten akademischen Studien überschwemmt.« Anschließend erläuterte er, wie die Dominanz marktwirtschaftlich orientierter Denkfabriken in den öffentlichen Diskursen dazu beiträgt, dass »die Debatten im richtigen Rahmen stattfinden«. Um dieses Ergebnis zu fördern, liefert die Stiftung Beiträge an »mehrere tausend Zeitungen« in den USA, die dann als lokale Leitartikel veröffentlicht werden (Feulner 1978:21–4).

Die letzte amerikanische Denkfabrik, auf die ich eingehen möchte, ist der Business Roundtable. Der 1972 gegründete Roundtable umfasst die Vorstandsvorsitzenden von 194 der größten amerikanischen Unternehmen. Seine Mitglieder repräsentieren etwa die Hälfte des BSP der USA (McQuaid 1981:115). Damit ist das BSP des Roundtable größer als das BSP aller Länder der Welt mit Ausnahme der USA. Es handelt sich um eine prototypische Baumkronen-Propaganda- und Lobbying-Organisation. Noch im Gründungsjahr schrieb Richter Lewis Powell (der kurz darauf von der Nixon-Regierung in den Obersten Gerichtshof berufen wurde) ein berühmtes Memorandum für die US-Handelskammer, bei dem es sich praktisch um ein Manifest für die neokonservative Bewegung handelte. Darin forderte Powell die Wirtschaft auf, »die angesehensten Akademiker des Landes zu kaufen, um die Glaubwürdigkeit von Unternehmensstudien zu erhöhen und der Wirtschaft eine gewichtigere Stimme an den Universitäten zu verleihen«. In den folgenden zehn Jahren gründeten und finanzierten Unternehmen mehr als vierzig Lehrstühle für freie Marktwirtschaft mit entsprechend ausgewählten Lehrstuhlinhabern (Green und Buchsbaum 1980:15; Montgomery 1981:C1, C5).

Der Roundtable verhalf der Mobilisierung von Intellektuellen im Namen von Unternehmensinteressen zu mehr Prestige und einem starken politischen Impuls. Er unterhält fünfzehn »Einsatzgruppen«, die »Positionspapiere« zu verschiedenen Themen erstellen. In einer Studie der Organisation von Ralph Nader heißt es, dass der Roundtable die Begleitforschung »durch die Beauftragung teurer Berater und das Sponsoring akademischer Studien« kauft. Der Wirtschaftswissenschaftler Arthur Okun von der Brookings Institution bemerkte in diesem Zusammenhang: »Selbstredend wird ein Großteil der Arbeitsergebnisse eigennützig sein. Einige Unterlagen, die ich gesichtet habe, ... repräsentieren einfach nicht die seriöse professionelle Urteilskraft ihrer Autoren.« Die Entwicklung und Verbreitung von Informationen, so die Schlussfolgerung der Nader-Studie, »gehört zu den wichtigsten Aufgaben jeder Lobbygruppe, insbesondere des Roundtable. Geld erzeugt Informationen in Form von Studien [und] Positionspapieren ... Und der Roundtable hat Zugang zu so viel Geld, wie er benötigt« (Green und Buchsbaum 1980:32, 95).

Der Roundtable pflegt ein Bild staatsmännischer Besonnenheit. Der Nader-Bericht stellt jedoch fest, dass »der vorherrschende Zweck, der zu seiner Gründung führte, der Wunsch war, die Macht der Gewerkschaften zu bekämpfen und zu schmälern«; und »er verkündet einerseits Mäßigung und sabotiert gleichzeitig moderate Reformen«. Offiziell betreibt der Roundtable keine Graswurzel-Propaganda, sondern zieht es vor, »den Kongress mit den besten Informationen unter Druck zu setzen, die man für Geld kaufen kann«. Hinter den Kulissen arbeitet er jedoch eng mit Graswurzel-Aktivisten wie der NAM und der Handelskammer zusammen. Die Mitglieder des Roundtable betrachten die Ablehnung der Arbeitsrechtsreform und der Verbraucherschutzgesetze in den Jahren 1977–1988 »als ihre größten Erfolge«. Es ist überaus aufschlussreich, einige der Mittel zu beleuchten, die der Roundtable und seine Verbündeten einsetzten, um diese Siege zu erringen (ebd.: 115–17, 98–9, 79).

## Die Ablehnung der Arbeitsrechtreform

Ziel des vorgeschlagenen Gesetzes zur Reform des Arbeitsrechts war es, einige der spezifisch amerikanischen Benachteiligungen zu beseitigen, die die Fähigkeit einer im Niedergang begriffenen Gewerkschaftsbewegung beeinträchtigten, neue Mitglieder zu werben. Dies sollte zum einen dadurch erreicht werden, dass die Unternehmensleitungen daran gehindert wurden, die Wahlen von Arbeitnehmervertretungen auf unbestimmte Zeit zu verzögern. Zum anderen sollte es dadurch erreicht werden, dass den Gewerkschaften Zugang zu den Betrieben gewährt wurde, damit sie überall dort ihre Argumente für eine gewerkschaftliche Organisierung vortragen konnten, wo die Unternehmensleitungen Versammlungen der Arbeitnehmer einberiefen, um gegen eine gewerkschaftliche

Organisierung zu argumentieren. Der Business Roundtable schloss sich mit der NAM, der Handelskammer und anderen Akteuren in einem Nationalen Aktionskomitee zusammen, um die Gesetzesvorlage mit allen Mitteln zu bekämpfen.

Während seine Partner den Kongress mit einer aufgewühlten Flut von Millionen von Briefen und Postkarten überschwemmten, in denen die Macht und die Legitimität der organisierten Arbeiterschaft angegriffen wurden, hielt sich das National Action Committee relativ bedeckt. Es beauftragte eine Public-Relations-Firma mit der Betreuung seiner »gewaltigen Graswurzelbemühungen«, die – in Anlehnung an die Mohawk-Valley-Formel [Anm. d. Übers.: eine Methode zum Brechen von Streiks] – darauf abzielten, eine gewerkschaftsfeindliche Stimmung in der Öffentlichkeit zu erzeugen. Um dies zu erreichen, wurden Meinungsumfragen für die Öffentlichkeitsarbeit genutzt, und zwar sobald die Meinungsforscher das richtige Ergebnis liefern konnten. Darüber hinaus wurden 329 Seiten Leitartikel gegen die Arbeitsrechtsreformen vorbereitet und landesweit an Lokalzeitungen verteilt« (ebd.: 119–23 und Anhang C). Im Dezember 1977 kündigte der Präsident der NAM die Gründung des »Council on a Union Free Environment« (Rat für ein gewerkschaftsfreies Umfeld) an, der, wie er sich ausdrückte, die erste »nationale Einzweckorganisation sein würde, die sich der Aufrechterhaltung eines gewerkschaftsfreien Umfelds in den USA widmet« (Mills 1979:98). Es schien, als ginge es darum, einen umfassenden Krieg gegen die Arbeitnehmer zu führen.

Ferner organisierten der Roundtable und seine Verbündeten eine landesweite Verteilung von Karikaturen, Broschüren, Anzeigen und Informationsblättern gegen die Verbraucherschutzbehörde, die Consumer Protection Agency (CPA). Der Roundtable beauftragte eine PR-Firma mit der Verteilung von vorgefertigten Leitartikeln und Karikaturen an 1 000 Tageszeitungen und 2 800 Wochenzeitungen. Auszüge aus den verteilten Materialien wurden – ohne Angabe der Quelle – etwa 2 000 Mal veröffentlicht. Der Roundtable sponserte zudem eine gefälschte Umfrage, in der behauptet wurde, 81 Prozent der Amerikaner seien gegen die CPA, wohingegen unabhängige Umfragen ein Verhältnis von 2 zu 1 zugunsten der CPA ergaben. Die Handelskammer nutzte die gefälschte Umfrage aus, indem sie deren Ergebnisse in ganzseitigen Anzeigen in der New York Times und andernorts verbreitete. (Green & Buchsbaum 1980:111–14, 38–9; Percy 1977:20). Die Kammer »sammelte außerdem Leitartikel von Hunderten von Zeitungen, darunter ... von der Kammer selbst verfasste Leitartikel, und verteilte sie an die Gesetzgeber in dem Bemühen, eine umfassende Basisunterstützung für die Positionen der Kammer zu demonstrieren« (MacDougall 1980).

Trotz der verdeckten Beteiligung des Roundtable an der Graswurzel-Propaganda lag seine bei Weitem wichtigste Rolle auf der Baumkronen-Ebene der Politikforschung und dem damit verbundenen Druck auf den Kongress. Bereits 1976 war der Roundtable laut Business Week »die mächtigste Stimme der Wirtschaft in Washington« und stellte damit die NAM und die Handelskammer in den Schatten (»Business' Most Powerful ...« 1976:60). Die Ablehnung des Gesetzentwurfs für eine Verbraucherschutzbehörde war, wie Fortune 1980 berichtete, »ein bedeutender Sieg« für den Roundtable und »im Rückblick ein Wendepunkt in der Geschichte des Verbraucherschutzes« (Guzzardi 1980:49). Ein Rückblick auf die Geschichte des Roundtable in The Nation fasst die Erfolge des Roundtable zusammen. Nach einem Jahrzehnt voller Niederlagen für die Gewerkschaftsbewegung verhandeln Teile einer gespaltenen und geschwächten Arbeiterbewegung »jetzt mit Schlüsselfiguren des Roundtable über einen Separatfrieden. Mit dieser letzten Wendung schließt sich der Kreis des New Deal. In den späten 1970er-Jahren wie in den späten 1920er-Jahren dreht sich in Amerika alles ums Geschäft, und die Bevölkerung kann es sich auch gar nicht anders vorstellen« (Ferguson und Rogers 19791625).

Wie schon in den Jahren 1919–1921 und 1946–1950 so auch 1976–1980: Die totale Hegemonie der Wirtschaft über die amerikanische Gesellschaft wurde wiederhergestellt. Jedes Mal zeitigten dieselben Propaganda- und Public-Relations-Methoden (wenn auch mit größerer Raffinesse) das gleiche Ergebnis: die Abschottung des amerikanischen Bewusstseins.

## Bildung und freier Markt

Die Einmischung von Unternehmensinteressen in das amerikanische Bildungssystem mit dem Ziel, das Aufkommen toleranter Werte einzudämmen, die dem Konservatismus der freien Marktwirtschaft entgegenstehen, fand in den späten 1960er-Jahren einflussreiche Unterstützer. Lewis F. Powell war (bis zu seiner Berufung an den Obersten Gerichtshof im Jahr 1972) ein frühzeitiger und einflussreicher Verfechter der Ansicht, dass die Wirtschaft ihre finanzielle Unterstützung auf Ausbildungs- und Begleitforschungszentren mit entsprechend konservativer Ausrichtung beschränken sollte. George Will, der vielleicht meistgelesene und einflussreichste amerikanische Kolumnist, plädiert seit fast einem Jahrzehnt für eine ähnliche wirtschaftliche Säuberung von Colleges und Universitäten, die nicht hinlänglich rechtsorientiert sind. Dies gilt auch für William Simon, Finanzminister von 1973 bis 1977. Simons Beiträge veranschaulichen, wenn auch etwas überspitzt, die Werte und das Ausmaß der eher intellektuellen Komponente der Kampagne zur Neugestaltung der politischen Programmatik, die zur Dominanz der neokonservativen Bewegung führte.

1978 veröffentlichte Simon einen Bestseller mit dem Titel *A Time for Truth* – vermutlich mit ein wenig Schützenhilfe seiner neokonservativen Freunde und sicherlich unter dem Beifall der Nobelpreisträger Friedman und Hayek, die beide ein Vorwort beisteuerten. Allein von der gebundenen Ausgabe wurden 180 000 Exemplare verkauft. Das für ein breites Publikum geschriebene Buch konzentriert sich darauf, Angst und ein Gefühl der Krise hervorzurufen: Angst davor, dass alles, was den Amerikanern lieb und teuer ist, unmittelbar von subversiven Intellektuellen bedroht ist, die die angeblich gefährlichen Ziele von Roosevelts New Deal weiterführen wollen. Auf 240 Seiten wird die eine zentrale verlogene Behauptung unablässig wiederholt: »Der Zusammenhang zwischen wirtschaftlicher und politischer Freiheit ... ist real und unverbrüchlich ... wer das eine verliert, verliert das andere ... Eine Nation, die ihre wirtschaftliche Freiheit einschränkt, wird auch politisch weniger frei sein.« Folglich, so die Argumentation, werde die amerikanische Demokratie in Kürze unter einer sozialistischen Diktatur zusammenbrechen, wenn die regulierenden Eingriffe der Regierung in die Unternehmen nicht gestoppt und zurückgenommen werden (Simon 1978a:14, 32). Simon lobt einen »brillanten« Film zu diesem Thema, *The Incredible Bread Machine* (zu dem sowohl er als auch Milton Friedman Kommentare beisteuerten). Mit Genugtuung stellt er fest, dass fünfzehn Millionen Menschen in den USA den Film gesehen haben und dass nach wie vor 1200 Kopien des Films im Lande in Umlauf sind (ebd.: 224). Eine Taschenbuchausgabe von Simons Buch wurde 1979 in Australien von McGraw-Hill veröffentlicht. Es wurde von Peter Samuel mit vorhersehbarem Überschwang rezensiert, der behauptete, es habe einen großen Einfluss auf die Parlamentsabgeordneten.

Simon (1978a:191, 222; 1978b:6) bietet eine Analyse der wirtschaftspolitischen Probleme des Jahres 1978 und Lösungsvorschläge. Die Carter-Administration »steuert mit beängstigender Geschwindigkeit auf den Kollektivismus zu«, so seine Behauptung. Und die Aufsichtsbehörden eines »Wirtschaftspolizeistaates« verbreiteten »Terror« unter den Unternehmen. Simon, der ausdrücklich Irving Kristol folgt, führt diese Krise der amerikanischen Demokratie auf den allgegenwärtigen Einfluss unamerikanischer Intellektueller zurück (Simon 1978a:193–5; Kristol 1975). Er fragt: »Was können wir also tun?«, und antwortet, dass »von der Wirtschaft generierte Mittel in Millionenhöhe« zur Rettung herangezogen werden müssen. Einige große Stiftungen (er nennt die Ford Foundation) seien »übernommen« worden. Von wem? Von den »philosophischen Feinden« des Kapitalismus, von Menschen mit egalitären Ansichten. Die einzig mögliche Lösung sei die Gründung neuer Stiftungen, die »ausdrücklich als intellektuelle Zufluchtsorte für die nicht-egalitären Gelehrten und Schriftsteller in unserer Gesellschaft dienen ... Sie müssen Fördergelder, Fördergelder und noch mehr Fördergelder im Austausch gegen Bücher, Bücher und noch mehr Bücher erhalten« (Simon 1978a:228–31).

Ferner schlug Simon vor, dass die Unterstützung seitens der Wirtschaft (unter anderem) den »großen amerikanischen Universitäten, die heute Legionen von jungen Kollektivisten hervorbringen«, entzogen werden müsse. Die Unterstützung vonseiten der Wirtschaft müsse hingegen »reichlich« an Lehr- und Forschungszentren fließen, die die wahre Doktrin vermitteln. Ebenso müssten Medien, die mit konservativen Wirtschaftsansichten sympathisieren, unterstützt werden. Aber »wenn eine Zeitung oder Zeitschrift oder ein Sender als ... Agentur für diejenigen fungieren will, die das kapitalistische System angreifen, sollte es ihnen völlig freistehen, dies zu tun. Ohne kapitalistisches Geld« – womit Simon meint, ohne Werbung (»Simon: Preaching ...« 1978:1).

Im selben Jahr (1978) wurde Simon Präsident der Olin Foundation, die vom ehemaligen Vorsitzenden der eine Milliarde Dollar schweren Olin Corporation gegründet worden war. Die Stiftung konzentriert sich auf die Förderung von »Wissenschaft im Rahmen der Philosophie einer freien Gesellschaft und eines freien Marktes«. Wie die *New York Times* berichtete,

> »bedeutet dies ... Zuschüsse für Institutionen wie das American Enterprise Institute, die Hoover Institution, Unterstützung für die Fernsehprogramme von Friedman und Wattenberg sowie die Finanzierung von Zentren für das Studium der freien Marktwirtschaft. Insgesamt geben die Stiftung und Herr Olin ... etwa 3 Millionen Dollar pro Jahr für solche Projekte aus.« (Ebd.: 1)

1978 arbeiteten Olin und Simon an der Gründung einer weiteren Stiftung, die »auf einen Vorschlag von Irving Kristol« zurückgehen sollte. Ihre besondere Aufgabe sollte darin bestehen, »Unternehmen, die sich noch nicht an der Förderung des Systems der freien Marktwirtschaft beteiligen, zu ermutigen, ihre Kassen zu öffnen«.

Die neue Organisation, das Institute of Economic Affairs, sollte »von Wissenschaftlern, Unternehmern und Stiftungsmitgliedern« gemeinsam verwaltet werden und als Beratungsorgan für »Unternehmen, die konservative Begleitforschung finanzieren wollen«, fungieren (ebd.: 9).

Der Verwaltungsrat des IEA setzt sich fast ausschließlich aus Vertretern von Großunternehmen zusammen. An ihrer Spitze steht der stellvertretende Vorsitzende der Mobil Corporation, die 1975 bereits 5 Millionen Dollar pro Jahr für Werbung ausgab (Sethi 1977:17). Das Budget des IEA wuchs von weniger als 1 Million Dollar im Jahr 1970 auf über 7 Millionen Dollar im Jahr 1978; die Zahl der Mitarbeiter von 24 auf 125 zuzüglich 100 »Hilfswissenschaftler«, die an vom IEA finanzierten Studien arbeiten.

Im Jahr darauf (1979) war Irving Kristol Co-Vorsitzender einer neuen IEA-Initiative zur Beschaffung von 60 Millionen Dollar an Spendengeldern. Seit 1983 steht auch der australische Premierminister Malcolm Fraser auf der Liste der vom IEA geförderten Wissenschaftler. Das IEA ist nur eines, wenn auch eines der größten, von vielen privat finanzierten Zentren für Politikforschung in den USA.

Das Jahr 1977 verbrachte ich in den USA und konnte nicht umhin festzustellen, dass die meisten Universitätsbibliotheken, die ich benutzte, etwa einen halben Meter an Karteikarten mit Veröffentlichungen der IEA enthielten. Als ich nach Australien zurückkehrte, hatte ich das Gefühl, mit den Aktivitäten des IEA einigermaßen vertraut zu sein, lange bevor sich sein Einfluss bis nach Australien erstreckte. Als ich die Bibliothek meiner Heimatuniversität (der University of New South Wales) betrat, stellte ich zu meinem großen Erstaunen fest, dass ein ganzes Foyer mit einer Auslage ausgewählter Bücher aus 250 Titeln belegt war, die der Bibliothek vom IEA gespendet worden waren. Durch diese Spenden wurde die Bibliothek der University of New South Wales zu einer IEA-Forschungsstelle für öffentliche Politik. Vier Jahre später war die Zahl der gespendeten Titel auf 400 gestiegen.

Bevor wir uns wieder dem australischen Kontext zuwenden, muss kurz auf eine andere bedeutende – und sicherlich symbolträchtige – Entwicklung in der amerikanischen Hochschullandschaft eingegangen werden. Seit Anfang der 1960er-Jahre begannen amerikanische Unternehmen, Lehrstühle für freies Unternehmertum zu finanzieren, deren ausdrücklicher Zweck es ist, das System der freien Marktwirtschaft zu fördern und zu verteidigen. Beispiele für diese »Propaganda-Lehrstühle« sind die Goodyear-Lehrstühle für Free Enterprise an der Kent State University und der University of Akron, der W.-H.-Davies-Lehrstuhl für das American Free Enterprise System an der Ohio State University und der Irwin-Maier-Lehrstuhl für American Enterprise an der University of Wisconsin. Der erste Lehrstuhl dieser Art wurde 1963 an der Georgia State University eingerichtet; der nächste wurde erst 1974 geschaffen. Bis 1978 gab es zwanzig, 1981 waren es bereits mehr als vierzig (Thompson 1977:19; siehe auch 1978:1, 37). In Australien kam der erste Vorschlag für einen Lehrstuhl für freie Marktwirtschaft 1981 von der ländlichen National Party in Queensland, mit »erheblicher finanzieller Unterstützung«, die von wohlwollenden Geschäftsleuten zugesagt wurde (Broadbent 1981). Bis heute [1976] sind die Verhandlungen mit der University of Queensland und dem Queensland Institute of Technology in dieser Angelegenheit erfolglos geblieben.

## Australiens Baumkronen-Propaganda

Anfang 1980 beschrieb Anne Stewart, Forschungsbeauftragte der Vehicle Builders Employees Federation, mit bewundernswertem Weitblick die gewerkschaftsfeindliche Offensive der 1970er-Jahre, die die Arbeitnehmer in den USA so stark geschwächt hatte, und warnte vor einer ähnlichen Offensive in Australien. Stewarts Analyse (1980:484–9) bietet eine Perspektive, die sich vom amerikanischen Business Roundtable bis zu seinem australischen Gegenstück erstreckt und ist sowohl hinsichtlich der Fehler als auch der richtigen Ansätze aufschlussreich

Stewart setzt die gewerkschaftsfeindlichen Tendenzen in den USA mit dem Roundtable und insbesondere mit dessen Erfolg bei der Inanspruchnahme der Gesetzgebung und des Kongresses gegen die Gewerkschaften gleich. Sie geht auf die umfangreiche gewerkschaftsfeindliche Gesetzgebung ein, die von den australischen Parlamenten zwischen 1975 und 1980 verabschiedet wurde, und sieht diese Gesetzgebung als Vorstufe zu einer vergleichbaren Unternehmensoffensive hierzulande. Stewart sieht diese Entwicklung zwar als »Übergreifen« der »Unternehmensoffensive in den USA« auf Australien; gleichwohl betrachtet sie sie in erster Linie als inländisches Phänomen, als Reaktion der Unternehmen auf »wirtschaftlichen Druck«. Dieser Druck (und die heimische Einstellung) reichen ihrer Meinung nach aus, um eine gewerkschaftsfeindliche Haltung der australischen Wirtschaft zu erzeugen und zu vereinheitlichen. Stewart vertritt die Auffassung, dass das Fehlen eines »einheimischen Business Roundtable«, der den Angriff der Unternehmen anführt und vorantreibt, in Australien nicht auf einen Mangel an gewerkschaftsfeindlicher Militanz hindeutet; im Gegenteil, es bedeute vielleicht nur, dass es keinen Bedarf für einen solchen gibt. Später im selben Jahr (Dezember 1980), noch vor der Veröffentlichung von Stewarts Papier, wurde ein Australian Business Roundtable gegründet.

Stewarts Darstellung gewerkschaftsfeindlicher Bestrebungen der Unternehmen in den USA und in Australien, die sich in parallelen Gesetzen niederschlugen, war präzise und zeitgemäß. In zwei Punkten jedoch ging die Analyse fehl. Sie setzte die Stärke und Wirksamkeit der gewerkschaftsfeindlichen Bestrebungen mit dem Umfang der Gesetzgebung und anderer gewerkschaftsfeindlicher Maßnahmen gleich, statt die gewerkschaftsfeindlichen Bestrebungen mit dem Umfang der Unterstützung durch die Bevölkerung zu vergleichen, die sie erreichen konnte. Aus diesem Grund vernachlässigte sie bei ihrer Analyse die Bedeutung der Propagandaaktivitäten des American Business Roundtable und der mit ihm verbundenen Unternehmensverbände. Folglich übersah sie auch die Möglichkeit, dass ähnliche Einrichtungen in Australien gegründet werden (z. B. Enterprise Australia und der Business Roundtable), und zwar genau aus dem Grund, um die öffentliche Meinung zum Thema Gewerkschaften zu steuern. Malcolm Fraser erhielt alle von ihm benötigten gewerkschaftsfeindlichen Gesetze. Aber er konnte sie niemals anwenden, weil seine eigens durchgeführten Meinungsumfragen ihm immer wieder signalisierten, dass derartige Maßnahmen nicht genügend öffentliche Unterstützung finden würden, um politisch durchsetzbar zu sein. (Diese Information stammt von einer Quelle innerhalb des politischen Establishments der damaligen Zeit, die auf Anonymität bestand.) Wäre der Australian Business Roundtable fünf Jahre früher gegründet worden, wäre die öffentliche Meinung stärker gegen die australischen Gewerkschaften gerichtet gewesen und Frasers Gesetz hätte umgesetzt werden können.

Der Australian Business Roundtable wurde nach dem Vorbild der gleichnamigen amerikanischen Organisation gegründet. Ursprünglich bestand er aus den CEO der 29 größten australischen Unternehmen. Der Roundtable richtete umgehend »Task Forces« ein (eine für Arbeitnehmer-Arbeitgeber-Beziehungen sowie zwei weitere), die für die Entwicklung einer einheitlichen Politik zuständig sein sollten (»Twenty-nine Largest Corporations ...« 1981:1, 4).

Das Interesse des Roundtable an der Förderung einer marktwirtschaftlich orientierten Politikforschung nach amerikanischem Vorbild zeigte sich bereits kurz nach seiner Gründung. Im Dezember 1980 wurde dem Industrial Relations Research Centre der University of New South Wales ein Vorschlag unterbreitet, wonach der Roundtable bereit wäre, 500 000 Dollar zur Finanzierung einer umfassenden Studie über die Ansichten und Einstellungen von Leitern großer Unternehmen in Australien bereitzustellen. Ziel der Untersuchung sollte es sein, die Hauptprobleme und die damit zusammenhängenden politischen Fragen zu benennen, mit denen die australische Wirtschaft nach Ansicht der Unternehmensleiter in naher Zukunft konfrontiert sein würde, und einen möglichst breiten Konsens darüber zu erzielen, auf welche politischen Maßnahmen die Wirtschaft drängen sollte und welche Prioritäten bei politischen Fragen gesetzt werden sollten. Die Veröffentlichung der Ergebnisse des American Business Roundtable warf die Frage auf, ob es angemessen sei, dass eine universitäre Forschungsstelle Arbeiten für ihr australisches Pendant durchführt. Bevor diese Fragen geklärt werden konnten, zog der Business Roundtable sein Angebot zurück und wurde durch das Committee for Economic Development in Australia (CEDA) als potenziellen Sponsor der geplanten Forschung ersetzt.

Zwei Jahre später fusionierte der Business Roundtable mit der Australian Industries Development Association (AIDA) zum Business Council (in Anlehnung an die Umbenennung, mit der in den USA der Business Roundtable im Wesentlichen aus der Mitgliederschaft des älteren Business Council hervorgegangen war, jedoch in umgekehrter Reihenfolge).

Der Australian Business Council, der von Geoff Allen geleitet wird, weist nahezu alle Merkmale amerikanischer Politikforschungsorganisationen auf. Wie der amerikanische Business Roundtable setzt er sich aus den Chefs der größten Unternehmen des Landes zusammen (nach letzter Zählung etwa siebzig). Er wurde mit dem doppelten Ziel gegründet, Forschung und Öffentlichkeitsarbeit zu betreiben, d. h. »Forschung zu Fragen der öffentlichen Politik, die die Wirtschaft betreffen«, zu betreiben und die angesehenen Mitglieder des Rates (mit Unterstützung durch seine Forschungs- und anderen Einrichtungen) zu ermutigen, »sich gegenüber Regierungen, Gewerkschaften und der Gesellschaft zu äußern«. Wie alle Baumkronen-Propaganda-Organisationen gibt der Rat ein Bulletin heraus, das an »ein breites Publikum aus Entscheidungsträgern in Politik, Verwaltung, Medien, Wissenschaft und Wirtschaft« verteilt wird (Burgess 1984:15).

Bis zur Gründung des Business Council war das CEDA für lange Zeit die wichtigste von der Wirtschaft finanzierte Organisation für Politikforschung Australiens. Vorbild war sein amerikanischer Namensvetter, das Committee for Economic Development, mit dem seine Leiter eine »enge und regelmäßige Verbindung« (ebd.: 77) unterhielten. 1980 veröffentlichte das CEDA eine Buchbesprechung von Dr. Ian Marsh über unternehmensfinanzierte Politikforschungsinstitute in den USA, dem Vereinigten Königreich und

Kanada. Die Untersuchung, die auf vom CEDA geförderten Forschungsarbeiten beruhte, diente ausdrücklich dem Zweck herauszufinden, welche »Lehren« aus den Erfahrungen der USA für die Entwicklung privater Denkfabriken in Australien gezogen werden könnten. Man muss anerkennen, dass Dr. Marsh seine Arbeit mit einer typisch australischen Offenheit angeht, die man in amerikanischen Arbeiten nicht so leicht antrifft. Er beschreibt die Resultate von Denkfabriken für Politikforschung, die sich mit der Entwicklung politischer Programme befassen, als »ausnahmslos tendenziös«, stellt jedoch sein eigenes Engagement für ihre Aktivitäten in Australien nicht infrage (Marsh 1980:1).

1984 richtete das CEDA ein »Strategic Issues Forum« ein, das für die Einrichtung von »Arbeitsgruppen« und die Organisation der Forschung in einer Reihe von Politikbereichen zuständig war (Utz 1984:4). Der CEDA-Jahresbericht 1984 schlägt vor, das American Enterprise Institute als Vorbild zu nehmen, um »die Richtung vorzugeben, in die wir uns bewegen sollten«. CEDA (1984b) räumt jedoch ein, dass »Australien wahrscheinlich noch nicht bereit« sei für einen raschen Kurswechsel in diese Richtung. Nichtsdestotrotz nahm die Rolle des CEDA bei der Baumkronen-Propaganda rasch zu. In den Jahren 1984–1985 stiegen seine Einnahmen und Ausgaben um etwa 30 Prozent auf 1,6 Millionen Dollar. Es wurde ein umfassendes »Kommunikations«-Programm eingerichtet, das bücherfüllende Forschungsberichte zu Politikfragen, Artikel, Broschüren und Kassetten zur allgemeinen Verbreitung umfasst. Überaus wichtig sind hier auch die regelmäßigen privaten Informationsgespräche mit wichtigen Finanzjournalisten sowie die regelmäßigen Mittagessen mit Zeitungsredakteuren und Führungskräften von Fernseh- und Radiosendern. Um seine Ansichten zu verbreiten, organisierte das CEDA zudem Seminare, Konferenzen und Redner aus Übersee. Wie alle neuen Denkfabriken legt auch das CEDA großen Wert auf eine gute Zeitplanung; d. h. auf die Fertigstellung und Veröffentlichung seiner Studien und Berichte dahingehend, dass sie eine größtmögliche Wirkung auf Kommissionen und Untersuchungsausschüsse entfalten und somit, wie es das CEDA formuliert, »eine positive Rolle bei der Gestaltung der politischen Programmatik spielen«.

So war beispielsweise die Zeitplanung in den Jahren 1984–1985 ein Faktor, als das CEDA drei wichtige Forschungsberichte parallel zu den von der Regierung finanzierten Bestandsaufnahmen der Einwanderungspolitik, der Steuerreform und zum System der Arbeitnehmer-Arbeitgeber-Beziehungen erstellte. Es dürfte nicht überraschen, dass diese Berichte, die bei ausgewählten akademischen Experten in Auftrag gegeben wurden, zu dem Schluss gelangten, dass selbst bei einer halben Million arbeitsloser Australier eine verstärkte Einwanderung nicht zu mehr Arbeitslosigkeit führt, dass die indirekten Steuern erhöht und die Personen- und Unternehmenssteuern gesenkt werden sollten und dass die Macht der Gewerkschaften verringert werden sollte, indem die Rolle des Schlichtungssystems zugunsten dezentralisierter Tarifverhandlungen zurückgedrängt wird. »Die zeitliche Abstimmung« dieser drei Berichte, so CEDA (1985), »war tadellos.« Der letzte Bericht, der von den Professoren Niland und Turner von der University of New South Wales verfasst wurde, »diente in seiner Entwurfsform als Beitrag zu den Beratungen des Hancock-Ausschusses [über die Arbeitnehmer-Arbeitgeber-Beziehungen].«

Es gibt zahlreiche weitere von Unternehmen unterstützte oder finanzierte Denkfabriken, die zur erneuten Dominanz neokonservativer Ideen in den wirtschaftlichen Debatten in Australien beigetragen haben. Die Mehrzahl wurde in den letzten zehn Jahren gegründet oder wiederbelebt. Alle verfügen über »Kommunikations«-Programme mehr oder weniger nach dem Vorbild des CEDA. Ein jüngst erschienener Artikel von Anthony McAdam (1985) im Sydney Bulletin gibt einen Überblick über diese Entwicklung. McAdam stellt fest, dass der Einfluss neokonservativer Ideen rapide zunimmt, bis es nunmehr »unbestreitbar ist, dass vor allem die Neue Rechte die Tagesordnung der Wirtschaftsdebatte bestimmt«. Ihm zufolge ist dies »nicht überraschend«, »da sie von einem Netz gut finanzierter Institutionen unterstützt wird, in denen überwiegend marktorientierte Ökonomen arbeiten«.

Im nichtstaatlichen Sektor sind laut McAdam das Centre for Independent Studies in Sydney und das Centre for Policy Studies an der Monash University die wichtigsten Denkfabriken, die für diese Entwicklung verantwortlich sind. Weitere Denkfabriken sind das National Institute of Labour Studies (das an der Flinders University angesiedelt ist, aber gänzlich aus externen Mitteln finanziert wird), das wiederbelebte Institute of Public Affairs in Melbourne und das Australian Institute for Public Policy, das kürzlich in Perth von John Hyde von der Liberal Party gegründet wurde. Auf volksnaher Ebene wird dieses Kontingent an Baumkronen-Propagandisten natürlich durch überregionale Missionare wie die Handelskammern – die McAdam nicht erwähnt – und Enterprise Australia ergänzt, die, wie er einräumt, »dieselbe [marktwirtschaftliche] Botschaft propagieren«.

Die Gesamtbudgets dieser Einrichtungen – die Ideen und Einstellungen der Neuen Rechten fördern (und die Liste ist bei Weitem nicht vollständig) –, belaufen sich auf etwa 6–8 Millionen Dollar pro Jahr für Baumkronen-Propaganda und 2–3 Millionen Dollar für Graswurzel-Propaganda (Carey 1987a). Diese Zahlen geben jedoch kaum Aufschluss über die tatsächlich aufgewendeten Mittel. Zumindest bei einigen der beteiligten Organisationen übersteigen die Sachspenden, die sie von ihren Unterstützern aus der Wirtschaft erhalten (Leihgaben von Führungspersonal, Unterstützung bei Büroarbeiten und Druck, Unterbringung usw.), bei Weitem ihre offiziellen Budgets. Enterprise Australia zum Beispiel erhielt 1979 Sendezeit im Wert von 1 Million Dollar und 1984 im Wert von 5 Millionen Dollar. 1982 gab eine unternehmensfinanzierte »Stiftung« 500 000 Dollar aus, um für Schulen ein Lehrbuch der Neuen Rechten zu erstellen, das sie dann Enterprise Australia zur Verteilung überließ (ebd.).

## Eine unternehmerische Vision gelenkter Demokratie

Dr. Ian Marsh, der CEDA-Experte für Denkfabriken, stellte kürzlich [1986] fest, dass »die jüngste Phase der Entwicklung von Denkfabriken mit dem Vormarsch der neokonservativen Bewegung zusammenhängt. Denkfabriken waren die wichtigsten Sponsoren des neokonservativen Programms.« Es ist offensichtlich, dass hier eine ähnliche, von der Wirtschaft finanzierte Kampagne im Gange ist, um die Vorherrschaft der neokonservativen Bewegung zu sichern. Diese Entwicklung muss alle Australier beunruhigen, die unsere traditionelle Form der Demokratie in der Weise wertschätzen, dass sie die in Kapitel 2 zitierte Warnung von Professor Dahl beherzigen: »Wenn politische Präferenzen von führenden Persönlichkeiten (aus der Wirtschaft oder anderen Bereichen) schlichtweg in das System eingespeist werden, um aus dem System das herauszuholen, was sie wollen, *dann ist das Modell der plebiszitären Demokratie im Kern gleichbedeutend mit dem Modell einer totalitären Herrschaft*« (Dahl 1959:37–8, meine Hervorhebung).

Gleichwohl ist es nicht die Ausbreitung konservativer Denkfabriken schlechthin, auf die wir reagieren müssen. Vielmehr ist der gesamte unternehmerische Ansatz der sozialtechnischen Demokratie das Problem. Über einen langen Zeitraum hinweg haben die Unternehmen in den USA ihre sozialtechnischen Methoden zu einer Kunstform verfeinert, um damit sicherzustellen, dass die vorherrschenden Werte und die Richtung der amerikanischen Gesellschaft ihren Präferenzen entsprechen. Diese Sozialtechnik der Meinungs- und Bewusstseinsbildung weist indes verschiedene Facetten auf. Ein bemerkenswertes Beispiel ist die »Project Australia«-Kampagne, die mit dem Ziel lanciert wurde, uns allen jene Art von hirnlosem, bedingungslosem Patriotismus einzuimpfen, die von konservativen Politikern und Propagandisten im Allgemeinen so gerne ausgenutzt wird. Die Regierungen unter Malcolm Fraser gaben 15 Millionen Dollar für dieses Projekt aus, um »die USA stolz auf Australien zu machen«.

Glücklicherweise beendete die Labor-Regierung 1983 die Unterstützung für Project Australia. Nichtsdestotrotz setzte Hawke die Vorgehensweise Frasers fort und verstärkte sie sogar noch, indem er auf öffentliche Kosten ganzseitige Anzeigen in Zeitungen in ganz Australien kaufte, vorgeblich, um seine Politik zu erläutern, in Wirklichkeit aber, um sie zu verkaufen. Für eine demokratische Regierung ist dies nicht nur eine unhaltbare Praxis, sondern für eine Labour-Regierung auch eine besonders törichte. Sie ermutigt nämlich diejenigen, die sich der Politik der Labour-Partei widersetzen und über die nötigen Mittel verfügen (vor allem das Großkapital), dazu, die Werbeflächen der Konkurrenten zu übernehmen, und gibt ihnen sogar das moralische Recht dazu. Wenn sich die australische Wirtschaft jemals dazu entschließen sollte, auf diese Weise zu wetteifern, wird sie das gesamte Feld überschwemmen, und die Labour-Partei, die den Weg dorthin geebnet hat, wird sich dem nicht widersetzen können.

Genau diese Entwicklung hat in den USA stattgefunden, wo das sogenannte »Issue Advertising« oder »Advocacy Advertising« zu einer 100-Millionen-Dollar-Branche und zu einem wichtigen Aspekt der Unternehmensprogaganda geworden ist. Während des konservativen Angriffs auf die öffentliche Meinung zwischen der Wahl von Carter und Reagan gab Mobil Oil beispielsweise 5 Millionen Dollar pro Jahr für Advocacy-Werbung aus, einschließlich ganzseitiger Anzeigen in der *New York Times* alle zwei Wochen. Auch ohne die Ermutigung von Premierminister Hawke hat sich die Lobbyarbeit der Wirtschaft in Australien ausgebreitet. Fast alle diese Anzeigen propagieren eine Politik, die die australischen Gewerkschaften nicht unterstützen würden. Einige dieser Anzeigen waren ausdrücklich gewerkschaftsfeindlich, wie z. B. die ganzseitigen Anzeigen von John Leard mit der Überschrift »The Unions Are Taking Over Australia!« (*Australian* 28. Januar 1986). Premierminister Fraser schaltete Anzeigen, um einen Streik im Department of Social Service anzugreifen, und Australia Post schaltete im Oktober 1985 zahlreiche ganzseitige Anzeigen, um streikende Postzusteller anzugreifen. In dem Maße, wie sich die von der Werbeindustrie seit Langem erwartete allgemeine Verbreitung von Advocacy-Werbung vollzieht, wird die Häufigkeit dieser Art von Werbung weiter zunehmen. Advocacy-Werbung trägt natürlich nicht dazu bei, das Bild der Gewerkschaftsbewegung in der Öffentlichkeit zu verbessern.

Anstatt aus den amerikanischen Erfahrungen zu lernen und sich darauf vorzubereiten, die australische Demokratie vor einem Angriff der von der Wirtschaft gesponserten Werbung zu schützen, ebnet die derzeitige Labor-Regierung aus Kurzsichtigkeit oder Ignoranz den Weg zu genau diesem Ergebnis. In den USA hat die Carter-Regierung zu spät den Versuch unternommen, die Unternehmenswerbung durch Besteuerung und andere Methoden einzuschränken (Ehrbar 1978:68). Als die amerikanische Wirtschaft 1978 für Graswurzel-Propaganda 1 Milliarde Dollar ausgab (ein erheblicher Teil davon in Form von Advocacy-Werbung), kippte der Oberste Gerichtshof mit einem Urteil von 4 zu 3 Stimmen ein Gesetz, das solche Ausgaben einschränkte. In seinem abweichenden Urteil, das sich die australische Labor Party genau zu Herzen nehmen sollte, schrieb Richter Byron White:

> »Die Frage ist, ob ein Staat Unternehmensleitungen daran hindern kann, das Firmenvermögen zu verwenden, um Ansichten zu propagieren, die in keinem Zusammenhang mit der Unternehmenstätigkeit stehen. Denn die Anteilseigner solcher Unternehmen … haben ihr Geld sicherlich nicht investiert, um politische oder gesellschaftliche Anliegen voranzubringen … Unternehmen sind künstliche Gebilde, die per Gesetz geschaffen wurden, um bestimmte wirtschaftliche Ziele zu verfolgen. Es ist jedoch seit langem bekannt, dass der besondere Status von Unternehmen sie in die Lage versetzt hat, große Mengen an wirtschaftlicher Macht zu kontrollieren. Womit sie – wenn sie nicht reguliert werden – nicht nur die Wirtschaft, sondern auch das Herzstück unserer Demokratie, den Wahlprozess, beherrschen können. Der Staat sollte nicht zulassen, dass seine eigene Schöpfung ihn auffrisst.« (Baxter et al. 1978:68)

Die Graswurzel- und Baumkronen-Bekehrungsprogramme, die in Australien im Gange sind, stehen erst am Anfang ihrer Entwicklung und sind erst wenige Jahre alt. Aufgrund der Erfahrungen in den USA steht zu erwarten, dass die Unternehmen die politische Bedeutung dieser Programme als so hoch einschätzen werden, dass sie sich so weit ausdehnen werden, wie es zur Erreichung ihrer Ziele erforderlich ist. Da die Kosten für die Programme steuerlich absetzbar sind, werden die australischen Bürger die Hälfte der Kosten für ihre eigene Indoktrination durch die Unternehmen tragen.

Als unmittelbare Folge der Erfahrungen der Wirtschaft in den Whitlam-Jahren (aber auch als Teil einer weltweiten Verbreitung amerikanischer Techniken zur Verwaltung der Demokratie: Ivens 1978) steht die australische Gesellschaft in den 1980er-Jahren vor genau dem Problem, das Wallas und Lowell vor siebzig Jahren vorausgesehen haben:

> »Parlamentswahlen ... können recht gut funktionieren, solange nicht jene Fragen aufgeworfen werden, die die Besitzer von Reichtum und wirtschaftlicher Macht dazu veranlassen, ihre Möglichkeiten voll auszuschöpfen ... [um die öffentliche Meinung zu manipulieren] ... Wenn sie das täten, gäbe es eine große Menge sachdienlicher Fertigkeiten zu kaufen. Und die Kunst, diese Fertigkeiten zur Erzeugung von Gefühlen und Meinungen einzusetzen, ist inzwischen derartig fortgeschritten, dass sich der gesamte Zustand des politischen Wettstreits für die Zukunft verändern würde.« (Lowell 1926:43)

Es sollte kein Zweifel daran bestehen, dass das Ziel der Graswurzel- und Baumkronen-Propaganda der Unternehmen die Verbreitung der neokonservativen Doktrin ist, die – um es mit Whites Worten zu sagen – darauf ausgerichtet ist, »das Herzstück unserer Demokratie, den Wahlprozess«, zu dominieren. Wie die folgenden Beispiele zeigen, sind die Sponsoren und Unterstützer der Bekehrungsprogramme aus der Wirtschaft in diesem Punkt bemerkenswert offen.

1977 sprach Sir Robert Crichton-Brown, Präsident des Institute of Directors in Australien, vor seinen Geschäftsführerkollegen über die künftige Rolle des Instituts. Er schlug vor, das Institut solle »die Vorteile des Systems, für das es eintritt, bekannt machen und verkaufen. Dies kann durch die Zusammenarbeit mit und die Unterstützung von Einrichtungen wie Enterprise Australia geschehen.« Sir Robert schloss mit den Worten,

> »dass wir uns solange nicht zurücklehnen können, bis ... wir die Gesellschaft insgesamt davon überzeugt haben, dass unser Einfluss tatsächlich zu ihrem Wohl ist. Dies ... wird einen Teil Ihrer Zeit und einen Teil des Geldes des Unternehmenssystems in Anspruch nehmen. Der Aufwand für beides wird sich lohnen, wenn es gelingt, für das Unternehmenssystem das Gütesiegel der Gesellschaft zu erhalten. Denn dann brauchen unsere Nachfolger ihre Zeit- und Finanzressourcen nicht mehr für die weitere Förderung des Systems einzusetzen.« (Crichton-Brown 1977:13, 15)

Sir Roberts erklärtes Ziel ist es, die dauerhafte Unterordnung einer nominell demokratischen Gesellschaft unter die Launen des »Systems der Konzerne« zu erreichen, ganz gleich, wie viel Propaganda und Bekehrungsarbeit dies erfordert.

1979 besuchte Bart Cummins – Leiter des nationalen Programms des US Advertising Council (1975–1980) für »wirtschaftliche Bildung« – Australien unter der Schirmherrschaft von Enterprise Australia. Zweck seines Besuchs war es, u. a. Unternehmensleitern zu erklären, wie ein vergleichbares Programm in Australien organisiert werden könnte. »Wie Enterprise Australia Ihnen bereits mitteilte«, versicherte er seinen Zuhörern aus der Wirtschaft in jedem einzelnen Bundesstaat, »müssen Sie die Wähler davon überzeugen, dass Sie ein großartiges System haben ... das großartigste System, das die Welt je gesehen hat« (Cummins 1979:3).

Crichton-Brown und Cummins bezogen sich nur auf die Graswurzel-Propaganda-Kampagnen. Der Zweck des neueren Aufschwungs der Denkfabriken und der Baumkronen-Propaganda wird mit einer ähnlichen Offenheit anerkannt. Hugh Morgan, Chef der Western Mining Corporation, ist der lauteste (wenn auch nicht der belesenste) Apostel für die Vision einer Demokratie, in der die Köpfe zuverlässig von konzerngesponserten Denkfabriken gesteuert werden (eine Art Zeuge Jehovas für einen neuen Sozialdarwinismus). Laut einem Interview, das Morgan Anfang 1982 dem *Sydney Morning Herald* gab, besteht das Ziel der neuen Denkfabriken und ihrer Unterstützer aus der Wirtschaft darin, »die politische Programmatik in diesem Land umzugestalten«. Politiker, so Morgan, »können nur das übernehmen, was laut den öffentlichen Meinungsumfragen akzeptiert wird. Man muss also die öffentliche Meinung ändern«! Morgan ist davon überzeugt, dass die wachsende Zahl der von Unternehmen finanzierten Intellektuellen (in Denkfabriken und anderswo) und die effiziente Verbreitung der Resultate auf dem besten Weg sind, dieses Ziel zu erreichen. Seine gefährliche politische Naivität erhellt daraus, dass er zwar unablässig gegen die angeblich übermäßige Macht der Gewerkschaften wettert, es ihm aber nicht in den Sinn kommt, dass die Macht, die er für die Unternehmen beansprucht – nämlich ihren Reichtum zu nutzen, um die öffentliche Meinung nach ihren Vorstellungen zurechtzubiegen –, ebenfalls als übermäßig angesehen werden könnte (Sheehan 1982:37).

Kommen wir abschließend noch einmal auf Dr. Feulner zurück, den Leiter der American Heritage Foundation, der 1978 auf einer Londoner Konferenz mit Demokratiemanagern aus der ganzen Welt frohlockte, dass der Bereich der öffentlichen Politik in den USA »überschwemmt ist mit tiefgründigen akademischen Studien«, die auf die Neue Rechte ausgerichtet sind. Dr. Feulner besuchte Australien Ende 1983 unter der Schirmherrschaft der Zeitschrift *Quadrant* und der unglücklich benannten Association for Cultural Freedom, um zu erklären, wie Denkfabriken zur Kontrolle der politischen Programmatik eingesetzt werden können. Laut McAdam (1985:45) hängt ein Großteil des Erfolgs des neokonservativen Neubeginns in Australien »von einer kleinen, aber hartnäckigen Gruppe von Akademikern und Autoren ab, die mit *Quadrant* verbunden sind«. Daher überrascht es nicht, dass Feulner von *Quadrant* gesponsert wurde.

Feulners Grundthese (1985) lautet, dass Akademiker und Intellektuelle zwar für die anfängliche Produktion von Ideen unerlässlich sind (seltsamerweise zählt er Milton Friedman zu den Intellektuellen), dass es aber »einer Institution bedarf, um eine Idee zu popularisieren und zu propagieren – um eine Idee zu vermarkten«. Dies sei die Aufgabe von »Organisationen wie dem Institute of Economic Affairs oder dem Adam Smith Institute in London, meiner eigenen Heritage Foundation in den USA und dem Centre for Policy Studies sowie dem Centre for Independent Studies in Australien«, verkündet Feulner in aller Offenheit. Die Vermarktung einer Idee muss mit einfachen Beispielen erfolgen. Und Feulner demonstrierte dies, indem er es seinem konservativen Publikum auf möglichst einfache Weise vermittelte: »Proctor and Gamble verkauft Crest-Zahnpasta nicht durch die eine Zeitungsannonce oder den einen Fernsehspot. Sie verkaufen sie tagtäglich aufs Neue, indem sie das Produkt in den Köpfen der Verbraucher präsent halten. Die Institute, die ich erwähnt habe, verkaufen Ideen auf die gleiche Weise.«

Feulner beschreibt dann ausführlich, wie die Heritage Foundation und andere diesen Ansatz für die erfolgreiche »Vermarktung der Idee einer angebotsorientierten Wirtschaftspolitik« anwandten. Allerdings, so warnt er, stellt sich der Erfolg nicht über Nacht ein. In der Tat »braucht es Zeit«, bis die Denkfabriken, die dem Beispiel der Heritage Foundation folgen, »Glaubwürdigkeit erlangen und ihre Ideen in die Politik einfließen und diese umlenken können«. Aber offensichtlich nicht übermäßig viel Zeit. Denn Feulner sieht »die Dynamik von Präsident Reagans Wahlsiegen 1980 und 1984« als Ausdruck des Einflusses von Heritage und anderen Ideen-Vermarktern auf die öffentliche Meinung – als wären sie Zahnpasta.

Schließlich unterscheidet Feulner zwischen »Wahlkampfpolitik« (d. h. Kampagnen zur Beeinflussung der öffentlichen Meinung, die in Wahlkampfzeiten durchgeführt werden) und »politischer Politik«, womit er die kontinuierlichen Baumkronen- und Graswurzel-Kampagnen zur Beeinflussung der öffentlichen Meinung und zur Festlegung der politischen Programmatik meint, die von US-Unternehmen in der Zeit zwischen den Wahlen fortlaufend finanziert werden. »Letzteres«, sagt er, »ist mein Spezialgebiet und meiner Meinung nach das wichtigere von beiden« (ebd.: 24). Es sei hier darauf hingewiesen, dass diese Entwicklung das Konzept einer »freien Gesellschaft« der Ideen praktisch bedeutungslos macht.

Sollte Feulners Kampagnenplan Erfolg haben, wird das Ergebnis eine Gesellschaft sein, in der – ähnlich wie in den USA unter Präsident Reagan – die Dominanz der Konzerne kaum oder gar nicht mehr durch die Regierung oder die Gewerkschaftsbewegung gebremst wird. Die australische Gewerkschaftsbewegung wird sich auf die Ohnmacht ihres amerikanischen Pendants reduziert sehen. Australiens Interessen werden Geschäftsinteressen sein; unsere relativ egalitären Traditionen werden zusehends ausgehöhlt. Und »Den Letzten beißen die Hunde« wird die vorherrschende Maxime sein. In diesem Sinne haben die Neokonservativen recht, wenn sie behaupten, sie seien eine radikale Bewegung.

Ich möchte mit einer etwas optimistischeren Anmerkung schließen. Die australische Gesellschaft unterscheidet sich in vielerlei Hinsicht von der amerikanischen. Sie widersetzt sich in erheblichem Maße sowohl der Einimpfung neokonservativer Werte als auch der erfolgreichen Verpflanzung des umfassenden amerikanischen Systems der Kontrolle durch Konzernpropaganda. So hat Marsh (1980) ausführlich über die Hindernisse geschrieben, die das australische politische System den von Konzernen gesponserten politischen Denkfabriken bei dem Bestreben in den Weg stellt, die dominante Rolle zu spielen, die sie in den USA spielen. Darüber hinaus war die australische Gesellschaft und Kultur schon immer egalitärer, kollektivistischer und selbstironischer als die amerikanische Gesellschaft und Kultur. Überdies gibt es deutliche Hinweise darauf, dass es selbst unter den australischen Unternehmensführern viele Menschen gibt, die die von Morgan und Feulner befürwortete Art der Manipulation der australischen Demokratie durch Unternehmensleitungen nicht gutheißen. Diese und andere Umstände dürften eine große Hilfe sein, wenn es darum geht, sich gegen diese neuen Bedrohungen der australischen Demokratie und der Gewerkschaften durch die Unternehmen zu wehren.

# 7 Export der Überzeugungsarbeit

In diesem Kapitel geht es um die Einführung von Techniken zur Verringerung des politischen Risikos der Demokratie in Australien; von Techniken, die in den USA und – in jüngster Zeit und in wesentlich geringerem Umfang – im Vereinigten Königreich entwickelt, verfeinert und angewandt wurden.

So gut wie keine dieser Entwicklungen hat ihren Ursprung in Australien. Ein beträchtlicher Teil davon wurde direkt aus den USA importiert, wobei häufig der Name der entsprechenden US-Einrichtung beibehalten wurde. Dies ist zum Beispiel beim Committee for Economic Development, dem Business Roundtable, dem Business Council und der Foundation for Economic Education der Fall. In geringerem Maße sind amerikanische Techniken über Großbritannien nach Australien gelangt, wie im Fall von Enterprise Australia, das das System der freien Marktwirtschaft durch spezielle Jahresberichte für Arbeitnehmer und Kurse zur »ökonomischen Bildung« für Mitarbeiter von Unternehmen und Schüler fördert.

Walter D. Scott (später Sir Walter) (1950:429–51) war 1950 der erste Australier, der eine Studie über die Kombination aus Überwachung der öffentlichen Meinung und korrigierender »ökonomischer Bildung« in der US-Wirtschaft anfertigte und vorschlug, dass die australische Wirtschaft der amerikanischen Praxis folgen sollte. Scott verweist in diesem Zusammenhang auf die American Economic Foundation (AEF), deren Aktivitäten im Bereich der ökonomischen Bildung fünfundzwanzig Jahre später als Vorbild dienen sollten, als Scotts Vorschläge schließlich auch von australischen Unternehmen aktiv unterstützt wurden. An dieser Stelle soll kurz auf die Geschichte der AEF eingegangen werden.

Die American Economic Foundation wurde 1939 gegründet, um »die Entwicklung eines vereinfachten wirtschaftlichen Vokabulars für die breite Masse, einschließlich der Grund- und Sekundarschulen, zu fördern« (Fisk 1974:805). Von 1939 bis 1975 spezialisierte sie sich auf die Erstellung von Materialien für Propagandakampagnen der Wirtschaft, z. B. Parolen, Bilder, Plakate, Karikaturen, Werbespots für das freie Unternehmertum im Radio (und später im Fernsehen), Leitartikel aus der Konserve, Broschüren und Hefte für den Einsatz in Schulen. Ferner verteilte die AEF Materialien, die von anderen produziert worden waren, z. B. ein »evangelistisches Programm zur ökonomischen Bildung«, das von Inland Steel produziert worden war und vier einstündige Veranstaltungen umfasste. Unter der Ägide der AEF wurde dieses Programm in den Jahren 1950–1953 landesweit an Unternehmen und Konzerne verteilt, wo es während der Arbeitszeit an etwa vier Millionen Arbeitnehmer weitergegeben wurde (Cooke 1954:105, 110). 1975 beschloss die AEF, ihre Aktivitäten auszuweiten und ihre »Mitteilungen zum freien Unternehmertum unter Millionen von Menschen« zu verbreiten (wie auch zu produzieren). Innerhalb von zwölf Monaten erzielte die AEF diesbezüglich einige positive Ergebnisse. In einem Pilotversuch wurde das neue Programm in einer lokalen Gemeinde getestet, wobei sich herausstellte, dass das Programm zu einer erheblichen Verbesserung hinsichtlich der Akzeptanz von Lehrmeinungen führte. Durch diesen Erfolg ermutigt, startete sie ihr Hauptprogramm, das mithilfe von Druckmedien, Radio, Fernsehen und persönlichen Gesprächen ein Publikum von mehreren Millionen Menschen in fünf Bundesstaaten erreichte, denen weitere fünf folgen sollten (AEF 1976:110, 16). Wieder einmal funktionierte die Indoktrination auf kommunaler Ebene, um rechtsgerichtete politische Werte zu bewahren.

Obwohl viele australische Unternehmen einen beispiellosen Aufschwung erlebt haben, sieht Scott das System des freien Unternehmertums durch die Unzufriedenheit der Bevölkerung mit diesem System bedroht. Der Privatsektor, so warnt er, »kann ohne öffentliche Unterstützung nicht überleben«, aber »die Öffentlichkeit kann ohne den Privatsektor überleben«. Er räumt ein, dass mit dem Beginn des Kalten Krieges und dem McCarthyismus ein Wandel zum Besseren stattgefunden habe. Aber »der Grund für diesen Wandel ist wohl eher in der Opposition zum Kommunismus zu suchen als in einer neu entdeckten Freundschaft mit der Wirtschaft«. Der Wandel sei nur deshalb eingetreten, weil die kommunistische Frage in den Vordergrund getreten sei und die Öffentlichkeit sich sogar »noch weniger für den Kommunismus interessiert als für die Wirtschaft«. Daraus folgerte Scott, dass »Propaganda das Gebot der Stunde« sei. Er kam zu der Überzeugung, dass die Unternehmensleitungen, wenn sie das Vertrauen der breiten Öffentlichkeit wiederherstellen wollten, »Methoden anwenden müssen, mit denen sie die Öffentlichkeit erreichen ... Propaganda muss in erster Linie darauf abzielen, die Meinung derjenigen zu ändern, die irregeführt worden sind oder die Dinge nicht richtig begreifen; und in zweiter Linie muss sie die Meinung desjenigen Teils der Öffentlichkeit festigen, der bereits überzeugt worden ist« (Scott 1950:11, 12, 437–9).

Scott war es wichtig, die Schwierigkeit und den Umfang der Aufgabe hervorzuheben, vor der die australische Wirtschaft seiner Meinung nach stand. Um diesen Punkt zu unterstreichen und aufzuzeigen, wie weit Australien hinter den USA zurücklag, verwies er auf die Behauptung der AEF, sie habe »fünf Jahre und zwei Millionen Dollar« aufgewendet, um auch nur »eine funktionale Beschreibung des ... Kapitalismus« zu entwickeln – um also eine Sprache über den Kapitalismus zu entwickeln, die für Propagandazwecke hinlänglich attraktiv war (ebd.: 432).

## Das Institute of Public Affairs

Offensichtlich wurde Scotts Buch geschrieben, bevor die australische Labour Party im November 1949 die Regierungsmacht verlor. Sobald der konservative Premierminister Robert Menzies am Ruder war und sich mit großem Erfolg des Antikommunismus bediente, fühlte sich die australische Wirtschaft zweifellos wieder einigermaßen sicher; und Scotts Appelle stießen auf taube Ohren. Während der nächsten zwanzig Jahre konservativer Regierungen wurde wenig über das Missverständnis der Öffentlichkeit in Bezug auf die Wirtschaft oder über die Notwendigkeit reformorientierter wirtschaftlicher Bildungskampagnen gesprochen.

Das Schweigen in diesem Zusammenhang wurde lediglich durch das Institute of Public Affairs (IPA) gebrochen. Das IPA ist die älteste australische Organisation, die ausschließlich zu dem Zweck gegründet wurde, für das freie Unternehmertum zu werben (und in der Tat die einzige beständige Organisation dieser Art, bevor es Enterprise Australia gab). Sie wurde von einer Gruppe prominenter Geschäftsleute als direkte Reaktion auf den »überwältigenden Sieg der Labor Party bei den Bundeswahlen 1943« gegründet. Der Hauptzweck dieser neuen Organisation war, wie das IPA später bestätigte, »Widerstand gegen den Trend zum Sozialismus« zu leisten, der durch die Wahlen von 1943 bestätigt worden war. Wie in den USA in der Zeit vor dem McCarthy-Regime wurde ein Abdriften zum Sozialismus von den Geschäftsleuten vor allem in intellektuellen Kreisen vermutet (»About the IPA« 1968:35).

1955 wurde der Sekretär des IPA in die USA entsandt, um die dortigen ökonomischen Bildungsprogramme der Wirtschaft zu untersuchen. In seinem Bericht versuchte er, sich ein Bild von dem enormen Umfang und den »riesigen Summen« zu verschaffen, die für das amerikanische Programm ausgegeben wurden. So konnte er uns darüber informieren, dass General Motors im Rahmen seines Programms zur »wirtschaftlichen Bildung« für seine Mitarbeiter mehr Broschüren herstellte als Automobile; dass die US-Handelskammer einen »farbigen Zeichentrickfilm« produzierte, der von mehr als sechzig Millionen Menschen gesehen wurde, und jährlich einen »Business-Education Day« durchführte, an dem 300 000 Lehrer in den Betrieben mit dem Standpunkt des freien Unternehmertums vertraut gemacht wurden; dass Sears Roebuck eine Million Dollar für einen Film über »die wirtschaftlichen Fakten des Lebens« ausgab, der seinen 200 000 Angestellten während der Arbeitszeit gezeigt wurde; dass US Steel ein wirtschaftliches Bildungsprogramm für seine 250 000 Angestellten ausarbeitete, das auch in Schulen und anderswo weite Verbreitung fand; und dass die NAM eine wöchentliche Filmreihe für das Fernsehen produzierte, die landesweit ausgestrahlt wurde (»Understanding Free Enterprise« 1956:9–14)[1]

Das IPA gelangte zu dem Schluss, dass die wichtigste Lehre aus den verschiedenen Methoden zur Verbreitung von »ökonomischer Bildung«, die sich in Übersee bewährt haben, darin besteht, dass die einzelnen Unternehmen in Australien »weit mehr zur Förderung des freien Unternehmertums« tun müssen, indem sie ihren eigenen Mitarbeitern ökonomische Bildung vermitteln. Das IPA nennt das Standardargument, warum die Unternehmen dies tun müssen: Wenn sie es nicht tun, wird das Land »skrupellosen Propagandisten« ausgeliefert sein, die »das einzige Ziel verfolgen, die bestehende Wirtschaftsordnung zu untergraben« (ebd.: 16). Ebenso wie andere wirtschaftsnahe Propaganda-Organisationen lieferte das IPA keine Einzelheiten (abgesehen von ein paar Slogans) über die skrupellose Kampagne zur Unterminierung des Systems der freien Marktwirtschaft. Es scheint diesen Propaganda-Organisationen nie in den Sinn zu kommen, dass das »System der freien Marktwirtschaft« selbst ein künstliches Konstrukt ist, das nur mit künstlichen Mitteln aufrechterhalten wird, nämlich durch ihre eigene riesige Propagandamaschine.

## Die Australian Chamber of Commerce

Was die Reaktion der Wirtschaft auf ihre Appelle zur »ökonomischen Bildung« angeht, war das IPA 1955 nicht sonderlich optimistisch. Aber es war prophetisch. Bevor das IPA seinen Sekretär in die USA schickte, stellte es fest, dass »nach wie vor eine weit verbreitete Apathie gegenüber der ganzen Angelegenheit« herrsche, die aber zweifellos schnell überwunden werden würde, »wenn die derzeit günstigen politischen und wirtschaftlichen Rahmenbedingungen ungünstiger werden« (»Economics for the People« 1955:16–17). Wie vom IPA erwartet, entwickelte sich ein aktives Interesse an ökonomischer Bildung für die Massen erst mit der Wahl der Whitlam-Labor-Regierung 1972.

So begann die australische Handelskammer (ACC) im April 1972 mit der detaillierten Planung eines »Programms zur Förderung des freien Unternehmertums« (formeller beschrieben als »dreijährige Kampagne zur ökonomischen Bildung«). Als ersten Schritt führte die Kammer eine landesweite Umfrage zur Einstellung von Schulabgängern zu verschiedenen Aspekten des Systems der freien Marktwirtschaft (z. B. Gewinne, Preise, Wettbewerb) und einen Aufsatzwettbewerb für Schüler zum selben allgemeinen Thema durch. Diese Projekte dienten als Grundlage für die Entscheidung, welches Korrekturmaterial für die Verbreitung an Schulen vorbereitet werden sollte (ACC 1973:13).

Zu den weiteren Aktivitäten in den ersten drei Jahren gehörten TV-Schulungen für fünfundneunzig Unternehmenssprecher, Materialien zur Unterstützung von Reden, Videokassetten für den Einsatz in Schulen und für Mitarbeiter sowie Schulbesuche von Unternehmern. Es folgten zwei weitere Kampagnen zur ökonomischen Bildung, die jeweils drei Jahre lang liefen. Die Gesamtkosten in Form von finanziellen Beiträgen der Unternehmen (im Gegensatz zu Sachleistungen) beliefen sich auf etwa 500 000 Dollar. Insgesamt wurden circa fünfzehn Videos und Filme (einige in Zusammenarbeit mit dem IPA) zu Themen wie »Gewinne«, »Die Marktwirtschaft« und »Werbung« fertiggestellt. Mit dem Einverständnis der Bildungsministerien wurde das gesamte Material in Lehrmittelzentren aufgenommen und den Schulen in ganz Australien zur Verfügung gestellt.

In diesem Zeitraum entsandte die Kammer den Leiter ihres Programms für ökonomische Bildung in die USA, »um die dortigen Programme für ökonomische Bildung zu studieren.« Im Rahmen eines Projekts zur »Meinungsbildung unter Arbeitnehmern« wurde ein 170-seitiger, in den USA erstellter Leitfaden für »wirtschaftliche Informationsprogramme für Arbeitnehmer« an 470 Unternehmen verteilt. Darüber hinaus führten die Kammern in allen größeren Städten ihre eigenen Programme zur ökonomischen Bildung durch. Dazu gehörten spezielle Konferenzen für Lehrer und Geschäftsleute, die Herstellung von Verbindungen zu Zentren für die Lehrplanentwicklung und Videovorführungen der Kammern, die Zehntausenden von Schülern gezeigt wurden. So wurden beispielsweise in Westaustralien in den Jahren 1977–1978 Videovorführungen für schätzungsweise 10 000 Schüler »in fast jeder High School und allen Lehrer-Colleges« veranstaltet (ACC 1975, 1978, 1979).

1981 beschloss die ACC, das Programm fortzusetzen, allerdings mit neuen Projekten, einem neuen Format und unter neuem Namen. Das Gesamtprogramm wurde beibehalten, und das grundlegende Ziel, »ein besseres Verständnis der australischen Marktwirtschaft in der Öffentlichkeit zu erreichen«, blieb unverändert (ACC 1973:22).

## Die anderen Propaganda-Organisationen

1976 erstellte der Leiter der Chamber's Economic Education Campaign einen Bericht über die von Unternehmen geförderte ökonomische Bildung in Australien, der vom Committee for Economic Development in Australia (CEDA) veröffentlicht wurde. In dem Bericht werden acht Einrichtungen genannt, die im Bereich der Sozialtechnik besonders aktiv waren. Vier von ihnen vertraten spezifische Branchengruppen:

- die Australian Bankers Association,
- die Australian Financial Conference,
- die Life Officers Association of Australia und
- der Australian Mining Industrial Council.

Alle verfügten über ein Programm, um »die Botschaft des freien Unternehmertums ... an Sekundarschulen und Colleges in ganz Australien zu vermitteln«. Sie »machen sich bemerkbar«, so der

Bericht, »durch eine breite Palette an gedruckten und audiovisuellen Materialien.«

Bei den vier anderen Einrichtungen, die im Bereich der ökonomischen Bildung am aktivsten sind, handelt es sich um folgende:

- die Australian Industries Development Association (AIDA), die inzwischen mit dem Roundtable zum Business Council verschmolzen ist,
- die American Chamber of Commerce in Australia (AmCham),
- das Committee for Economic Development in Australia (CEDA) sowie
- das Institute of Public Affairs (IPA).

Alle diese Organisationen waren sowohl in den Schulen als auch in den Gemeinden aktiv. Allerdings hat nur das IPA quantitative Angaben zu seinen Aktivitäten gemacht, und zwar nur für Schulen. Das IPA behauptete 1976, dass 50 000 Exemplare seiner monatlichen Broschüre »Facts« und 15 000 Exemplare seiner vierteljährlich erscheinenden »IPA Review« in mehr als 1200 Highschools in ganz Australien verwendet wurden (Dawson 1976). An anderer Stelle wurde berichtet, dass das IPA »Hunderttausende Exemplare von Veröffentlichungen über Firmen an die Mitarbeiter verteilt« (Allen 1976). Die AmCham (1977) behauptete, sie habe »die Unternehmensgeschichte zu mehr als 20 000 Schülern in Hunderten von Highschools im ganzen Land gebracht«.

Von all diesen Propaganda-Organisationen war die Gründung der Australian Free Enterprise Association Ltd. im Jahr 1975 vermutlich der wichtigste Schritt in den zunehmenden Bemühungen der Wirtschaft, die öffentliche Meinung zu kontrollieren. Finanziert durch Spenden in Höhe von 35 000 Dollar von CIG, Esso, Kodak und United Permanent und (etwas später) von Ford Motors und IBM (Finnegan 1984:1), stellte die Gründung der Vereinigung eine direkte Reaktion auf die »Bedrohung des freien Unternehmertums« durch »jüngste Ereignisse« dar, d. h. durch die Wahl der Whitlam-Regierung.

Die Australian Free Enterprise Association (AIDA) gründete im April 1976 ihren missionierenden Ableger (Enterprise Australia). Geoff Allen, der spätere Direktor von AIDA und anschließend des Business Council, beschrieb Enterprise Australia als das Produkt von Initiativen des IPA und des ehemaligen konservativen Ministers Sir Allen Fairhall.

Die erste Maßnahme des neuen EA-Geschäftsführers, Jack Keavney, bestand darin, ins Ausland zu reisen, um die Aktivitäten ähnlicher Organisationen zu studieren (Allen 1976). Von den Organisationen, die er besuchte, scheint Keavney am stärksten von der American Economic Foundation beeindruckt gewesen zu sein, die ihn herzlich aufnahm und ihm jedwede Unterstützung gewährte. »Vieles von dem, was wir erreicht haben, verdanken wir den Amerikanern«, räumte er fünf Jahre später bei einem Gegenbesuch bei der AEF in New York ein, »und zwar insbesondere dieser Organisation« (Keavney 1981b:264). Kurz nach der Gründung der EA im Jahr 1976 verwies Fairhall (1976:2) darauf, dass die AEF »die Geschichte der Wirtschaft in einfache ökonomische Begriffe übersetzt« habe, um sie für die allgemeine Verbreitung zu nutzen, und er schlug vor, dass die EA dem Beispiel der AEF folgen sollte.

Im August 1976 holte Enterprise Australia einen Direktor der AEF, John Q. Jennings, nach Australien. Jennings war Experte für »Mitarbeiterkommunikation« und insbesondere für die Erstellung von »Jahresberichten für Mitarbeiter«, die deutlich machen, wie wenig Überschuss nach Abzug der Löhne und anderer Kosten übrig bleibt. Seine berühmteste Leistung besteht darin, dass er mithilfe der Mitarbeiterkommunikation einen dramatischen konservativen Meinungsumschwung unter den Beschäftigten der großen englischen Maschinenbaufirma Guest, Keen & Nettlefold (GKN) herbeiführte, d.h. einen Umschwung gegen die Verstaatlichung und zugunsten der Unternehmensperspektive (Keavney 1977:3).

Als Anschauungsmaterial hatte Jennings 3000 Exemplare des GKN-Jahresberichts für die Beschäftigten für 1975 im Gepäck (Keavney 1978b:67). Unter der Schirmherrschaft von EA traf Jennings mit Premierminister Fraser und dem Minister für Arbeitnehmer-Arbeitgeber-Beziehungen zusammen. Anschließend befürworteten beide öffentlich die Anwendung der Jennings-Formel. EA berichtete später, dass zwischen 200 und 300 australische Unternehmen Mitarbeiterberichte »ähnlich« dem Jennings-Modell erstellten (»Company Employee Reporting« 1977:1–2).

Jennings war der Erste in einer langen Reihe konservativer Wirtschaftswissenschaftler, Gewerkschaftsführer und kompetenter »Kommunikatoren«, die Enterprise Australia importierte und die auf ihren Touren durch die nationalen Wirtschaftsforen und Konferenzen von den Medien begleitet wurden. Die folgende Liste umfasst nur die Kommunikationstechniker (nach Jennings' Modell):

- Dr. William Peterson, ein Kollege von Jennings (und später Professor für freies Unternehmertum an der Universität von Tennessee). Peterson (1980:664) ist der Auffassung, dass die Umverteilung von Reichtum in jeglicher Form »grundsätzlich unmoralisch ist«. Er wurde 1977 hinzugezogen, um weitere Unterstützung bei der Erstellung von Jahresberichten für Arbeitnehmer zu leisten.
- Pitt und Elliott, zwei akademische Berater von GKN, wurden 1978 beigezogen um einen für GKN entwickelten Kursus zur »ökonomischen Bildung« für die Mitarbeiter zu präsentieren. Das Programm mit dem Titel »Work and Wealth« (Arbeit und Wohlstand) bestand aus 640 Farbdias und synchronisierten Tonbändern. EA versichert uns, dass Pitt und Elliott den Kursus »mit großem Geschick leiteten und unvoreingenommen auftraten«. Auf diese Weise »konnte das Programm [im Vereinigten Königreich] ohne den geringsten Widerstand der Gewerkschaften durchgeführt werden« (»Work and Wealth« 1978:1–2). EA schlug vor, den Kursus zu »australisieren« und mit Beschäftigten und Schülern durchzuführen (»Reaching livery Segment of Society« 1978:2).
- 1979 wurde, wie bereits erwähnt, Bart Cummins vom Advertising Council hinzugezogen, um bei der Übertragung des natio-

nalen Programms für ökonomische Bildung des Councils nach Australien zu helfen.

Auch in den Massenmedien gab es eine Menge sogenannter »unvoreingenommener« Schulungen. Bis 1979 war EA maßgeblich an der Produktion einer Serie von zwölf halbstündigen Fernsehfilmen (»Making It Together«) beteiligt, die sich mit dem allgemeinen Thema befassten, wonach das, was der Wirtschaft hilft, allen hilft. Diese Serie wurde in sämtlichen Bundesstaaten ausgestrahlt, und eine weitere Serie war in Produktion (»Television Documentary Series« 1978:4). Zudem hatte sich EA jährlich etwa 1 Million Dollar an kostenloser Sendezeit gesichert. Tag für Tag strahlten mehr als hundert Radiosender »Werbespots« für das freie Unternehmertum aus – die, wie EA erklärte, »vermitteln, dass das freie Unternehmertum der gesamten Gesellschaft zugute kommt« (Meagher 1979:13; »Radio Spots« 1978:2; »Action 1980« 1980).

Bis 1980 schien der Plan von Enterprise Australia, der führende nationale Multiplikator der populären Graswurzel-Ideologie zu werden, gut zu laufen. Laut Keavney (1979:10) sah sich EA »durch den Erfolg seines Ansatzes zur Förderung des freien Unternehmertums ermutigt«. In Hochstimmung hatte es sich das Ziel gesetzt, aus (steuerlich absetzbaren) Unternehmensspenden ein Jahresbudget von 2,5 Millionen Dollar zu erzielen (Carr 1978:41). Darüber hinaus gab es kaum Anzeichen für einen Widerstand innerhalb der Gesellschaft gegen den Vorstoß von EA. Das Bildungsministerium von New South Wales, wo man Widerstand hätte erwarten können, hatte sich bereit erklärt, mit EA bei der Produktion der »australisierten« Version des GKN-Programms zur ökonomischen Bildung zusammenzuarbeiten (»Audio-visual economics …« 1979:2; »Action, 1981« 1981).

Alles in allem gab es offenbar erhebliche Fortschritte auf dem Weg zur Verwirklichung einer schönen neuen Welt, wie sie von Sir Robert Crichton-Brown (1977:13, 15), dem Präsidenten des Institute of Directors, vorgezeichnet worden war. Als Anreiz für seine Vorstandskollegen, großzügig zur Unterstützung von Enterprise

Australia zu spenden, hatte Sir Robert eine utopische Vision für die dauerhafte Befriedung der ideologischen Unruhen, die für die Demokratie kennzeichnend sind, beschrieben: »[Das Institut] muss die Vorteile des Systems, für das es eintritt, bekannt machen und verkaufen. Dies kann durch die Zusammenarbeit mit und die Unterstützung von Einrichtungen wie Enterprise Australia geschehen ...« Offenbar können wir uns erst entspannen, wenn jegliche Bedrohung für das freie Unternehmertum ausgeräumt ist. Dies scheint dann der Fall zu sein, wenn »wir die Gesellschaft insgesamt davon überzeugt haben, dass unser Einfluss tatsächlich zu ihrem Wohl gereicht. Dies ... wird einen Teil Ihrer Zeit und einen Teil des Geldes der Unternehmenswelt in Anspruch nehmen. Der Aufwand für beides wird sich indes lohnen, wenn es gelingt, für die Unternehmenswelt das Gütesiegel der Gesellschaft zu erlangen.«

Ab 1980 verfügte die Maschinerie des ideologischen Managements auf Graswurzelebene über eine Reihe von Programmen zur Indoktrinierung der Gesellschaft im Allgemeinen wie auch für bestimmte Bereiche.

## Schulen

1980 veröffentlichte die National Mutual Life Insurance Company (NML) den ersten Jahresbericht für Kinder. Der Bericht mit dem Titel »*Curly and the Bald Hairies*« (Anm. d. Ü.: dt. etwa: Lockenköpfchen und die Kahlköpfe) war quasi wie ein Comic gestaltet und lehnte sich unmittelbar an die amerikanische Praxis an. (»Eine weitere Idee, die ich in Amerika aufgegriffen habe«, so Keavney im Januar 1981 gegenüber der AEF, »war die Idee der Jugendberichte«: NML 1980; Keavney 1981b:264.)

1981 ernannte EA einen Vollzeit-Direktor für sein Programm für Schulen und Colleges (Ted Hook) und übernahm 1982 den Vertrieb eines Schulbuchs mit dem Titel *The World of Business* (Hook und Harding 1982). Das Buch basiert auf einem gleichnamigen kanadischen Text und war von Hook im Rahmen eines von verschiedenen

Wirtschaftsunternehmen und der Queensland Confederation of Industry finanzierten Vertrags zusammengestellt worden.[2]

1982 übernahm EA Young Achievement Australia (YAA), das 1978 von der American Chamber of Commerce in Australia (AmCham) als Adaption eines amerikanischen Programms namens Junior Achievement an australischen Schulen eingeführt worden war. In Amerika hatte Junior Achievement eine jährliche Mitgliederzahl von 250 000 Schülern erreicht; und für Australien wurde ein Ziel von 12 000 gesetzt (»The Facts on the EA …« 1982; »Young Achievement Companies …« 1977; »AmCham's Young Achievers …« 1978:11; Batten 1979:85).

Unter amerikanischer Schirmherrschaft war das YAA nicht sonderlich gediehen (AmCham 1977). Nachdem das YAA 1982 unter die Schirmherrschaft von EA gestellt worden war, beteiligten sich nur 1400 Highschool-Schüler in vier Bundesstaaten daran (»The Facts …« 1982). 1983 wurde das »australisierte« Programm für ökonomische Bildung »Work and Wealth« über die Bildungsministerien den Sekundarschulen in ganz Australien zur Verfügung gestellt. Ebenfalls 1983 wurde ein Brettspiel namens »Poleconomy« erfolgreich vermarktet, von dem 100 000 Stück verkauft wurden. »Poleconomy« wurde unter der Schirmherrschaft von EA mit der Begründung herausgebracht, dass es das Verständnis für das System der freien Marktwirtschaft verbessert. Und 1984 wurden Seminare in Gymnasien initiiert, in denen Unternehmer Lehrern und Kindern die Vorzüge des Systems der freien Marktwirtschaft erklären.

## Universitäten

1981 berief EA für sein Hochschulprogramm einen Vollzeit-Direktor (John Warr). Und Jack Keavney sprach auf offiziellen Versammlungen von Hochschulmitarbeitern über die Vorzüge des Systems der freien Marktwirtschaft. 1983 stellte die Monash University einen Vollzeitbeauftragten ein, der spezielle Aufgaben im

Bildungsbereich übernahm und u.a. Schulen ermutigte, EA-Materialien zu verwenden (»The Capitalist Crisis« 1983). In Monash wurde ein »Executive-in-Residence«-Programm ins Leben gerufen, in dessen Rahmen hochrangige Führungskräfte aus der Wirtschaft bis zu einer Woche lang die Vorzüge des Systems der freien Marktwirtschaft auf offiziellen Versammlungen von Mitarbeitern und Studenten erläuterten. 1984 billigten zwölf Universitäten derartige Regelungen.

## Beschäftigte

1981 überreichte der damalige Premierminister Bob Hawke Auszeichnungen für die besten Jahresberichte an die Mitarbeiter von Unternehmen in New South Wales, die von EA gesponsert wurden. (Hawkes konservativer Amtskollege, Andrew Peacock, leistete einen ähnlichen Dienst im Bundesstaat Victoria.) 1982 ernannte EA einen Vollzeit-Direktor für sein Programm zur Mitarbeiterkommunikation. Und das Programm zur ökonomischen Bildung »Work and Wealth« (Arbeit und Wohlstand) wurde Unternehmen zur Verfügung gestellt, damit sie es bei ihren Mitarbeitern einsetzen konnten.

## Die breite Öffentlichkeit

Die Verbreitung von Slogans für das freie Unternehmertum über den Rundfunk im Wert von 1 Million Dollar pro Jahr wurde fortgesetzt. 1981 wurde eine zweite Serie von zwölf halbstündigen Fernsehsendungen über verschiedene Wirtschaftszweige (»Making It Together«) von vierzig Fernsehsendern ausgestrahlt. 1983 wurde mit der Produktion von 30-Sekunden-TV-Spots begonnen. 1984 wurde der Wert der kostenlosen Radiospots, die von 136 Radiosendern gesponsert wurden, auf 3 Millionen Dollar erhöht, d.h. auf etwa 136 000 Spots à 30 Sekunden pro Jahr. Das Thema der Spots wurde dahingehend geändert, dass die Verantwortung des einzelnen Arbeitnehmers für das Funktionieren des Wirtschaftssystems (durch Steigerung der Produktion, der Qualität und damit – so wird argumentiert – der Zahl der Arbeitsplätze) betont wurde.

Unter der Überschrift »Australia for Quality Campaign« wurde die neue Radio-Offensive am 2. April 1984 mit einer dreiminütigen Rede von Premierminister Hawke eingeleitet, die von sämtlichen 136 kommerziellen Radiosendern ausgestrahlt wurde. Ferner verbesserte EA 1984 auch die Versorgung mit Rednern aus dem freien Unternehmertums sowie mit »vorgefertigten« Reden und Notizen für Sprecher aus der Wirtschaft im Allgemeinen. Darüber hinaus stellte es für diese Redner Schulungsmöglichkeiten zur Verfügung. John Warr wurde Geschäftsführer von EA, und Jack Keavney wurde freigestellt, um in Vollzeit als Wanderredner für das freie Unternehmertum zu fungieren.

Ebenfalls 1984 veröffentlichte EA eine 59-seitige Broschüre namens *Private Enterprise: The Winning Way*, die von Jack Keavney verfasst worden war und für eine weite Verbreitung bestimmt war. Nach sechs Monaten waren etwa 4 000 Exemplare abgesetzt worden, überwiegend an Großunternehmen (Finnegan 1984:12). Das politische Grundthema des Buches ist dasselbe wie das von William Simons *Zeit für Wahrheit* und lässt sich wie folgt wiedergeben: Eine umfassende Einmischung von Regierungen in die Angelegenheiten der Wirtschaft (unabhängig davon, wie demokratisch sanktioniert solche Maßnahmen sein mögen) wird das Ende von Freiheit und Demokratie bedeuten. Es wird dahingehend argumentiert, dass unser Wirtschaftssystem eng mit unserem System der parlamentarischen Demokratie verknüpft ist und daher ein »grundlegender Zusammenhang zwischen unseren persönlichen, politischen und wirtschaftlichen Freiheiten« besteht. Daher können wir dem Verhalten von Unternehmen keine Beschränkungen auferlegen, ohne gleichzeitig unsere eigenen persönlichen und politischen Freiheiten zu beschneiden.

Die frappierende Logik hinter dieser Behauptung besagt, dass die Bedrohung der Freiheit nicht nur oder nicht einmal in erster

Linie von »Extremisten« ausgeht. Vielmehr gehe »eine große Bedrohung ... von wohlmeinenden Menschen ... mit altruistischen Zielen« aus, die »übermäßig in das freie Spiel der Marktkräfte eingreifen« wollen. Mit anderen Worten, die Bedrohung geht von den kleinen »l«-Liberalen aus. An anderer Stelle (und weniger großzügig) werden alle Kritiker des gegenwärtigen Wirtschaftssystems als »eine unbelehrbare Minderheit von Verleumdern« in einen Topf geworfen. Auf jeden Fall seien all diese Kritiker eine unmittelbare Bedrohung für »die Freiheiten, die wir genießen«, die uns durch die Opfer unserer Vorfahren geschenkt wurden. Wenn wir also nicht der »Verachtung« durch »kommende Generationen« anheimfallen wollen, müssen wir uns »unsererseits« der EA in ihrem Kampf zur Verteidigung unserer traditionellen Freiheiten anschließen (»Private Enterprise ...« 1984:10, 15–16, 58).

Im April 1984 schrieb Allan Moyes (Vorsitzender von EA und Chef von IBM) an die Unterstützer von EA:

> »Das Programm von 1984, ... das umfangreicher ist als in den Vorjahren, ist Teil einer langfristigen Strategie, die dazu beitragen soll, das Verständnis für die Rolle und die Vorteile der Privatwirtschaft in der Gesellschaft zu verbessern. Für Unternehmen und Einzelpersonen ist es nicht möglich, diese Arbeit auf nationaler Ebene effektiv zu leisten. Das Programm wurde so entwickelt, dass es sich nicht mit den Zielen oder Bemühungen von Organisationen wie dem Institute of Public Affairs überschneidet, sondern auf die Erfahrungen und die Möglichkeiten dieser Organisationen so weit als möglich zurückgreift.«

In diesem Jahrhundert wurden die von Unternehmensinteressen durchgeführten massiven US-Propagandakampagnen in der Öffentlichkeit stets als defensive Antwort auf die angeblich noch umfangreicheren Propagandaaktivitäten der linken Gegner des freien Unternehmertums gerechtfertigt. Moyes (1984) wendet dieselbe Strohmann-Taktik im Namen von EA an. Ohne Einzelheiten zu nennen, warnt er uns davor, dass jedes Jahr »Millionen von Dollar von aktiven Organisationen und Einzelpersonen ausgegeben werden, um Informationen zu verbreiten, die darauf abzielen, die Privatwirtschaft und ihre Infrastruktur zu untergraben. Unsere Arbeit ist daher für die gesamte Gesellschaft von entscheidender Bedeutung.«

## Verbindungen nach Übersee

Während seiner siebenjährigen Amtszeit als EA-Chef (1976–1983) unternahm Jack Keavney mindestens drei Rundreisen (1976, 1978 und 1981) zu den sogenannten »Partnerorganisationen« der EA in Übersee. Auf diesen Reisen berichtete Keavney über die Fortschritte in Australien, holte Rat ein und bedankte sich für Ideen, die er übernommen hatte. Im Dezember 1977 und Januar 1978 unternahm Keavney eine Studienreise, auf der er, wie EA berichtet, »Kontakt zu zahlreichen Partnerorganisationen … im Vereinigten Königreich, auf dem Kontinent und in den USA« aufnahm (»Overseas« 1978). Auf dieser Reise (über die es kaum öffentliche Aufzeichnungen gibt) gehörten zu den Partnerorganisationen in den USA, denen Keavney Bericht erstattete, die NAM, die US-Handelskammer, der Roundtable und die AEF (Carr 1978:41; Keavney 1978a: 7–9).

Bemerkenswert ist insbesondere, dass laut Keavneys Bericht die vielen ausländischen Organisationen, die er besuchte, »von der von Enterprise Australia eingeschlagenen Linie sehr beeindruckt waren, insbesondere was die Herstellung einer funktionierenden Beziehung zu gemäßigten Gewerkschaften betrifft«. Keavney zufolge haben »nur wenige Organisationen (nach Art von EA) in der Welt eine derartige Glaubwürdigkeit« bei den Gewerkschaften erreicht. EA sah sich folglich »durch die internationale Bestätigung seiner Linie ermutigt« (»Overseas« 1978).

Auf einer späteren Reise in die USA frohlockte Keavney angesichts der Tatsache, dass Ralph Nader die EA als »die gefährlichste Organisation, der er in Australien begegnet war«, bezeichnet hatte und dass Präsident Reagan die »Philosophie« und »Methoden« der EA öffentlich gebilligt hatte (1981b:264–6).

Im Juni 1978 kehrte Keavney nach London zurück, um auf einer internationalen Konferenz zu sprechen, an der Delegierte von EA-ähnlichen Organisationen – sowie von Organisationen der Politikforschung – aus vierzehn Ländern teilnahmen. Zur Rechtfertigung der Londoner Konferenz schrieb der Herausgeber der Konferenzbeiträge anschließend, dass »die freien Gesellschaften« (d. h. die Gesellschaften des freien Unternehmertums) »vielleicht nicht gerade ihre eigene Cominform brauchen, aber sie müssen zusammenarbeiten« (Ivens 1978:v). Es überrascht vielleicht nicht, dass die Delegierten amerikanischer Organisationen, die Beiträge zu der Konferenz beisteuerten, die Gesamtzahl der Delegierten aus Übersee übertrafen.

Die folgenden Kommentare zu vier amerikanischen Beiträgen vermitteln einen Eindruck von der Konferenz. Ein Beitrag des United States Industrial Council (USIC), dem nach eigenen Angaben 4500 Unternehmen angehören, schildert seinen massiven Kommunikationsaufwand via 350 Zeitungen und 250 Radiostationen und frohlockt, dass die AFL-CIO den USIC als »eine der größten Unternehmensvereinigungen fürchtet, die sich am engagiertesten der Zerschlagung von Gewerkschaften widmet und diese am energischsten durchführt« (Lever 1978:71–2).

Ein Wahlkampfberater des US-Präsidenten Gerald Ford berichtete, dass »die Wahlbeteiligung in den westlichen Gesellschaften stetig zurückgegangen« sei. Er drängte darauf, dass diejenigen, die sich für die freie Marktwirtschaft starkmachen, dies als »eine einmalige Gelegenheit erkennen sollten, um heute in der ganzen Welt in die Offensive zu gehen, [weil] wir es mit einer geringeren Anzahl von Wählern zu tun haben und unsere Bemühungen daher einen größeren Einfluss auf den Ausgang von Wahlen haben können« (White 1978:1–2).

Die Ideologen des Kalten Krieges und der freien Marktwirtschaft hatten ihren großen Tag. Ein amerikanischer Ex-Redakteur des *Atlantic Monthly* (dem, was Großbritannien anbelangt, Brian Crozier fast ebenbürtig ist) warnte vor einer »weltumspannenden fünften Kolonne«, vor einem »kopffüßigen Ungeheuer, dessen unterirdische Tentakel und Glieder von der Gehirnzentrale des KGB in Moskau ferngesteuert werden«. Er bedauerte, dass praktisch alle westlichen Staats- und Regierungschefs, einschließlich Giscard d'Estaing, Carter und Kissinger, mehr oder weniger Komplizen dieses sowjetischen Apparates seien (Cate 1978:42–4; Crozier 1978:59–60).

Jack Keavney, der für Australien sprach (und in dieser Runde etwas farblos wirkte), beschrieb EA als »eine starke nationale Bewegung zur Wahrung und Förderung der Philosophie des freien Unternehmertums« und betonte erneut, wie wichtig es sei, »bei gemäßigten Gewerkschaftern für Glaubwürdigkeit« zu sorgen. Er räumte ein, dass er Aims for Freedom and Industry (Herausgeber der gesammelten Konferenzunterlagen und ältester britischer Missionar der freien Marktwirtschaft) die Idee für eine Woche des freien Unternehmertums zu verdanken habe, die im Oktober 1977 unter der Schirmherrschaft von Premierminister Malcolm Fraser durchgeführt worden war. Keavney (1978b:66–9) bot ferner einen Überblick über den bereits beachtlichen Katalog von Beiträgen der EA für die Sache des freien Unternehmertums.

Der vielleicht bedeutendste britische Beitrag kam von Ralph Harris, Generaldirektor des Institute of Economic Affairs, dessen Bemerkungen über die »wissenschaftliche Bombardierung einer feindlichen Stellung nach der anderen« bereits zitiert wurden (S. 103).

## Politikforschung in Australien

Historisch gesehen und gemessen an der Gesamtleistung scheint das CEDA für das Wachstum der unternehmensfinanzierten wirtschaftspolitischen Forschung in Australien führend gewesen zu sein. Anlässlich eines Besuchs beim CEDA in Australien stellte David Rockefeller (1979:50) von Standard Oil und dem US CED fest, dass »Organisationen wie das CEDA genau der richtige Ansatz«

seien, wenn es darum geht, privates Unternehmertum mit weniger staatlicher Regulierung und Kontrolle zu fördern und gleichzeitig das öffentliche Interesse zu schützen.

In den zwanzig Jahren bis 1984 veröffentlichte CEDA eine gewaltige Menge an Material zu einer breiten Palette von Themen. Dieses Material umfasst dreiundzwanzig »große Forschungsprojekte« zu Aspekten der Wirtschaftspolitik sowie über 300 kleinere Forschungsprojekte und wirtschaftspolitisch relevante Papiere (CEDA 1984a:8; 1984b). Von 1976 bis 1984 veröffentlichte das CEDA (obwohl nicht von ihm initiiert) die einzige allgemeine Übersicht über unternehmensgeförderte »ökonomische Bildung« in Australien (Dawson 1976), die einzige umfassende Übersicht über Einrichtungen, die sich mit unternehmensgeförderter wirtschaftspolitischer Forschung in Australien befassen (Burgess 1984), und die einzige australische Studie zur politischen Rolle privat geförderter Politikforschung in den USA. In der letztgenannten Studie wurde ausdrücklich die Frage nach den »Lehren« aufgeworfen, die aus einer vergleichbaren Entwicklung in Australien gezogen werden könnten (Marsh 1980).

Das US CED wurde 1942 gegründet. Seine Mitglieder repräsentierten einen wesentlichen Teil der US-Wirtschaft. Sein Hauptzweck war die Entwicklung und Förderung (öffentlich und gegenüber der Regierung) von Maßnahmen für die Nachkriegszeit, die sowohl eine Rückkehr zum Vorkriegsniveau der Arbeitslosigkeit verhindern als auch die Zunahme der staatlichen Eingriffe in die Wirtschaft umkehren sollten, die unter dem New Deal stattgefunden und sich unter Kriegsbedingungen fortgesetzt hatten (Schriftgeisser 1960). Das CED war vermutlich die erste unternehmensfinanzierte wirtschaftspolitische Forschungsorganisation im modernen Sinne, die selbstbewusst die Ressourcen der amerikanischen Wirtschaft und der Universitäten für Zwecke der Planung und zur Überzeugung der Öffentlichkeit im Sinne der Unternehmen zusammenführte (ebd.: 9–20, 28; Marsh,1980).

Im CEDA-Bericht von 1984 über »Economic Policy Research in Australia« werden zwanzig »privat finanzierte Organisationen«

aufgelistet, die sich in der einen oder anderen Weise in der Politikforschung engagieren. Die Liste umfasst jedoch überwiegend sektorale Interessengruppen innerhalb der Wirtschaft oder Beratungsdienste für Unternehmen, die auf kommerzieller Basis erbracht werden. Abgesehen vom CEDA sind nur vier Organisationen auf mehr als nur beiläufige Weise mit der umfassenden Förderung konservativer Konzepte und Ideologien befasst. Diese sind:

- der Business Council of Australia,
- das Centre for Independent Studies,
- das Australian Institute for Policy Studies und
- Malcolm Frasers »Think Tank«. (Burgess 1984:7–29)

Die erste dieser Organisationen, der Business Council, wurde bereits in Kapitel 6 beschrieben. Das Centre for Independent Studies (CIS) ist eine in Sydney ansässige Einrichtung, die Studien sponsert, veröffentlicht und fördert, die eine libertäre Laissez-faire-Philosophie unterstützen (Sawer 1982:7–9). Ein Beispiel dafür ist das kürzlich erschienene Buch von Professor Wolfgang Kasper (1984), in dem er für eine Deregulierung ausländischer Investitionen plädiert. Das CIS vertreibt auch Literatur aus britischen und amerikanischen libertären und Laissez-faire-Quellen. Das CIS verfügt Berichten zufolge über ein Jahresbudget von 250 000 Dollar (Burgess 1984:17).

Das Australian Institute for Policy Research (AIPR) wurde 1983 gegründet und wird von John Hyde geleitet. (Hyde ist der Führer der liberalen/konservativen Partei »dries«. Der Begriff »dries« ist Slang für Wirtschaftsrationalisten.)

Die Denkfabrik von Premierminister Fraser wurde 1984 gegründet. Sie wird (etwas generös) beschrieben als »eine verkleinerte Version von Herrn Frasers früheren Hoffnungen, eine Forschungsstiftung nach dem Vorbild des American Enterprise Institute zu gründen« (Burgess 1984:26) (dieser Organisation hat sich Herr Fraser inzwischen offiziell angeschlossen). Zu den Mitgliedern der Denkfabrik gehören Hugh Morgan von der Western Mining Corporation und die konservative Akademikerin Dame Leonie Kramer.

Bei Fertigstellung dieses Kapitels stellte Hugh Morgan fest, ja er verkündete es sogar mit unverhohlener Genugtuung, dass australische Unternehmen im Begriff stünden, sich amerikanische Methoden zur Kontrolle der öffentlichen Meinung anzueignen (Sheehan 1982:37–8). Morgan verweist in diesem Zusammenhang auf die großzügige Finanzierung von Organisationen wie dem CIS, dem Institute for Policy Research und dem IPA durch Unternehmen. Er bestätigt, dass die Ausweitung der Arbeit dieser Organisationen mit der Entscheidung ihrer Unterstützer zusammenhängt, »die öffentliche Meinung zu verändern«, um damit »die politische Tagesordnung neu zu gestalten«. – Und zwar in einer Form, die die Herzen von Ronald Reagan und Margaret Thatcher höherschlagen lassen würde. Morgan scheint absolut zuversichtlich zu sein, dass eine radikal konservative Umgestaltung der australischen Politik erreicht werden kann, wenn nur die Unternehmen die Politikforschung in ausreichendem Maße unterstützen, um die Bevölkerung zu bekehren.

Diese Zusammenfassung unternehmensgeförderter Aktivitäten, die darauf abzielen, die politische Tagesordnung auf Baumwipfel-Ebene zu steuern, enthält eine Reihe von Auslassungen. Mit der einzigen Ausnahme der Niland- und Turner-Studie wurde nichts über verwandte Forschungen gesagt, die sowohl an Universitäten als auch von Universitätsmitarbeitern, aber unter direkter externer Förderung durchgeführt werden (vor allem vom Centre for Policy Studies der Monash University). Auch zu den Studien über die australische Gesellschaft, die von amerikanischen Instituten wie dem Hudson Institute und dem AEI durchgeführt wurden, habe ich mich noch nicht geäußert. Es wurde nichts über den gezielten Einsatz der Medien durch Unternehmen zur Förderung bestimmter Politiken oder Ideologien gesagt – also zum »Issue Advertising« und »Advocacy Advertising« [Anm. d. Ü.: interessenbezogene Werbung], die in den USA seit mindestens einem Jahrzehnt allgegenwärtig sind (Sethi 1977) und auch hier Einzug halten. Zum Beispiel sehen wir jetzt regelmäßig Anzeigen des Uranium Mining Council. Auch über die Agenturen sektoraler Unternehmensinteressen, wie

z. B. den Bank Education Service, die Schulen mit Material versorgen und auf die Lehrpläne Einfluss nehmen, ist noch nichts gesagt worden (Barlowe 1985). All diese Entwicklungen verdienen eine eingehende Betrachtung. Das Ziel dieser Arbeit beschränkt sich jedoch darauf, einen Überblick über die Einführung neuer Methoden der politischen Kontrolle in Australien zu geben – oder zumindest über alte Methoden auf ganz neuer Stufenleiter – und die führenden Organisationen zu identifizieren, durch deren Aktivitäten sich diese Entwicklung vollzieht.

### *Einige Widerstandsbereiche*

Wo aber liegen mögliche Quellen des Widerstands in der australischen Gesellschaft und wie kann dieser Widerstand effektiver gestaltet werden? Diese Frage bezieht sich sowohl auf die allgemeine Verwundbarkeit der Gesellschaft als auch auf die Verwundbarkeit von Unternehmen, Regierung, Medien, Schulen, Gewerkschaften und Universitäten.

Die Wirksamkeit der Propaganda hängt davon ab, ob es emotional aufgeladene Symbole oder Ideen gibt, die von Propagandisten manipuliert werden können. In der westlichen Welt stehen die mächtigsten dieser Symbole mit dem Nationalismus im Zusammenhang. Diese fast sakralen (wenngleich auch säkularen) Symbole bekräftigen die Loyalität zu einer hochgeschätzten (und idealisierten) »Lebensweise«. Im Gegensatz dazu stehen satanische Symbole für Subversion und »Bedrohungen der nationalen Sicherheit«. Selbstredend ist die Manipulation derartiger Symbole (in Wort und Bild) die unverzichtbare Grundlage der konservativen politischen Rhetorik und der konservativen Propaganda im Allgemeinen (siehe Kapitel 1).

Die außerordentliche Macht derartiger Propaganda in den USA hängt gänzlich von der Aufrechterhaltung »patriotischer« Gefühle in der Bevölkerung ab, die gleichermaßen intensiv und oberflächlich sind. Diese Gefühle lassen sich leicht durch die Manipulation heiliger und satanischer Symbole im Zusammenhang mit dem Nationalismus instrumentalisieren. Die Broschüre The American

Economic System and Your Place In It, die die Kampagne zur ökonomischen Bildung in den USA von 1975 bis 1980 einläutete, ist ein gutes Beispiel für eine solche Instrumentalisierung. Die 20-seitige Broschüre, von der der Advertising Council bis 1979 dreizehn Millionen Exemplare verteilte (Meagher 1979:13), ist mit Stars and Stripes, patriotischer Rhetorik und Peanuts-Cartoons übersät.

In Australien stellt die relativ schwach ausgeprägte »patriotische« Begeisterungsfähigkeit in Kombination mit einer weit verbreiteten Skepsis gegenüber übertriebener patriotischer Rhetorik ein erhebliches Hindernis für eine baldige Nachahmung amerikanischer Techniken zur Steuerung der öffentlichen Meinung dar. Ich vermute, dass dies der Grund ist, weshalb die 1979 angekündigten Pläne von EA, die amerikanische Broschüre zu »australisieren«, um sie hierzulande in ähnlicher Weise zu verbreiten wie in den USA, nie in die Tat umgesetzt wurden. Meiner Meinung nach ist dies aber auch der Grund dafür, dass in letzter Zeit so viele Anstrengungen unternommen wurden, um just diesen intensiven und oberflächlichen Patriotismus zu entfachen, der für die Arbeit der Unternehmensführungen so wichtig ist. Im Rahmen des »Project Australia« gaben die Fraser-Regierungen (die auch die Aktivitäten von EA im Bereich der »ökonomischen Bildung« voll unterstützten) 15 Millionen Dollar aus, um einen Patriotismus nach Art des »I love Australia«-T-Shirts zu fördern. Obwohl die Hawke-Regierung diese öffentliche Finanzierung schnell wieder einstellte, sind wir mit dem belastenden Erbe einer nationalen Ladenkette (The Proud Australian) konfrontiert, die ihre geistlos »patriotischen« Waren anpreist.

Von Anfang an waren die Veröffentlichungen von EA mit düsteren Hinweisen auf eine gefährliche Minderheit aus illoyalen »Extremisten« durchsetzt, die wild entschlossen seien, unser wirtschaftlich-politisches System und alle unsere lieb gewonnenen Freiheiten zu zerstören. Diese Gleichsetzung von »Kritik an unserem Wirtschaftssystem« mit »Umsturz unseres politischen Systems« ist ein typisches Merkmal der »ökonomischen Bildung« von EA und war natürlich das zentrale Thema in der Geschichte der Unternehmenspropaganda.

Bislang gab es in der australischen Gesellschaft kaum Kampagnen, die versuchten, die gesamte Gesellschaft zu Prohibition, Antikommunismus oder religiösem Fundamentalismus zu bekehren. Folglich werden die Versuche der Wirtschaft, die öffentliche Meinung in Australien auf die gleiche Weise wie in den USA zu steuern, wahrscheinlich zu einem sehr viel markanteren und sichtbareren Erscheinungsbild führen. Sollte dies der Fall sein, wird eine solche Sichtbarkeit eine eher ungünstige Reaktion in der Öffentlichkeit hervorrufen. Leider wird dieser historische Vorteil derzeit durch die zunehmende Praxis der Bundesstaaten und Bundesregierung untergraben, die (auf Kosten der Allgemeinheit) zahlreiche Zeitungsseiten bezahlen, um der Öffentlichkeit ihre Politik zu verkaufen – natürlich immer im Namen von »Information« und »Aufklärung« (»Public Money, Private Goals« 1985).

Dabei gibt es einen Aspekt in der australischen Kultur, den wir mit allen anderen westlichen Demokratien teilen. Es handelt sich um eine besondere Art der Anfälligkeit für die neue, ausgeklügelte Steuerung der öffentlichen Meinung durch das konservative (aber respektable) freie Unternehmertum. Lange Zeit wurde den Bevölkerungen westlicher Gesellschaften der Glaube eingeflößt, jegliche Bereitschaft, eine Orwell'sche Steuerung der Gedanken auf nationaler Ebene zu betreiben, sei das ausschließliche Privileg von Regierungen – insbesondere kommunistischer Regierungen (siehe Kapitel 8). Der absolut letzte Ort, von dem wir eine solche Bedrohung erwarten würden, seien die Führer der kapitalistischen Wirtschaft innerhalb ihrer jeweiligen Gesellschaft. Derartige allgemein anerkannte Überzeugungen machen die Bevölkerung anfällig für Konzernpropaganda.

## Unternehmen als Quelle des Widerstands?

Zumindest für die unmittelbare Zukunft ist mit erheblichem Widerstand aus den eigenen Reihen der Wirtschaft zu rechnen. So können sich die Spitzenvertreter des CEDA nicht einmal auf die

Unterstützung ihrer eigenen Mitgliedsunternehmen verlassen, wenn sie sich für eine AEI-Rolle aussprechen (American Enterprise Institute for Public Policy Research).

Der Vorschlag von Malcolm Fraser, eine australische Version des AEI zu gründen, fand ebenfalls keine nennenswerte Unterstützung in der Wirtschaft. Auch EA stieß bei den Unternehmen auf erheblichen Widerstand: Geoff Allen trug kaum zur Glaubwürdigkeit von EA bei, indem er es öffentlich als »Propagandaorganisation« bezeichnete. Auch der Bank Education Service steht EA kritisch gegenüber und unternimmt einige Anstrengungen, um den »Verdacht« einer »möglichen Verbindung zu EA« auszuräumen (Kerr 1983:32). Und die Australian Chamber of Commerce widerspricht entschieden jeder Andeutung einer Ähnlichkeit zwischen ihren ökonomischen Bildungsprogrammen und den Aktivitäten und Methoden von Enterprise Australia. (Inzwischen ist EA weiter nach rechts gerückt. Keavney, dessen Kombination aus gutem Willen und Naivität es ihm ermöglichte zu glauben, dass EA politisch überparteilich sein könnte und sollte, hat seine Führungsrolle in EA an Hardliner verloren. – Und die Aussichten auf eine gewerkschaftliche Zusammenarbeit haben sich infolgedessen stark verschlechtert.)

Auf zwei Konferenzen über Wirtschaft und Gesellschaft, die vom Australian Council of Social Services bzw. der American Chamber of Commerce in Australia organisiert wurden, haben führende Vertreter der australischen Wirtschaft die propagandistischen und meinungsbildenden Taktiken der amerikanischen Wirtschaft ausdrücklich zurückgewiesen (Paech 1980; AmCham 1981). Freilich ist dem die uneingeschränkte Befürwortung solcher Taktiken durch Hugh Morgan und seine Anhänger gegenüberzustellen.

Insgesamt kann man davon ausgehen, dass der Widerstand aus den Reihen der australischen Wirtschaft die langfristige Kontrolle der öffentlichen Meinung und die Steuerung der politischen Tagesordnung zwar verzögern, aber nicht verhindern wird.

### *Die Rolle der Regierungen*

Die Regierungen unter Malcolm Fraser trugen in ganz erheblichem Maße zu einer allgemeinen Entwicklung hin zu einem Staat mit Meinungsmanipulation bei. Mittels vier Strategien wurde ein großer Schritt in diese Richtung getan: die Nutzung öffentlicher Anzeigen zur Förderung der Regierungspolitik; die Finanzierung von Project Australia; die aktive Unterstützung von EA; sowie die Aufforderung an Unternehmensleiter, ihre Mitarbeiter zu missionieren. Es steht zu erwarten, dass die konservative Koalition, sobald sie wieder an der Macht ist, die Ausweitung der von der Wirtschaft finanzierten Propaganda und politischen Forschung auf jede nur erdenkliche Weise unterstützen wird.

Sofern die Labour-Regierung den Willen hat, einer solchen Entwicklung Einhalt zu gebieten, kann sie dies auf zwei Arten tun. Erstens könnte sie ihrer eigenen Praxis, ihre eigene Politik mit aus öffentlichen Mitteln bezahlter Werbung zu propagieren, entschieden abschwören und die Opposition auffordern, eine ähnliche Verpflichtung einzugehen. Zweitens könnte sie die geltenden Steuergesetze überarbeiten, um zu verhindern, dass Unternehmen Steuervergünstigungen für Zuwendungen an missionierende Organisationen wie Enterprise Australia in Anspruch nehmen können. Es ist ein Unding, dass die Mitglieder einer demokratischen Gesellschaft gezwungen sein sollen, ihre eigene Indoktrination durch eine parteiische Interessengruppe zu subventionieren, nur weil diese Gruppe ihr Programm als »wirtschaftliche Bildung« bezeichnet.

Ebenso sollten die Ausgaben von Unternehmen für politische Forschung nicht steuerbefreit sein. Die Bundesregierung muss dringend darauf achten, dass die Ausgaben von Unternehmen für die Beeinflussung der öffentlichen Meinung gesetzlich eingeschränkt werden, bevor diese Ausgaben (wie in den Vereinigten Staaten geschehen) so umfangreich und wirkungsvoll werden, dass eine politische Kontrolle praktisch unmöglich ist. Es ist von entscheidender Bedeutung, dass wir die amerikanischen Erfahrungen in dieser Hinsicht studieren und daraus eine Warnung ableiten.

## Medien und Werbung

Sowohl Medienkonzerne als auch Werbeagenturen können davon ausgehen, dass sie von einer Ausweitung der politischen Propaganda stark profitieren. Daher ist Widerstand von dieser Seite unwahrscheinlich. Als der Wirtschaftskommentator Max Walsh (1981:43) auf der (bereits erwähnten) AmCham-Konferenz gefragt wurde, was die Medien von der »Advocacy-Werbung« hielten, antwortete er: »Wir lieben sie!«

1983, kurz nachdem Malcolm Fraser angekündigt hatte, 800 000 Dollar auszugeben, um das Einfrieren der Löhne zu propagieren, wurde bekannt, dass die Regierung von Margaret Thatcher 1,6 Millionen Dollar ausgeben wollte, um die britische Öffentlichkeit für die Aussicht auf Marschflugkörper vor ihren Städten zu erwärmen. Die Thatcher-Regierung wurde dann durch den Leiter einer Londoner Werbeagentur in Verlegenheit gebracht, der die geplante Verwendung öffentlicher Gelder im Fernsehen anprangerte. Als australische Werbefachleute zu dieser Angelegenheit befragt wurden, gaben nur wenige zu, dass sie keinerlei Abneigung gegen die Verwendung von Steuergeldern zur Förderung parteipolitischer Entscheidungen hegten (Milliken 1983:5).

Die Haltung von Werbeagenturen ist von strategischer Bedeutung. In den USA ging seit dem Zweiten Weltkrieg die Initiative für umfangreiche, von Unternehmen finanzierte Bekehrungskampagnen eher von Werbe- und Öffentlichkeitsarbeit-Agenturen als von den Unternehmen selbst aus – denen die Kampagnen in der Tat zu einem großen Teil von den Werbeagenturen verkauft wurden. Dieser US-Hintergrund ist aus Gründen, die vor einigen Jahren von John Cumming, dem Inhaber einer australischen Werbeagentur, deutlich gemacht wurden, von besonderer Bedeutung. Er warnte davor, dass der australische Verband der Werbeagenturen seit 1976 unter amerikanischer Kontrolle steht. Cumming beschrieb die Branche als ein »Trojanisches Pferd« für die kulturelle Invasion eines jeden Landes. Er sah voraus, dass Australien »aufgrund seiner vergleichsweise kleinen Werbeindustrie zum 52. Staat der USA werden würde« (Blanket 1978).

Bis 1980 wurden zwei Drittel der australischen Werbemaßnahmen von Agenturen durchgeführt, die sich ganz oder teilweise in amerikanischem Besitz befanden (»US Fondness ...« 1980). Auch wenn Cummings Befürchtungen übertrieben sein mögen, so müssen wir doch damit rechnen, dass die Werbebranche ihre Überzeugungskünste einsetzen wird, um die australische Wirtschaft in Richtung Meinungsforschung und -steuerung zu lenken. – Wie es zum Beispiel John Clemenger Ltd. bereits seit einem Jahrzehnt tut (Clemenger 1975, 1980). Wenn die australische Wirtschaft dem amerikanischen Weg folgt, ist früher oder später mit einem etwas gekünstelten Aufschrei der Wirtschaft zu rechnen, wie unfair und inkompetent die Medien über die Wirtschaft berichten.[3] Es steht zu erwarten, dass diesem Aufschrei von den Unternehmen gesponserte und bezahlte Seminare und Konferenzen in Urlaubsumgebungen folgen werden, auf denen diverse Journalisten dabei unterstützt werden, den Standpunkt der Unternehmen zu »verstehen« (Dreier 1983).

## Reaktionen der Schulen

In ganz Australien legten Bildungsministerien eine bemerkenswerte Bereitschaft an den Tag, die vielfältigen Bemühungen von Enterprise Australia um eine »Durchdringung« der Schulen zu unterstützen. Dies gilt trotz einem Bericht des Bank Education Service, wonach EA in der Mehrzahl der Lehrplanabteilungen einen fragwürdigen Ruf genießt (Kerr 1983:32). Der energischste und lauteste Widerstand gegen EA kommt von den Lehrern an staatlichen Schulen und ihren Gewerkschaften (Bell 1982; »In the Name of All ...« 1982; Keavney 1982a; Moran 1981, 1982; Shanahan 1982). Für beide Fälle liegen keine zuverlässigen Informationen vor.

Gegen die übermäßige Beeinflussung der öffentlichen Schulen durch ideologisch motivierte Öffentlichkeitsarbeit, die von Unternehmen und Industrie und ihren Anhängern betrieben wird, ist eine Art öffentlich sichtbarer Schutz erforderlich. Ein solcher Schutz könnte dadurch geschaffen werden, dass die Bildungsministerien verpflichtet werden, von allen öffentlichen Schulen Informationen zu sammeln, die es ihnen ermöglichen, jährliche Schätzungen über die Gesamtmenge des in den Schulen verwendeten »Fremdmaterials« und den prozentualen Anteil der verschiedenen Hauptquellen zu veröffentlichen.

Sollten sich die Erfahrungen aus den USA hierzulande wiederholen, können wir davon ausgehen, dass die Wirtschaft im Allgemeinen und die EA im Besonderen irgendwann eine Kampagne starten werden, um Wirtschaft als Pflichtfach in den High Schools einzuführen. Genau eine solche Kampagne florierte in den USA im Anschluss an diese Entdeckung der Opinion Research Corporation im Jahr 1960: Je mehr Wirtschaftskurse ein Student belegt hatte, desto stärker war sein Engagement für konservative Überzeugungen zum freien Unternehmertum (»Why Too Many College Students ...« 1960; Neal 1962). Bis 1976 hatten mehr als die Hälfte der amerikanischen Bundesstaaten Wirtschaftskurse in der High School für alle Schüler zur Pflicht gemacht.

## Universitäten und Colleges

Die Reaktion von Forschenden an Universitäten und Colleges of Advanced Education wird entscheidend dafür sein, inwieweit Australien zu einer gelenkten Demokratie wird. Gegen Propagandaagenturen, die sich mit den Bezeichnungen »Bildung« und »Forschung« tarnen, gibt es keine wirksamere Verteidigung als die kontinuierliche Aufdeckung ihrer wahren Ziele durch eine detaillierte kritische Untersuchung ihrer Aktivitäten und Arbeitsprodukte. Sobald sie mit dem Etikett »Propaganda« versehen sind, sind die »Glaubwürdigkeit« solcher Agenturen und ihr Einfluss fast unwiderruflich zerstört. (Selbst das Wenige, das ich selbst zu EA veröffentlicht habe, hatte nach dem Urteil von Jack Keavney (1982b: 1), ihrem ehemaligen Geschäftsführer, einen erheblichen Einfluss auf seinen Ruf und seine Glaubwürdigkeit.)[4]

Die verheerenden Auswirkungen der Konzernpropaganda auf das kritische Denken und die amerikanische Demokratie wären nicht möglich gewesen, wenn nicht liberale Gelehrte und Forscher das Ausmaß, den Charakter und die Folgen dieser Entwicklung auf fast unvorstellbare Weise vernachlässigt hätten (Carey 1983:13–17). Zum anderen trugen Tausende von amerikanischen Wissenschaftlern und Forschern wissentlich oder unwissentlich auf jede nur erdenkliche Weise dazu bei, die Überwachung und Steuerung der öffentlichen Meinung effektiver zu gestalten (Albig 1957). Vieles wird davon abhängen, ob die australischen Sozialwissenschaftler in der Lage sind, eine ganz andere Erfolgsbilanz vorzulegen als ihre amerikanischen Kollegen. Ich denke, es ist schon jetzt klar, dass die Unternehmen, die den Vorteil haben, über relativ umfangreiche finanzielle Mittel zu verfügen, keine Schwierigkeiten haben werden, Wissenschaftler zu finden, die der ausnahmslos tendenziösen politischen Forschung – die aus der Sicht der Unternehmen durchgeführt wird – das Gütesiegel professioneller Glaubwürdigkeit verleihen.

Ein Beispiel hierfür ist die von der in amerikanischem Besitz befindlichen Versicherungsgesellschaft Sentry Holding Ltd. gesponserte Umfrage über die Einstellung von Arbeitnehmern, Gewerkschaftsfunktionären und Managern (Sentry Holdings 1978). Die Auswahl der Stichproben, die Interpretation und die anschließende Verbreitung der Ergebnisse waren eindeutig tendenziös, sodass die Ergebnisse den Gewerkschaftsinteressen zuwiderliefen (Gill 1979; Carey 1979b:33–5). Ein weiteres Beispiel ist die von CEDA gesponserte Umfrage über die Ansichten von Management und Gewerkschaften zu Arbeitnehmer-Arbeitgeber-Beziehungen (Niland und Turner 1985). Durch die systematische Nichtberücksichtigung widersprüchlicher Daten wurde diese Studie dahingehend interpretiert, dass sie bei den Führungskräften der Unternehmen ein hohes

Maß an Unzufriedenheit mit dem derzeitigen System der Arbeitnehmer-Arbeitgeber-Beziehungen erkennen lässt. In Wirklichkeit entspricht eine solche Schlussfolgerung viel eher den bekannten Ansichten der Sponsoren der Studie als den in der Studie erbrachten Belegen (Carey 1984).

In Anbetracht der Tatsache, dass Australien noch nicht so lange im Propagandageschäft aktiv ist, gibt es in der Gesellschaft immer noch einen gewissen natürlichen Widerstand, der die Einrichtung eines Politikforschungsinstituts nach Art des AEI zu behindern scheint. Es muss daher damit gerechnet werden, dass Universitäten und Universitätswissenschaftler in den Sozialwissenschaften zunehmend dem Druck – und der Versuchung – ausgesetzt sein werden, sich stärker an politisch motivierter Forschung im Auftrag von Unternehmen zu beteiligen. Dies ist eine Aussicht, die akademische Mitarbeiterverbände und Lehrstühle zutiefst beunruhigen sollte.

## Gewerkschaftlicher Widerstand

Vieles hängt nun davon ab, wie schnell die Gewerkschaften erkennen, dass die wichtigste Waffe nicht die Streiks, die schiere wirtschaftliche Macht der Arbeitgeber, die Sympathie der amtierenden Regierung oder die Beschaffenheit des Systems zur Beilegung von Streitigkeiten sein werden. Wie im Falle der amerikanischen Unternehmen vor fünfunddreißig Jahren (Whyte 1950) wird die wesentliche neue Waffe im Arsenal der australischen Unternehmen das sein, was die Unternehmensführungen »Kommunikation« nennen. Der Zweck dieser neuen Waffe wird stets als wohlwollende Sorge um die Verbesserung des gegenseitigen Verständnisses verkauft. Ihr eigentlicher Zweck ist es jedoch, wie sich in den USA gezeigt hat, den Standpunkt und die Werte des Managements massenwirksam an »Zielgruppen« innerhalb und außerhalb der verschiedenen Wirtschaftszweige zu vermitteln, um sowohl die Unterstützung der Gewerkschaften in der breiten Öffentlichkeit als auch die Bindung zwischen Gewerkschaften und Arbeitnehmern in jedem einzelnen Unternehmen zu schwächen.

Die entscheidenden Wendepunkte in der Geschichte der amerikanischen Gewerkschaften waren das Wagner-Gesetz von 1935 und das Taft-Hartley-Gesetz von 1947. Sie spiegelten insbesondere eine Sachlage wider: eine wohlwollende öffentliche Meinung im Jahr 1935 und eine ablehnende öffentliche Meinung im Jahr 1947. Malcolm Fraser baute ein ganzes Arsenal juristischer Waffen auf, um sie gegen die Gewerkschaften in Anschlag zu bringen. Nur eines hielt ihn davon ab, sie einzusetzen: Seine Umfrageergebnisse zeigten, dass die öffentliche Meinung ihn nicht unterstützen würde, wenn er dies täte.

In den USA werden die Arbeitnehmer-Arbeitgeber-Beziehungen formell immer noch durch direkte Verhandlungen zwischen den Sozialpartnern geregelt. In Wahrheit jedoch sind der Handlungsspielraum der Unternehmensleitungen und die Bedingungen, die die Gewerkschaften akzeptieren müssen, in hohem Maße durch den Erfolg der zweigleisigen »Kommunikations«-Aktivitäten der Unternehmensleitungen bestimmt. Vor mehr als dreißig Jahren bezeichnete Whyte die bis dahin beispiellose Beschäftigung des amerikanischen Managements mit der innerbetrieblichen »Kommunikation« als »Union-busting« [Anm. d. Ü.: Kampf gegen die Gewerkschaften]. Und Peter Drucker räumte ein, dass der Hauptzweck eines wichtigen Aspekts dieses Kommunikationsprogramms – der »Human Relations«-Kreuzzug der letzten zehn Jahre – darin bestand, »die Gewerkschaften zu zerschlagen« (Whyte 1950; Drucker 1950:7).

Kurz: Das Gros der Arbeitnehmer-Arbeitgeber-Beziehungen in der amerikanischen Wirtschaft wird seit Langem über Public Relations und »Human Relations« geführt, die als psychologische Waffen im Kampf gegen die Macht und Attraktivität der Gewerkschaften konzipiert wurden. Diese Politik wurde mittels diverser Formen der von den Unternehmensleitungen initiierten und kontrollierten »Kommunikation« betrieben. Für die Gewerkschaftsbewegung hatte der Erfolg dieser Strategie in den letzten dreißig Jahren katastrophale Folgen. Glücklicherweise wird die Anwendung einer ähnlichen Strategie in Australien durch das derzeitige Schlichtungssystem erheblich behindert. Auf jeden Fall bezweifle ich, dass australische Unternehmensleitungen die Ausbeutung so weit treiben würden, wie es die US-Managements getan haben. Gleichwohl müssen die Gewerkschaften damit rechnen, dass viele australische Unternehmen versuchen werden, dem amerikanischen Vorbild zu folgen.

Diese zu erwartenden Entwicklungen erfordern neue Antworten seitens der Gewerkschaften – sowohl in Bezug auf ihre eigenen Mitglieder als auch in Bezug auf die breite Öffentlichkeit. Die Gewerkschaften sollten ihre Mitglieder davor warnen, sich an Kommunikationsprojekten zu beteiligen, die von der Unternehmensleitung initiiert werden (z. B. Jahresberichte für die Arbeitnehmer, Programme zur ökonomischen Bildung, Meinungsumfragen unter Gewerkschaftsfunktionären und -mitgliedern); es sei denn, es sind Personen beteiligt, die die Bereitschaft und die Qualifikation mitbringen, die Interessen der Gewerkschaften und der Arbeitnehmer zu vertreten. Insbesondere sollten die Arbeitnehmer auf keinen Fall an Umfragen oder Erhebungen teilnehmen, die von Arbeitgebern oder Universitätsforschern initiiert werden, außer wenn qualifizierte Vertreter der Gewerkschaftsinteressen sowohl an der Gestaltung der Umfrage als auch an der Interpretation der Ergebnisse beteiligt sind. Die Gewerkschaften könnten sich selbst wertvolle Rückmeldungen (und möglicherweise politische sowie PR-Materialien) verschaffen, indem sie ihre eigenen Mitglieder regelmäßig befragen. Sie könnten gewerkschaftlich konzipierte Umfragen bei der obersten und mittleren Führungsebene durchführen und dann die mangelnde Bereitschaft der Unternehmensleitung zur Zusammenarbeit publik machen.

Generell müssen die Gewerkschaften ihre Kapazitäten ausbauen, um den »Kommunikations-« und PR-Aktivitäten der Unternehmensleitungen mit konkurrierenden Gewerkschaftsinitiativen, einschließlich Politikforschung, zu begegnen. Solange es den Gewerkschaften nicht gelingt, ihre Mitglieder für die Notwendigkeit zu sensibilisieren, zumindest für eine gewisse Kontrolle der öffentlichen Meinung zu bezahlen, werden sie im Bereich der Öffentlichkeitsarbeit weiterhin stark benachteiligt sein. Die Gewerkschaften benötigen dringend zuverlässige Rückmeldungen aus Umfragen über ihr öffentliches Profil und die Durchführung von Streiks. In den letzten Jahren wurde ein großer Teil der Streiks in Dienstleistungsbranchen in öffentlichem Besitz durchgeführt, wo sie ein Maximum an Menschen beeinträchtigen und das öffentliche Eigentum diskreditieren. In privaten Wirtschaftszweigen würden Streiks keines dieser Ergebnisse zeitigen. Dies deutet darauf hin, dass die Bedeutung von Öffentlichkeitsarbeit verkannt wird. Es darf nie vergessen werden, dass die Gewerkschaftsbewegung, ganz gleich wie viele Streiks sie gewinnt, auf lange Sicht zum Scheitern verurteilt ist, wenn sie die Unterstützung der öffentlichen Meinung verliert. Und wenn die amerikanische Gewerkschaftsgeschichte in diesem Punkt keine eindringliche Warnung vermittelt hat – was dann?

## Anmerkungen:

1. Ein Großteil der wirtschaftlichen Aktivitäten, über die das IPA 1956 berichtete, betrifft Programme, die bereits mehrere Jahre früher liefen.
2. Die World of Business Research Foundation wurde 1979 von der Queensland Confederation of Industry gegründet, um Unternehmensbeiträge (die dadurch steuerlich absetzbar waren) für die Kosten für die Beauftragung des Buchmanuskripts einzusammeln. Nachdem ihre Aufgabe erfüllt war, hörte die Stiftung 1981 auf zu existieren (»Audio-Visual Economics Course ...« 1979; Keavney 1981b; The Facts ..., 1982).
3. Ein derart überzeugendes Angebot wurde tatsächlich auf der AmCham-Konferenz von einem Vertreter einer großen Werbeagentur unterbreitet. In einer Art und Weise, die in den USA unvorstellbar gewesen wäre, wurde es in einem entsprechenden Kommentar von Max Walsh (1981: 38–9), dem Chefredakteur der Australian Financial Review, mit Hohn und Spott abgetan.
4. In der Tat sieht sich Herr Keavney (1982b:1) durch diesen Anlass zu Übertreibungen verleitet. Er stellt fest, dass »sich Angriffe auf Enterprise Australia in den Zeitschriften der Lehrergewerkschaften im Jahr 1982 wie ein Buschfeuer ausgebreitet haben« und »großen Schaden angerichtet« haben. Wie er anmerkt, können Buschfeuer »durch nichts weiter als eine achtlos weggeworfene Zigarettenkippe« ausgelöst werden, und er schreibt meinem Artikel (d. h. Carey 1980) eine ähnlich zündelnde Rolle zu.

# 8 Die Orwell-Umlenkung

Im 19. Jahrhundert beschrieb Matthew Arnold [Anm. d. Ü.: engl. Kulturkritiker und Dichter (1822–1888)] das Ziel der Literatur dahingehend, das Leben »fortlaufend« und als »Ganzes« zu erfassen. Im 20. Jahrhundert haben die Sozialwissenschaften diese traditionelle Rolle der Dichter und Schriftsteller als einflussreichste Quelle für Recherchen und Reflexionen über das menschliche Leben und seine Werte infrage gestellt. Ich denke, dass die Macher unserer Sozialwissenschaften Arnolds Ziel weitgehend aufgegeben haben. Infolgedessen erleben wir alle die Welt heute unbeständiger, als uns lieb sein kann, und in einem doppelten Sinne unvollständiger und fragmentierter.

Ich würde behaupten, dass die Abkehr von einem ganzheitlichen Blick auf die Gesellschaft tiefergehend und gefährlicher ist als je zuvor. Die Gründe dafür liegen nicht in irgendeiner naturgegebenen Zwangsläufigkeit, sondern werden durch die fundamentale Zerrissenheit unserer Welt quasi künstlich aufrechterhalten. Diese Vorliebe für Spaltung – eine Spaltung, die eine binäre Moral von »sie« und »wir« aufrechterhält – findet ihren traditionellen Ausdruck in den Begriffen »Kommunist« und »Antikommunist«. Ich würde sagen, dass diese Spaltung zu einer Art globaler Krankheit geworden ist, die die besten und menschlichsten Aspekte unserer liberalen westlichen Traditionen entstellt und korrumpiert.

Der Kommunismus-Wahn wurde derart lange geschürt und aufrechterhalten, dass wir nunmehr Gefahr laufen, daran zu glauben – etwa zu glauben, dass wir George Orwells Warnung vor »1984« ernst nehmen sollten. Orwell warnte davor, dass ein kruder und brutaler Totalitarismus aus dem linken Lager der Politik kommen und die liberal-demokratischen Freiheiten, von denen wir alle profitieren möchten, untergraben würde. Eine derartige Perspektive ist dabei lediglich ein Teil des Kommunismus-Wahns im 20. Jahrhundert; denn auch wenn die Freiheiten der liberalen Demokratie zweifellos bedroht sind, so ging die Gefahr doch stets von der »respektablen Rechten« aus. Sie kommt in der Gestalt einer weitverbreiteten sozialen und politischen Indoktrination daher, einer Indoktrination, die Unternehmensinteressen als die Interessen aller propagiert und dabei die Gemeinschaft fragmentiert und das individuelle und kritische Denken ausschließt.

In diesem Kapitel werden vier Entwicklungen der letzten hundert Jahre kurz erörtert, die gemeinsam diese »demokratische Propaganda« hervorgebracht haben: das Wachstum der Demokratie, das Wachstum von Bürounternehmen, das Aufkommen eines großen kommunistischen Staates und die Zunahme der Propaganda als demokratisches Machtinstrument.

## Das Wachstum der Demokratie

Zwischen 1880 und 1920 hatte sich der Anteil der wahlberechtigten Bevölkerung in den großen westlichen Gesellschaften etwa verdreifacht. Damit gewannen die Überzeugungen und Meinungen der weniger privilegierten Mehrheit in diesen Gesellschaften eine ganz neue Bedeutung und einen neuen Wert (Lippman 1955:39–40).

Bereits 1909 erkannten führende Demokratieforscher in Großbritannien und den USA – namentlich Professor Graham Wallas von der London School of Economics und A. L. Lowell, Präsident der Harvard University – in dieser neuen Situation einige bedeutsame Konsequenzen für die traditionellen Machthaber. Wallas stellte fest:

> »Volkswahlen können recht gut funktionieren, solange jene Fragen ausgespart bleiben, die die Besitzer von Reichtum und wirtschaftlicher Macht veranlassen, ihre Möglichkeiten voll auszuschöpfen.

> Aber wenn die Reichen in irgendeinem modernen Staat es für lohnenswert hielten … ein Drittel ihres Einkommens in einen politischen Fonds einzuzahlen, würde kein noch so ausgeklügeltes Korruptionsgesetz sie daran hindern, es dafür auszugeben. Wenn sie dies täten, könnten sie sich damit ungeheuer viel Sachverstand erkaufen; und die Kunst, Sachverstand für die Erzeugung von Emotionen und Meinungen zu nutzen, ist bereits so weit fortgeschritten, dass sich der gesamte Charakter des politischen Wettbewerbs in der Zukunft verändern würde.« (Lowell 1926:43)

In den USA stimmte Lowell dem weitgehend zu: »Graham Wallas«, schrieb er, »hat wahrscheinlich Recht, wenn er meint, dass der Besitz [wenn er in einer für ihn wichtigen Angelegenheit herausgefordert wird], nicht auf gewaltsamen Widerstand, sondern auf die Korrumpierung der Wählerschaft zurückgreifen würde« (ebd.).

Der wichtigste Punkt, den ich hier festhalten möchte, ist, dass die rasche Ausweitung des demokratischen Wahlrechts in den letzten hundert Jahren zu einer beispiellosen Beunruhigung bei denjenigen geführt hat, die die Ressourcen kontrollieren. Statt sich gegen die Ausweitung des Wahlrechts zu wehren, korrumpierten die Unternehmen die Wählerschaft, um sich vor den Bürgerinnen und Bürgern zu schützen. Und die Methode für diese Korrumpierung war der Einsatz von Techniken zur Manipulation der öffentlichen Meinung – also Propaganda.

Wie in den vorhergehenden Kapiteln beschrieben, gab es in den letzten hundert Jahren ein bemerkenswertes Wachstum großer Konzerne mit einer entsprechenden Zunahme von Propagandatechniken. Einige statistische Angaben sollen einen Überblick verschaffen. Im Jahr 1870 gab es in den USA nur drei private Unternehmen mit mehr als 1 000 Beschäftigten. 1914 waren es bereits 557. 1973 stellte ein UN-Bericht fest, dass viele multinationale Konzerne wie AT & T, Standard Oil und United Fruit »größer sind als eine beträchtliche Anzahl ganzer Volkswirtschaften«, zum Beispiel Chile, Madagaskar, Haiti oder Fidschi (Carroll 1981:2; TNEC 1941:9; UN 1973:13).

## Das Aufkommen eines kommunistischen Staates

Als 1917 ein großer kommunistischer Staat als funktionierende Alternative zum System des freien Unternehmertums auf der Weltbühne erschien, hatte dies weltweit unmittelbare und dauerhafte Folgen. Der neue Staat vereinigte alle existierenden Arten des Kapitalismus (zu denen sich in Kürze auch die nationalsozialistischen und faschistischen Varianten gesellen sollten) in unerbittlicher Feindschaft gegen sich. Es ist heute weitgehend unbekannt oder in Vergessenheit geraten, dass 1918 dreizehn westliche Nationen und Japan mit Armeen von zusammen 100 000 Mann in die Sowjetunion einmarschierten. Zwischen Mai und September 1918 drangen Truppen der westlichen Alliierten von Osten, Norden und Westen in die neue Republik ein und schürten den Bürgerkrieg mit der Absicht, das bolschewistische Regime zu zerstören (Kennan 1958).

Statt nun aber die Bolschewiki zu vernichten, wurden mit der Invasion vielmehr die Voraussetzungen für die weitere Existenz der Sowjetunion geschaffen. Wie E. H. Carr (1963:913) feststellt, »betonten die russischen Führer ab 1925 ständig die Notwendigkeit der Industrialisierung als Verteidigung gegen die Bedrohung durch den internationalen Kapitalismus ...« Diese Bedrohung lieferte die Rechtfertigung für Stalins rücksichtslose Unterdrückung jeglicher Opposition. In einer berühmten Rede vom Februar 1931 warnte Stalin: »Das Tempo darf nicht nachlassen ... Eine Verlangsamung des Tempos würde bedeuten, dass wir hinter ... den fortgeschrittenen Ländern zurückbleiben. Wir müssen diesen Rückstand in zehn Jahren aufholen. Entweder wir tun es, oder sie vernichten uns.« Nur zehn Jahre nach dieser Rede überfiel Hitler Russland. Professor D. F. Fleming (1966:127) fasst die russischen Erfahrungen mit dem Westen in dem entscheidenden Jahrzehnt vor dem Zweiten Weltkrieg zusammen:

> »Die Motive der Beschwichtigungspolitiker in London und Paris im Jahrzehnt vor 1939 waren vielfältig. Aber der Wunsch, Hitler, Mussolini und Tojo durch ein Bündnis mit der Sowjetunion zu stoppen,

gehörte nicht dazu. Der sowjetische Außenminister Litwinow argumentierte und flehte den Westen an, die Völkerbundsatzung gegen Aggressionen durchzusetzen. In der langen Reihe von Kapitulationen vor den Aggressoren wurde die sowjetische Kollaboration angeboten und immer wieder zurückgewiesen. In den Köpfen der Beschwichtigungspolitiker herrschte die grundsätzliche Überzeugung, dass man mit dem Faschismus, mit all seinen Gangster-Eigenschaften, besser leben könne als mit dem Kommunismus.«

In der Tat wiesen die westlichen Alliierten Litwinows Appelle, im Falle einer weiteren Aggression Hitlers ein gemeinsames militärisches Vorgehen zu vereinbaren, fast bis zu dem Zeitpunkt zurück, als Russland 1939 einen Nichtangriffspakt mit Deutschland unterzeichnete. Das Scheitern einer Vereinbarung über kollektive Sicherheit mit dem Westen führte zunächst zur Entlassung Litwinows und dann zum berüchtigten Stalin-Ribbentrop-Pakt (Shirer 1960). Die Haltung des Westens während dieses Jahrzehnts veranschaulichen Äußerungen des damaligen australischen Generalstaatsanwalts bei seiner Rückkehr von einem Besuch in Deutschland am 8. August 1938. Wie im *Sydney Morning Herald* berichtet, sagte Robert Menzies: »Ich glaube nicht, dass ein Krieg in Westeuropa möglich ist ... Deutschland kann sich nur nach Osten ausdehnen«, d. h. nach Russland. Menzies vermied es, diese Perspektive zu einem ausdrücklichen Grund für eine Lobpreisung Nazi-Deutschlands zu machen. Aber er betrachtete sie offensichtlich nicht als ein Vorgehen, von dem man abraten sollte. Denn er fuhr fort: »Ich hoffe, dass die Verständigung zwischen Großbritannien und Deutschland voranschreitet. Kein Deutscher will Krieg. In der Bereitschaft der jungen Deutschen, die sich dem Dienst am Staat verschrieben haben, steckt viel Herzblut« (»European War Unlikely ...« 1938). Am nächsten Tag brachte der *Herald* eine einspaltige Überschrift, die lautete: »Juden zu Tode geprügelt. Verfolgung durch die Nazis. Das Lager Buchenwald.« Mit der Unaufgeregtheit eines Wetterberichts beschrieb der Artikel erschreckende Details zur Folterung und zum Tod von Hunderten von Juden, Sozialdemokraten und Bibelschülern. Nicht einmal die detaillierte Kenntnis von Hitlers Gräueltaten reichte aus, um ein Verteidigungsbündnis über die Trennlinie von Kapitalismus und Kommunismus hinweg zu ermöglichen.

Alexander Werth (1971:37) bietet eine einfache, aber unverzichtbare Perspektive auf die Spaltung, die unser Jahrhundert zerrissen hat: »Wenn man die Ursprünge des Kalten Krieges sorgfältig untersucht, gelangt man fast unweigerlich zu der Schlussfolgerung, dass er nicht mit einem vergleichsweise neueren Datum begann, sondern schlicht und einfach 1917: dem Jahr, in dem das Sowjetregime errichtet wurde.« Fünfzig Jahre blinder Manichäismus des Kalten Krieges führten logischerweise zu Vietnam. Und vor dem Hintergrund von Matthew Arnolds Zielvorstellung einer Humanisierung der Kultur bescherte uns Vietnam unvergessliche Symbole für die Korrumpierung unserer Kultur und unseres Empfindens durch die andauernde globale Spaltung: Von Priestern gesegnete B-52-Bomber, die von Thailand aus starteten, um unsichtbare Bauern in ihrem eigenen Land aus doppelter Höhe des Mount Everest zu bombardieren; Leutnant Calleys erschütternde und haltlose Verteidigung bei seinem Prozess nach den Massakern von My Lai: »Niemand hat uns je gesagt, dass sie Menschen sind« (Bigart 1971:1).

Wenn wir diesen seit Langem eingeschlagenen Weg fortsetzen, wie es Präsident Reagan von uns verlangt, gibt es absolut keinen Grund mehr, warum wir nicht auch den Weg in die ultimative Verwüstung eines globalen Vietnam und in die Dunkelheit des nuklearen Winters finden sollten. Wenn es dazu kommt, können wir sicher sein, dass es antikommunistische Verrückte geben wird, die, eingehüllt in Stars and Stripes, die Zerstörung unserer Welt so erklären werden, wie sie die Zerstörung eines Dorfes in Vietnam erklärten: »Wir mussten es zerstören, um es zu retten.«

Wie viele unserer führenden Literatur- und Sozialwissenschaftlern haben in der Zwischenzeit einen ernsthaften Versuch unternommen, das, was in all diesen Jahren mit unserer Welt passiert ist, in seiner Gesamtheit zu erfassen, geschweige denn der Öffentlichkeit zu vermitteln?

## Die Zunahme der Propaganda

Mit dem Wachstum der Konzerne und der Demokratie nahm auch die Konzernpropaganda als Mittel zur Verteidigung der Konzerninteressen gegen die Demokratie stark zu. »In dem Maße, in dem die wirtschaftliche Macht wuchs«, schreibt V.o. Key (1956:104), »wurde eine bewusste Politik der Manipulation der öffentlichen Meinung betrieben, um diese Macht zu erhalten.« Abgesehen von der Großen Depression gab es drei Anlässe, bei denen diese Politik in großem Umfang zum Tragen kam. Es ist erforderlich, den Kontext dieser Anlässe zu erläutern.

Größere Kriege stellen die Verfechter der bestehenden Ordnung stets vor erhebliche Probleme. Denn moderne Kriege erfordern die Unterstützung aller; und so idealisiert die Kriegspropaganda den humanen, egalitären, demokratischen Charakter der je eigenen Gesellschaft in einer Weise, die keine Elite und kein Unternehmensinteresse wirklich zulassen will. Infolgedessen gibt es am Ende größerer Kriege eine öffentliche Stimmung, die Reformen in Richtung der demokratischen und egalitären Ideale erwartet, für die die Menschen angeblich geopfert und gelitten haben.

Dies war die Situation in den USA am Ende des Ersten Weltkriegs 1918, des Zweiten Weltkriegs 1945 und (auf komplexe Weise) des Vietnamkriegs 1975. In allen diesen Fällen wurde eine massive Unternehmenspropaganda betrieben, die darauf abzielte, Angst vor einer kommunistischen Bedrohung zu schüren und dabei liberale und demokratische Kritiker von Geschäfts- und Unternehmensinteressen zu diskreditieren. In jedem dieser Fälle kam es zu einer erfolgreichen Indoktrination der Gesellschaft – erfolgreich im Sinne der Ausschaltung eines weit verbreiteten kritischen Bewusstseins und der Marginalisierung liberalen und demokratischen Denkens. So folgte in jeder dieser Perioden innerhalb von zwei oder drei Jahren eine dramatische Verschiebung der öffentlichen Meinung in Richtung Konservatismus, Chauvinismus und/oder eine Verschärfung des Antikommunismus des Kalten Krieges. So gab es von 1919 bis 1921 und ab 1948 McCarthy-Perioden und nach 1976 eine plötzliche Wende zum Konservatismus, der in der Präsidentschaft von Ronald Reagan und der Politik des Kalten Krieges gipfelte (Carey 1987a, 1987b).

In Kapitel 5 habe ich die Zunahme der von der Wirtschaft finanzierten Propaganda als Mittel zur Steuerung der Demokratie dokumentiert, bis zu dem Zeitpunkt, da sie um 1950 zu einem bedeutenden amerikanischen Wirtschaftszweig wurde. Um Anzeichen ideologischer Abweichung frühzeitig erkennen zu können, verknüpfte dieser Wirtschaftszweig die intensive Beobachtung der öffentlichen Meinung mit der Beschäftigung einer großen Zahl von Experten aus allen sozialwissenschaftlichen Berufen, die an der Verfeinerung und Verbreitung korrigierender Überzeugungen in allen Medien und allen Teilen der Gesellschaft arbeiteten. Das Programm war relativ simpel: Wenn die Öffentlichkeit beginnt, ihre eigenen Interessen als verschieden von den Unternehmensinteressen zu erkennen, dann überschwemmt man die Medien mit korrigierender Propaganda, bis die Öffentlichkeit ihr kollektives Bewusstsein ändert. Die Große Depression mit ihren Millionen von Hungernden und Arbeitslosen führte beispielsweise zu einer verbreiteten Ablehnungshaltung und einer beträchtlichen Schwächung der ideologischen Kontrolle der Wirtschaft. Die NAM-Kampagne, die 1934 gestartet wurde, um die amerikanischen Bürger für die Wirtschaft zurückzugewinnen, wurde während des Krieges 1939–1945 weitestgehend ausgesetzt, aber unmittelbar nach Kriegsende in noch größerem Umfang wieder aufgenommen. »Der Apparat selbst ist ungeheuerlich ... der Ausstoß schwindelerregend«, schrieb der Soziologe Daniel Bell (1954:254), der vom Ausmaß des bewusstseinsverändernden Programms, das von 1945 bis 1953 andauerte, sichtlich beeindruckt war. Es brachte, wie Professor Key (1958:75) feststellt, »eine geradewegs überwältigende Propaganda für die herrschende Lehrmeinung« hervor.

Der Einfluss der Sozialwissenschaften lässt sich anhand der Arbeit des Psychologen Dr. Henry C. Link veranschaulichen. Link war Leiter einer Organisation mit dem bezeichnenden Namen »The Psychological Corporation«, die ab 1932 die öffentliche Meinung im Auftrag der Konzerne beobachtete und die Wirksamkeit alternativer Methoden zur Beeinflussung der öffentlichen Meinung durch deren Propagandasystem testete.

Wie Link (1947a) darlegt, wurde 1945 eine Reihe groß angelegter »Experimente zu den ›Techniken der Ideenkommunikation‹« von zehn führenden Unternehmen des Landes gesponsert. Die Experimente zeigten, dass die konservative Vision des »freien Unternehmertums« dem amerikanischen Volk nicht über seine eigenen Werte und Eigenheiten verkauft werden konnte, sondern indem diese mit dem »Amerikanismus« identifiziert und die Politik des New Deal mit »Unamerikanismus« in Verbindung gebracht wurde. Im folgenden Jahr (1946) verteilte die US-Handelskammer landesweit eine Million Exemplare einer 50-seitigen Broschüre mit dem Titel *»Kommunistische Infiltration in den USA«*. Im Jahr 1947 wurde eine ähnliche Broschüre mit dem Titel *»Communists Within the Government«* (d.h. in der Truman-Regierung) in Umlauf gebracht.

Drei Jahre nach 1984 liegt es meines Erachtens auf der Hand, dass George Orwells Warnungen vor künftigen Bedrohungen der liberalen Demokratien weitgehend, ja sogar in gefährlicher Weise, falsch verstanden wurden. Beeinflusst von Orwells irrigen Ansichten hat sich im Bewusstsein der Bevölkerung die Erwartung festgesetzt, dass die subversive Linke, unterstützt durch Einflüsse von »außen«, dabei ist, das öffentliche und individuelle Denken zu kontrollieren. (Dies ist das von den Konzernen geförderte Narrativ, das die Rechtfertigung für die Lenkung der Demokratie im Interesse der Wirtschaft liefert.) Unterdessen verläuft der eigentliche Angriff in krassem Gegensatz zu Orwells Erwartungen. Er geht seit fast einem Jahrhundert von der respektablen Rechten aus. Aber diese tatsächliche Bedrohung wird von der Gemeinschaft mehr oder weniger ignoriert, denn sie ist überaus raffiniert, scheint keinen Zwang auszuüben, bleibt aber den Interessen der Unternehmen verpflichtet.

Was auch immer Orwells Absichten gewesen sein mögen, sein Werk wurde missbraucht, um die Öffentlichkeit in die Irre zu führen und zu verwirren, damit sie an den falschen Stellen nach der

»Gehirnwäsche« sucht, die viele instinktiv spüren. Nach dem Ersten Weltkrieg hat dieses Phänomen die Öffentlichkeit dermaßen irregeführt oder eingeschüchtert, dass nur wenige Schriftsteller und Sozialwissenschaftler versucht haben, unsere Welt klar zu sehen oder sie in ihren politisch-wirtschaftlichen Dimensionen zu erfassen. Fast vierzig Jahre nachdem Orwell das Buch 1984 schrieb, hat kein Schriftsteller versucht, es zu aktualisieren, um die Tragweite von Orwells Irrweg für die demokratischen Gesellschaften herauszustellen. Schlimmer noch: Im Namen des freien Unternehmertums und des Antikommunismus setzen sich zahlreiche von Konzernen gesponserte Sozialwissenschaftler bereitwillig dafür ein, Orwells These durch eine von Unternehmen gelenkte Demokratie zu fördern.

# Teil III:

# Propaganda in den Sozialwissenschaften

# 9 Der Human-Relations-Ansatz

Von den 1940er- bis zu den 1970er-Jahren waren Theorie und Forschung zur Motivation und zum Verhalten von Arbeitnehmern in den USA von einer einzigen und umfassenden Denkweise und Praxis dominiert. Bis etwa 1955 war diese Bewegung als »Human Relations«-Schule bekannt. In ihren früheren Phasen wurde sie insbesondere mit den Hawthorne-Studien, Elton Mayo, George Homans sowie Roethlisberger und Dickson in Verbindung gebracht; in ihren späteren Phasen brachte man sie mit Kurt Lewin und seinen Schülern in Verbindung. Seit etwa 1955 weitete sich diese Strömung aus, änderte bestimmte Schwerpunkte und wurde zunächst in »Neo-Human Relations« und später in »Human Resources« umbenannt. Douglas McGregor, Frederick Herzberg und M. Scott Myers gehörten zu den führenden Vertretern dieser modernen Revision der Schule der »menschlichen Beziehungen«.

Wie ich an anderer Stelle gezeigt habe (Carey 1976a), weist die gesamte sich von Mayo bis Myers erstreckende Tradition drei Merkmale von besonderem Interesse auf:

1. Sie hat ohne Unterlass Theorien und »Beweise« hervorgebracht, die angeblich zeigen, dass die Motivation und das Verhalten von Industriearbeitern in erster Linie durch etwas anderes als monetäre und materielle Vergütung beeinflusst werden (zum Beispiel durch soziale Zufriedenheit, Ego-Befriedigung, »kreative« oder »selbstverwirklichende« Belohnungen und so weiter).
2. Die Studien oder Experimente, von denen behauptet wird, dass sie diese Schlussfolgerungen über die relative Unwichtigkeit monetärer Entlohnung von Arbeitnehmern untermauern, sind öf-

ters zu »Klassikern« geworden und haben in der Wirtschaft und in der akademischen Welt Ruhm und Einfluss erlangt.

3. Bei näherer Betrachtung stellt sich jedoch immer wieder heraus, dass die tatsächlichen Ergebnisse der klassischen Studien zu dieser Lehrmeinung die inzwischen berühmt gewordenen Schlussfolgerungen nicht stützen, sondern ihnen sogar widersprechen.

Angesichts der Kontinuität dieser Diskrepanz zwischen Erkenntnissen und Schlussfolgerungen innerhalb dieser 50-jährigen Forschungstradition und der breiten Anerkennung, die ihr zuteilwurde, stellt sich die Frage, welchen anderen als wissenschaftlichen Zwecken diese Arbeit (wissentlich oder unwissentlich) dienen könnte (siehe Carey 1967, 1977). Dieses Kapitel bietet eine Einführung in die Arbeit und die politische Rolle der Human-Relations-Schule in Amerika, insbesondere seit 1945.

## Hintergrund

Das Wesen der Beziehung zwischen Ökonomie und Sozialwissenschaften ließe sich dahingehend zusammenfassen, dass das Ziel eines Großteils der angewandten Sozialwissenschaften, die mit der Wirtschaft in Verbindung stehen, darin besteht, dazu beizutragen, dass die politische Demokratie so risikofrei wie möglich bleibt.

In Demokratien ist die politische, aber auch die wirtschaftliche Macht von der öffentlichen Meinung abhängig. Man kann dies noch konkreter ausdrücken. In den westlichen Gesellschaften findet die Überzeugung, dass die kapitalistische Wirtschaft ausbeuterisch ist, von Zeit zu Zeit breite Zustimmung in der Bevölkerung. Insbesondere wird geltend gemacht, dass Unternehmen und Industrie von Macht- und Profiterwägungen geleitet werden und dabei wichtige soziale und menschliche Belange vernachlässigen. Wo diese Überzeugung vorherrscht, gibt es eine breite Basis für höhere Unternehmenssteuern und viele andere von den Wirtschaftsführern unerwünschte gesetzgeberische Eingriffe. Selbstredend wird ein solcher Zustand der öffentlichen Meinung von den Führern unseres »Systems der freien Marktwirtschaft« (Robinson 1939; Sethi 1977:58) als höchst bedrohlich angesehen. Zumindest in den USA steht dann derart viel auf dem Spiel, dass praktisch unbegrenzte Mittel bereitgestellt werden, um der gefühlten Bedrohung durch die breite Öffentlichkeit zu begegnen. An dieser Stelle kommen diverse Sozialwissenschaftler ins Spiel: Meinungsforscher, Experten für Gruppendynamik, für Einstellungsänderungen, für Werbung, für das »Verkaufen« von Ideen – Experten also für demokratische Propaganda.

Wie aus der nachstehenden Abbildung hervorgeht, gab es in den letzten drei oder vier Jahrzehnten zwei Situationen, in denen sich die amerikanische Wirtschaft (und in geringerem Maße auch die britische und australische) durch die negative öffentliche Meinung besonders bedroht fühlte: das erste Mal unmittelbar nach dem Zweiten Weltkrieg, das zweite Mal ab 1968. Die Abbildung zeigt den Prozentsatz der zustimmenden Antworten auf die Frage: »Schafft die Wirtschaft ein ausgewogenes Verhältnis zwischen Gewinn und Dienst an der Öffentlichkeit?«

In den USA reagierten die Unternehmen und ihre Verbände auf das Meinungstief von 1946 mit einem Hilferuf an Sozialwissenschaftler, die sich auf Öffentlichkeitsarbeit und Arbeitspsychologie spezialisiert hatten (wobei sie kaum erst gerufen werden mussten). Bei derartigen Anlässen wird das »Problem« der Unternehmen gern als ein »Missverständnis«, als ein Scheitern der »Kommunikation« zwischen den Unternehmen, Managern und Konzernen einerseits und den Arbeitnehmern und der Öffentlichkeit andererseits, definiert; oder – und dies wird als gleichwertige Formulierung angesehen – als Aufgabe, das »Image« der Unternehmen, Konzerne usw. zu verbessern.

Unter den Bedingungen der späten 1940er-Jahre entwickelte sich eine intensive symbiotische Beziehung zwischen der amerikanischen Wirtschaft und Sozialwissenschaftlern (Mills 1948; Moore 1947). Laut *New York Times* kamen im Jahr 1946 führende Vertreter von Unternehmen und Industrie zu dem Schluss, dass das »System

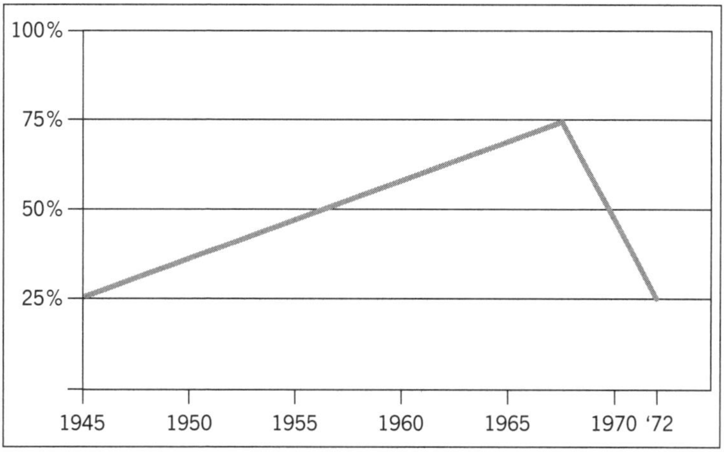


»Dieses Diagramm zeigt, dass es in den USA über einen Zeitraum von 20 Jahren ein stetiges Wachstum gab, und dann ...! Wie Yankelovich (1972) vorausgesagt hatte, wandte sich die öffentliche Meinung gegen die Wirtschaft. Was zwanzig Jahre lang aufgebaut worden war, wurde in weniger als fünf Jahren zerstört. Quelle: Yankelovich 1972.«

der freien Marktwirtschaft« nur durch die Investition erheblicher finanzieller Mittel in die sozialwissenschaftliche Forschungsarbeit vor der Bedrohung durch den Wohlfahrtsstaat, den Sozialismus, den Kollektivismus und den damit verbundenen Katastrophen gerettet werden könne (Porter 1946b:3). Infolgedessen stellte die amerikanische Wirtschaft ab 1946 umfangreiche Mittel für die Forschungsarbeit von Sozialwissenschaftlern zur Verfügung, die sich mit der Erfassung, Entwicklung und Veränderung von Einstellungen und Meinungen befassten sowie mit der damit verbundenen Untersuchung von Arbeitnehmer-Arbeitgeber-Beziehungen. Wo immer Studien oder vermeintliche Ergebnisse von Sozialwissenschaftlern als nützlich für die Verbesserung des »Images« der Wirtschaft und ihrer Akzeptanz in der öffentlichen Meinung erachtet wurden, wurden diese Studien und Ergebnisse von den Wirtschaftsführern offiziell übernommen, veröffentlicht und hochgespielt.

Die Sozialwissenschaftler selbst waren hinsichtlich ihrer verstärkten Allianz mit der Wirtschaft nicht weniger enthusiastisch und eindeutig. Die American Psychological Association (1962) bot der Wirtschaft schließlich einen Kaufvertrag an, der Folgendes enthielt:

> »Die Aufgabe, das Image eines Unternehmens sauber zu halten und zu pflegen, ... ist eine kontinuierliche Aufgabe ... [Allerdings] ist der Arbeitspsychologe in zunehmendem Maße dort hilfreich, wo es darum geht, dem Management psychologische Instrumente und Erkenntnisse zur Verfügung zu stellen, um eine positive Reputation zu schaffen und zu wahren. Im Wesentlichen versucht der Arbeitspsychologe, dem Arbeitnehmer bei der Erkenntnis behilflich zu sein, wie seine Interessen und die des Managements übereinstimmen ...«

Diese Anpassung der allgemeinen Einstellung an die Vorgaben der Unternehmensführung soll durch eine »Umerziehung und Umstrukturierung der Wahrnehmung« erreicht werden – ein Tätigkeitsbereich, der durchaus als sozialwissenschaftliches Kompetenzfeld angesehen wird.

Das passende Format für ein solches »Umerziehungs«-Programm stammt von S. Prakesh Sethi (1977:58), der die folgenden Strategien auflistet, die ein Unternehmen im Umgang mit einer negativen öffentlichen Meinung in einer Demokratie anwenden sollte.

## Unternehmensstrategien

1. Ändern Sie nicht die Leistungsbilanz des Unternehmens, sondern ändern Sie die öffentliche Wahrnehmung der Unternehmensleistung durch gezielte Aufklärung und Information.
2. Falls es nicht möglich ist, die öffentliche Wahrnehmung zu ändern: Ändern Sie die Symbole, mit denen die Leistung des Unternehmens beschrieben wird, um sie mit der öffentlichen Wahrnehmung in Einklang zu bringen. Beachten Sie, dass die tatsächliche Leistung nicht verändert werden muss.

3. Falls sowohl (1) als auch (2) unwirksam sind, muss die Unternehmensleistung geändert werden, um sie mit den Erwartungen der Gesellschaft in Einklang zu bringen.

## Einige Schlüsselbegriffe

Ein kurzer Rückblick auf die 1920er- und 1930er-Jahre zeigt, wie Unternehmensleiter und Sozialwissenschaftler ein gemeinsames Interesse an Propaganda gefunden haben.

Die kalkulierte Unterwerfung der Sozialwissenschaftler unter die Interessen der Wirtschaft und der Unternehmen geht mindestens bis auf das Jahr 1921 zurück. In diesem Jahr gründeten zwanzig »führende Psychologen« die »Psychological Corporation«, um die Dienste der Psychologie in der Wirtschaft anzupreisen und zu verkaufen (Cattell 1923, 1937). Ab 1937 begann die Psychological Corporation mit einer systematischen und kontinuierlichen Beobachtung der öffentlichen Meinung zu sämtlichen Fragen, die für Wirtschaft und Unternehmen von politischer Bedeutung waren (Link 1948). In den folgenden vierzehn Jahren wurden die Ergebnisse vieler dieser Untersuchungen im *Journal of Applied Psychology* veröffentlicht (z. B. TPC 1937; Link 1947b; Link und Freiberg 1949).

Die Möglichkeit dieser neuen Dienstleistung für die Wirtschaft ergab sich aus der Entwicklung einigermaßen zuverlässiger Umfragemethoden mit kleinen Stichproben Mitte der 1930er-Jahre. Die Nachfrage nach dieser Dienstleistung war eine direkte Folge des Schocks, den F. D. Roosevelts erdrutschartiger Sieg in der zweiten Amtszeit bei den Präsidentschaftswahlen 1936 für die Wirtschaft bedeutete (Bernays 1937; Walker und Sklar 1938; Lasswell 1939). Nach 1936 schlossen sich erstmals alle amerikanischen Unternehmen zusammen und nutzten sämtliche Medien für eine anhaltende Kampagne, um die Roosevelt-Regierung zu diskreditieren und die Vorzüge des Laissez-faire-Kapitalismus gegenüber dem »schleichenden Sozialismus« des New Deal zu propagieren (Walker und Sklar 1938). Anschließend führten die permanenten Rückmeldungen aus Meinungsumfragen zum Wandel der öffentlichen Meinung als Reaktion auf Propagandakampagnen zu einer Verfeinerung bei der Herstellung und Verbreitung der von Unternehmen gesponserten Propaganda. 1939 verkündete Lasswell (1939:357), dass »die Zukunft der Wirtschaft auf Gedeih und Verderb mit der Propaganda verbunden ist«.

Die eher schrille und spaltende Unternehmenspropaganda wurde während des Krieges eingestellt. Nach Kriegsende kehrten die Unternehmen zu ihrem Kampf mit der Öffentlichkeit zurück und stellten fest, dass sie vor Problemen standen. Die Gewerkschaften, die durch das Wagner-Gesetz von 1935 geschützt waren, hatten an Mitgliedern und Macht stark hinzugewonnen. Nach einem Krieg, in dem um die Erhaltung demokratischer Werte gekämpft worden war, empfanden viele Menschen, dass die autoritäre Struktur der Wirtschaft geändert werden müsse, »um mehr Demokratie innerhalb der Wirtschaft zu installieren, ... die unserer politischen Demokratie entspricht« (Porter 1946b:3). Darüber hinaus kam eine im November 1945 durchgeführte Auswertung von einem Dutzend Umfragen, die in den vorangegangenen fünf Jahren durchgeführt worden waren, zu dem Schluss, dass

> »[die Menschen] zwei gravierende Vorbehalte gegen die Wirtschaft haben: dass es nämlich den großen Industriekonzernen an Wärme und Menschlichkeit mangelt; und dass die Eigentümer der Unternehmen, die Aktionäre, eine zu hohe Rendite für ihren Beitrag zur Wirtschaft erzielen.
>
> [Somit] sind die beiden Punkte, in denen die Industrie am verwundbarsten ist, (1) ihre menschlichen Beziehungen und (2) das weit verbreitete öffentliche Missverständnis über Unternehmensgewinne.« (Ellison 1945:25)

Im Mai 1946 billigte eine nationale Konferenz von Sozialwissenschaftlern einen ehrgeizigen Plan zur Ausweitung der Weiterbildung und Forschung im Bereich »Human Relations«.

Auf der Jahresversammlung der American Management Association im Jahr 1946 rief ihr Präsident, Alvin Dodd, zu einem regelrechten Kreuzzug auf, um das unerschütterliche Engagement der Wirtschaft für »Human Relations« zu verkünden. Und dieser Ruf nach Human Relations erklang im ganzen Land. Dodd verkündete (ohne konkrete Beweise dafür zu haben), dass

> »die amerikanische Wirtschaft konkrete Schritte unternimmt, um sicherzustellen, dass ihre Unternehmensleitungen auf sämtlichen Ebenen … mit den Grundsätzen intelligenter und aufgeklärter zwischenmenschlicher Beziehungen vertraut sind … Top-Führungskräfte … erklären ganz unverblümt, dass Kenntnisse zu Human Relations eine der wichtigsten, wenn nicht sogar die wichtigste Voraussetzung für die Unternehmensleitung auf allen Ebenen sind.«

Wie die *New York Times* etwas verwundert feststellte, handelte es sich bei dieser Einsicht um eine »Voraussetzung, die von praktischen Geschäftsleuten bis dahin nie ernsthaft als von höchster Wichtigkeit angesehen worden war« (Zipser 1946:1).

Die diversen Bände, die in den 1930er-Jahren zu den Hawthorne-Studien veröffentlicht wurden (alle vollgepackt mit der Human-Relations-Lehre), scheinen zunächst keine größere Wirkung entfaltet zu haben. Tatsächlich wurden sie noch 1947 ausgesprochen uneinheitlich aufgenommen, insbesondere von akademischen Gutachtern (Kornhauser 1934; Dodd 1946; Moore 1947; Landsberger 1958). Dies sollte sich jedoch sehr schnell ändern; zunächst unter Wirtschaftsführern und dann unter Akademikern. 1948 stellte Lyndall Urwick, Direktor des International Management Institute in Genf, bereits fest (stellvertretend für das Management), dass es keinen einzigen Gedanken zum Personalmanagement gibt, der nicht einen Widerhall oder eine Reflexion in der riesigen Schatzkammer der Forschung in Hawthorne [Anm. d. Ü.: In Hawthorne (USA) wurden zwischen 1924 und 1933 in einer Fabrik Experimente durchgeführt, die belegen sollten, dass die Arbeitsleistung immer auch von sozialen Faktoren bestimmt ist] findet (siehe »The Fruitful Errors …« 1946; Urwick und Brech 1949).

Neben dem Schlagwort »Arbeitnehmer-Arbeitgeber-Beziehungen« wurden in der Wirtschaft der Nachkriegszeit zwei weitere Begriffe in den Vordergrund gerückt: »Demokratie« und »Partizipation«, insbesondere »demokratische Partizipation«. So wie die Doktrin der »Arbeitnehmer-Arbeitgeber-Beziehungen« durch ihre Verbindung mit den Hawthorne-Studien eine (falsche) Aura der Wissenschaftlichkeit erhielt, so war auch jedes dieser neueren Schlagworte untrennbar mit einer »klassischen« sozialwissenschaftlichen Studie verbunden. Die »klassische« Studie, die einen positiven Zusammenhang zwischen industrieller Produktivität und »Demokratie« herstellte, war Lewins Studie aus dem Jahr 1939. In ähnlicher Weise stellte die Studie von Coch und French aus dem Jahr 1948 einen positiven Zusammenhang zwischen industrieller Produktivität und »Partizipation« fest (Carey 1976a).

Fünf weitere Beobachtungen oder Kommentare von Experten aus den Bereichen Unternehmensführung und Propaganda sollten beachtet werden. 1952 bemerkte Asch (1952:516–517) zu den Studien von Kurt Lewin und seinen Mitarbeitern, die in der Nachkriegsphase den größten Einfluss hatten (und insbesondere zu Cochs und Frenchs »klassischer« Beteiligungsstudie, die 1948 veröffentlicht wurde):

> »Die untersuchten Studien bezeichnen die angewandten Methoden als ›demokratische‹ Beteiligung … [weil sie] den Schwerpunkt auf Information und die Weckung von Interesse legen … Dies sollte jedoch nicht darüber hinwegtäuschen, dass die Verfahren einseitig waren und dass die Entscheidungen, denen die Beschäftigten in demokratischen Debatten zugestimmt haben sollen, bereits im Voraus von der Unternehmensleitung getroffen worden waren … Es besteht die Gefahr, demokratische Verfahren mit der Manipulation von Gruppen durch Einflussnahme zu verwechseln, bei der nur die äußeren Formen der Freiheit erhalten bleiben.«

Der zweite Kommentar betrifft den allgemein propagandistischen Charakter der Bewegung in der amerikanischen Wirtschaft, die sich für Human Relations mit demokratischer Teilhabe einsetzt. In diesem Zusammenhang hat Jaques Ellul (1973:23–4, 287) scharfsinnig bemerkt:

> »Public Relations und Human Relations … in den USA nimmt Propaganda genau diese Form an. Selbst bei der tatsächlichen Gestaltung zwischenmenschlicher Beziehungen, bei Sitzungen [usw.] … ist der Propagandist … nicht weniger und nicht mehr als der Vertreter der Organisation – oder vielmehr ein delegierter Teil davon. Er bleibt ein Manipulator im Schatten der Maschine. Er weiß, warum er bestimmte Worte ausspricht und welche Wirkung sie haben sollen. Seine Worte sind dann keine menschlichen Worte mehr, sondern technisch kalkulierte Worte; und selbst wenn sie völlig spontan erscheinen, drücken sie kein Gefühl oder eine spontane Idee aus, sondern spiegeln eine Organisation wider.
>
> Wir wissen, wie wichtig zwischenmenschliche Beziehungen für den Einzelnen sein können … ein persönlicher Kontakt … die Wärme persönlicher Gegenwart. Genau das ist es, was die Technik der zwischenmenschlichen Beziehungen in der Propaganda ins Spiel bringt. Aber dieser menschliche Kontakt ist vorgetäuscht und lediglich simuliert; die Anwesenheit ist nicht diejenige der einzelnen Person, die in Erscheinung tritt, sondern die der Organisation, die hinter ihr steht. Gerade durch dieses Vortäuschen, von Mensch zu Mensch zu sprechen, erreicht der Propagandist den Gipfel der Verlogenheit und Fälschung, selbst wenn er sich dessen nicht bewusst ist.«

Dabei sollte jedoch nicht vergessen werden, dass sich die 1946 begonnene Kampagne für Human Relations und demokratische Beteiligung neben ihrer allgemeinen propagandistischen Funktion auch an die Gewerkschaften richtete. 1941 warf Roethlisberger (1941:128) in einem Buch – das Unternehmensleitungen über die Auswirkungen der im Zusammenhang mit den Hawthorne-Studien entwickelten Ideen aufklären sollte – eine Reihe im Wesentlichen rhetorischer Fragen zu den Beschäftigten auf den »unteren Rängen« der Wirtschaft auf:

»Wenn sie bestimmte [positive Erfahrungen im Zusammenhang zwischenmenschlicher Beziehungen] entbehren müssten, würden sie dann nach Vereinigungen suchen, die ihnen diese bieten würden? Könnten sie diese Art von zwischenmenschlicher Zufriedenheit durch ihre Gewerkschaftsaktivitäten erlangen? Könnte diese Möglichkeit sozialer Teilhabe für einige ihrer Mitglieder genauso wichtig sein wie die formellen Zwecke, für die eine Gewerkschaft organisiert wird?«

Studien aus den späten 1940er-Jahren gingen diesen Fragen nach und behaupteten tatsächlich, die erwarteten Zusammenhänge zwischen »Beteiligung« und »Polarität zwischen Gewerkschaft und Unternehmensleitungen« herzustellen. Morris Viteles, Doyen der akademischen Arbeitspsychologen, äußert sich in diesem Zusammenhang folgendermaßen:

»Die Vorteile eines ›Klimas‹, in dem Beschäftigte aktiv werden und sich einbringen können, werden in [den] Ergebnissen einer [in einem Automobilunternehmen durchgeführten] Studie veranschaulicht ... Eine vorläufige Analyse [dieser Ergebnisse] ... hat eine Reihe signifikanter Tendenzen aufgedeckt, nämlich: ›In Abteilungen, in denen der Vorarbeiter die Männer aktiv einbezieht und der Aufseher dies nicht tut, stehen die Beschäftigten auf dem [Loyalitäts-]Index des Managements durchweg weit oben und auf dem [Loyalitäts-]Index der Gewerkschaft weit unten [und umgekehrt].‹«

Viteles schlussfolgert:

»Ergebnisse wie diese und diejenigen anderer Studien belegen eindeutig, dass eine Unternehmensleitung, die möchte, dass ihre Beschäftigten managementorientiert sind, Maßnahmen ergreifen muss, um den Beschäftigten die Möglichkeit zu geben und sie dazu

> zu ermutigen, sich aktiv an Entscheidungen zu beteiligen, die den Arbeitsprozess und die Arbeitssituation betreffen ... Die Einbringung der Beschäftigten bezieht sich auf ihre Beteiligung als Einzelperson oder als Mitglied einer kleinen Arbeitsgruppe oder eines Teams.« (1954:453–4; Hervorhebungen im Original)

1950 schließlich bemerkte Peter Drucker (1950:7), langjähriger Berater und intimer Kenner der US-amerikanischen Geschäftswelt:

> »Die Maßnahmen zur Verbesserung der zwischenmenschlichen Beziehungen, die amerikanische Unternehmensleitungen in den letzten zehn Jahren im großen Stil ergriffen haben, waren meiner Meinung nach eine offensichtliche Verschwendung und ein Misserfolg ... Für die meisten von uns Führungskräften ... waren sie ein Mittel, um die Gewerkschaften zu zerschlagen. Das war das Hauptthema dieser Programme. Sie basieren auf der Überzeugung, dass die Gewerkschaft verkümmert, wenn die Beziehungen zu den Mitarbeitern gut sind.«

Fassen wir nun die Entwicklungen in den Beziehungen zwischen Wirtschaft und Sozialwissenschaften in der Zeit nach dem Zweiten Weltkrieg zusammen.

1. Die zunehmende Verwendung bestimmter Schlüsselbegriffe wie »Human Relations«, »Demokratie« und »Partizipation« in der Wirtschaft und im wirtschaftlichen Umfeld wurde auf der Grundlage von Studien von Sozialwissenschaftlern gerechtfertigt und in Szene gesetzt. Die Studien sollten zeigen (was sie aber nicht taten), dass bestimmte Verhaltensweisen von Unternehmensleitungen, die durch diese Schlüsselbegriffe beschrieben werden (und größtenteils fadenscheinig sind), zu dramatischen Verbesserungen der Produktivität und der Beziehungen zwischen Beschäftigten und Unternehmensleitung führten.
2. Um dem anhaltenden Bestreben der Unternehmensleitungen, die Gewerkschaften zu zerschlagen, eine »wissenschaftliche«

Grundlage zu verleihen, entwickelten Sozialwissenschaftler eine gänzlich neue und umstrittene Theorie über die »menschliche Natur« der Arbeitnehmer. In Vorträgen, Literatur und Presseberichten über die Wirtschaft wurden die zentralen Begriffe jedoch schönfärberisch verwendet. Dementsprechend waren es »menschliche Beziehungen«, »Demokratie« und »Mitbestimmung«, die die Beschäftigten in erster Linie von der Wirtschaft erwarteten – und nicht etwa mehr Geld oder materielle Vorteile. Diese neue Theorie wurde in der Tat derart energisch propagiert, dass selbst einige führende Strategen auf Unternehmensleitungsebene offenbar anfingen, daran zu glauben. So schrieb W. H. Whyte (1950:78), damals Redakteur des Fortune-Magazins: »Was will der Arbeitnehmer wirklich? ... Mehr als alles andere, so Elton Mayo, der von seinen Anhängern immer wieder darauf hingewiesen wurde, will er ... die psychologische Absicherung, die sich aus guter Arbeit, deren Anerkennung und dem Korpsgeist der Gruppe um ihn herum ergibt ...« Aber für Whyte ist der Unternehmensleiter anders: »Ist der Top-Manager derselbe Mann? ... Er hat andere Motivatoren ... mehr als der Beschäftigte denkt er in ... wirtschaftlichen Anreizen ... Kurz: er ist ein anderer Mensch.« Ironischerweise taucht dieses Beispiel für Management-Metaphysik in einem Artikel auf, der großen Einfluss nahm und sich in erster Linie mit den Gründen für das angebliche Scheitern der massiven Propagandakampagnen der Wirtschaft in der Nachkriegszeit befasst! Mit Blick auf Whytes Ansichten könnte man zu dem Schluss gelangen, dass diese Kampagnen sehr effektiv gewesen wären, wenn sie ihr Publikum nur halb so erfolgreich überzeugen konnten wie die eigenen Experten aus der Wirtschaft.

3. Alle mit der Human-Relations-Bewegung verbundenen Schlüsselbegriffe waren eng mit den Problemen von Unternehmen bei der Öffentlichkeitsarbeit verknüpft. Die verwendeten Begriffe und die Human-Relations-Bewegung im Allgemeinen betrafen in erster Linie kosmetische und keine echten Veränderungen in den autoritären Machtverhältnissen innerhalb der Wirtschaft;

neue Bilder statt neue Beziehungen; den Schutz der Wirtschaft vor wirksamen (z. B. legislativen) Forderungen nach echten demokratischen Veränderungen statt deren Umsetzung. Auf diese Weise veranschaulicht die Verwendung dieser Worte Sethis zweite Unternehmensstrategie für den Umgang mit einer negativen öffentlichen Meinung: »Ändere die Symbole, die zur Beschreibung der Unternehmensleistung verwendet werden«, um sie mit der Denkweise der Öffentlichkeit in Einklang zu bringen, und »nimm zur Kenntnis, dass keine Änderung der tatsächlichen Leistung erforderlich ist«.

C. W. Mills (1948:199–204) gehörte zu den Wenigen, die die Entwicklungen im Bereich der »Human Relations« in den späten 1940er-Jahren als das erkannten, was sie waren: eine propagandistische Übung. 1948 beschrieb er das jüngste, überaus öffentlichkeitswirksame Interesse der Wirtschaft an »Demokratie« und »menschlichen Beziehungen« als Beispiel für einen neuen und »ausgeklügelten Konservatismus«, dessen besonderes Merkmal darin bestehe, »liberale Symbole für konservative Zwecke zu stehlen« – eine Charakterisierung, die als kurze Zusammenfassung von Sethis zweiter »Strategie« gelten kann.

4. Die Verwendung von Begriffen wie »Demokratie« und »Mitbestimmung« außerhalb von Firmen oder Fabriken diente in erster Linie der Öffentlichkeitsarbeit und der Imagepflege; innerhalb von Fabriken war die Situation jedoch etwas komplizierter. Es herrschte die weit verbreitete Meinung, dass eine Form der aktiven »Beteiligung« an Entscheidungen auf niedriger Ebene durchaus eingeführt werden könnte, die die Macht und Autorität der Unternehmensleitung nur geringfügig beeinträchtigen, aber gleichwohl die Loyalität der Arbeitnehmer gegenüber den Gewerkschaften schwächen würde.

Insgesamt sollten die »Human Relations«-Bewegung und die Verwendung von Schlüsselwörtern also drei Ziele gleichzeitig erreichen:

- die Veränderung und Verbesserung der öffentlichen Wahrnehmung (»Image«) der Wirtschaft, ohne dass eine tatsächliche Änderung der Leistung des Managements erforderlich ist; und insbesondere
- Verhinderung von Forderungen seitens der Bevölkerung oder des Gesetzgebers nach Veränderungen, die auf dem Eindruck der Öffentlichkeit beruhen, wonach die autoritäre Struktur der Wirtschaft nicht mit den Werten einer politischen Demokratie vereinbar ist; und schließlich
- die Schwächung der Gewerkschaften und die Förderung einer »Managementmentalität« der Arbeitnehmer.

Wenn die Human-Relations-Bewegung all diesen entscheidenden politischen Zielen entsprechen konnte, dann waren Beschwerden über den Wahrheitsgehalt der damit verbundenen »Experimente« für die Wirtschaft nicht weiter von Interesse. Darüber hinaus hatten die Behauptungen wirtschaftsorientierter Sozialwissenschaftler, wonach Human-Relations-Techniken die Produktivität verbessern, einen politischen Nutzen, der die Stichhaltigkeit solcher Aussagen aufwiegt. Natürlich durfte nicht offen geäußert werden, dass Human-Relations-Praktiken dazu dienen, Gewerkschaften zu schwächen und die öffentliche Meinung zu manipulieren. Solche offenkundigen Behauptungen hätten den Propagandawert der Human-Relations-Bewegung geschwächt. Daher benötigte die Wirtschaft diese »Experimente« als scheinbar solide, wissenschaftliche Grundlage, um daraus ein falsches Bild von den Interessen der Arbeitnehmer und der Rolle der Gewerkschaften zu konstruieren.

# 10 Die Hohepriester der Wirtschaft

Max Weber zufolge beriefen sich die Arbeitgeber während der industriellen Revolution permanent auf Gott und seine göttlichen Absichten, um ihren Mitarbeitern eine ideale Einstellung zur Arbeit zu vermitteln. Diese göttlich sanktionierte Einstellung zum Wirtschaftsleben wurde als »protestantische Ethik« bekannt. Ihr wichtigster Effekt war, dass sie ältere christliche Traditionen und Werte auf den Kopf stellte (Tawney 1938:241–66; Burns 1969: 15–23).

In der Geschichte über den Garten Eden im Buch Genesis erlebten Adam und Eva vollkommenes Glück an einem Ort, an dem Müßiggang (wenn nicht gar Lustbarkeiten) im Überfluss vorhanden waren. Diese Vollkommenheit wurde von Gott gebilligt. Die Arbeit war also kein Segen, sondern ein Fluch – eine Strafe und eine Last, die den Genuss und die Freude einschränkte. Diese Sicht der menschlichen Natur bot jedoch keine ideologische Grundlage, um eine industrielle Revolution in Gang zu setzen und durchzuführen. Seit dem 17. Jahrhundert vollzog sich eine tiefgreifende moralische Umgestaltung, und um 1800 war die neue Arbeitsethik fest etabliert (Tawney 1938; Thompson 1968).

Mit der protestantischen Ethik hörte die Arbeit auf, als eine dem Menschen von Gott auferlegte Strafe vorgestellt zu werden. Vielmehr wurde das Arbeiten nun zu einer spezifisch humanen Auszeichnung. Man entdeckte, dass es Gottes Wille ist, dass der Mensch in der Arbeit Gnade findet, dass er seine Arbeit zur Berufung und zum bestimmenden Anliegen seines Lebens macht, dass er seinen Körper und seinen Geist bereitwillig für die intrinsische berufliche Befriedigung einsetzt, die sie bietet, und dass er Faulheit und Müßiggang abschwören muss, wenn er der ewigen Verdammnis entgehen will.

Die puritanischen Prediger der protestantischen Ethik sind die geistigen Vorfahren der heutigen Wirtschaftspsychologen. Die Hauptwirkung, wenn nicht gar die bewusste Absicht ihrer Predigten bestand darin, die Menschen mit den Werten der modernen Wirtschaft zu versöhnen. Arbeitspsychologen erfüllen im Allgemeinen eine ähnliche Funktion. Viele amerikanische Arbeitspsychologen, die eine bestimmte missionarische Tradition fortsetzen, sind sogar noch weitergegangen. Seit den Tagen von F.W. Taylor bekräftigen amerikanische Arbeitspsychologen, dass die Beschäftigten in der Industrie gemäß dem Rahmenvertrag arbeiten sollten, demzufolge sie ihre Zeit, ihre Arbeitskraft und ihre Fähigkeiten verkaufen. Darüber hinaus sollten die Beschäftigten ihre Arbeit mögen – sogar lieben – und sich voll und ganz mit der Institution identifizieren, die sie einstellt (Whyte 1960:35–59).

Alle technologisch unterentwickelten Länder (darunter auch Großbritannien während der industriellen Revolution) hatten große Schwierigkeiten, die Arbeiter davon zu überzeugen, die Werte und die Disziplin des modernen Wirtschaftslebens zu akzeptieren, ihre Impulse und Spontaneität einem starren Zeitplan unterzuordnen oder kreative Rituale und Fantasie gegen ein Lebenskonzept einzutauschen, in dem Nützlichkeit und Wert ausschließlich materielle Kriterien sind. Es lassen sich begründete Zweifel an der Eignung des modernen Wirtschaftslebens zur Befriedigung der natürlichen Bedürfnisse und Neigungen des Menschen anmelden. Doch Wirtschaftspsychologen, insbesondere amerikanische Arbeitspsychologen, haben wenig Interesse an solchen Zweifeln an den Tag gelegt.

## US-Vorherrschaft

Auch wenn sich Australien, Großbritannien und die USA in ihrer Geschichte und ihren Wertvorstellungen erheblich unterscheiden, so teilen sie doch das gleiche puritanische, protestantische Ethos und die Tradition des freien Unternehmertums. Dieser Hintergrund bietet eine breitere Perspektive, in der die Unterordnung der Arbeitspsychologen unter betriebswirtschaftliche Kriterien ihren Platz findet. Die Implikationen dieses Hintergrunds für die Arbeitspsychologie und die Betriebssoziologie in den USA wurden von Leon Baritz (1965:210) dokumentiert, der zu dem Schluss gelangte, dass die Sozialwissenschaftler in der US-Wirtschaft als »Diener der Macht« fungierten und dass sie »der Macht statt dem Geiste dienten«.

Für Großbritannien führt V.L. Allen (1961:51) eine ähnliche, wenn auch weniger vollständige Unterordnung auf zwei Faktoren zurück: einerseits die Kontrolle der Unternehmensleitungen über den Zugang von Sozialwissenschaftlern zur Wirtschaft und andererseits die Kontrolle darüber, was sie untersuchten. Laut Allen wandten sich die Arbeitgeber »hilfesuchend an Sozialwissenschaftler«, als ab 1939 die Gewerkschaftsbewegung und die Vollbeschäftigung das traditionelle Kontrollrecht des Managements in der Wirtschaft ernsthaft bedrohten. »Als Sozialwissenschaftler in die Wirtschaft eintraten, taten sie dies zu den Bedingungen der Arbeitgeber und konzentrierten sich weitgehend auf deren Probleme« (siehe Kornhauser 1947; Mills 1948; Smith 1961:36–7).

Die australische Arbeitspsychologie teilt mit ihren britischen und amerikanischen Pendants die gleichen von Allen beschriebenen allgemeinen Entwicklungsbedingungen.[1] Drei damit zusammenhängende Merkmale zeichnen sie jedoch aus: ein relativ unausgereifter Entwicklungsgrad als Berufsstand, eine nur sehr begrenzte Basis an inländischer Forschung oder Theorie und eine daraus resultierende extreme Abhängigkeit von importierter Forschung, Theorie und Lehrbüchern.

Eine kürzlich in ganz Australien durchgeführte Umfrage unter den Mitgliedern der Australian Psychological Society (Bordow 1971) zeigt, dass etwa einhundert Mitglieder als Arbeitspsychologen bezeichnet werden können und dass circa ein Drittel von ihnen in der Grundlagenforschung tätig ist. Von diesen einhundert Mitgliedern ist etwa die Hälfte in der Lehre und in der Unternehmensberatung tätig (zu gleichen Teilen); etwa 10 Prozent (d.h. etwa zehn Personen) sind hauptberuflich in der Wirtschaft oder Industrie tätig. Das verbleibende Drittel ist bei staatlichen Stellen angestellt.

Somit bestehen die Haupttätigkeiten von Arbeitspsychologen in Australien in der Lehre im Bereich der Arbeitspsychologie und in beratenden Dienstleistungen für das Management. Die letztgenannten Dienstleistungen umfassen hauptsächlich Personalarbeit (Auswahl, Beurteilung, Motivation und Motivationsprobleme) sowie Managemententwicklung und -ausbildung.

Die geringe Zahl australischer Arbeitspsychologen und die Art ihrer Hauptbeschäftigung haben die Entfaltung eines nennenswerten Bestandes an einheimischer Forschung oder Theorie verhindert. 1969 war Dr. Bruce Yuills *Organisational Principles of Management* (1966) »das einzige australische Lehrbuch zu diesem Thema« (Byrt 1969:104) – das heißt, das einzige australische Werk, das einem Lehrbuch über Arbeitspsychologie nahekam. Zwei Jahre zuvor hatte Professor E.J. Willett (1968:57–80) noch geschrieben, dass die gesamte Managementausbildung in Australien (einschließlich ihrer psychologischen Komponente) »viel zu sehr von Lehrmaterialien und Forschungskonzepten aus Übersee abhängig ist. Die Lehre ist daher nur ein Import, und selbstständige australische Forschung ist dringend geboten ... Die Zukunft (der Managementausbildung) ist nicht zufriedenstellend.«

Schon ein recht flüchtiger Blick in die Regale oder Kataloge von Bibliotheken bestätigt, dass jegliche Art von Managementausbildung in Australien und insbesondere die Arbeitspsychologie größtenteils importiert werden. So enthält beispielsweise der Bestandskatalog der Bibliothek einer auf diesen Bereich spezialisierten Universität (der University of New South Wales) etwa 150 Einträge zum Thema Arbeitspsychologie. Davon wurden etwa 80% in den USA veröffentlicht und stützen sich fast ausschließlich auf amerikanische Theorien und Forschungen. Etwa 15% wurden in Großbritannien von britischen Autoren publiziert, von denen sich die meisten stark an amerikanische Forschungsergebnisse anlehnen.

Etwa 3 % stammen von in Australien ansässigen Autoren, wovon jedoch etwa 90 % auf importierte – überwiegend amerikanische – Forschungsergebnisse zurückgehen.[2]

Vielleicht bietet der Umstand einen schwachen Trost, dass ein ähnlicher Zustand wie in Australien zumindest bis 1961 in der ganzen westlichen Welt verbreitet war. Ein UNESCO-Bericht aus dem Jahr 1961 (Smith 1961, S. 36–37) kam zu dem Schluss, dass die Betriebssoziologie in den USA »nur wenig von ausländischen Einflüssen geprägt wurde«, dass aber anderswo »der richtungsweisende Einfluss der USA zu groß war«, um eine eigenständige Entwicklung der Betriebssoziologie aufkommen zu lassen, und dass folglich »in fast allen Ländern die Hochschullehrer der Betriebssoziologie in hohem Maße auf Forschungsergebnisse von Sozialwissenschaftlern aus den USA zurückgreifen müssen«.

Eine eigenständige australische Arbeitspsychologie gibt es erst seit fünfundzwanzig Jahren. Während dieser ganzen Zeit wurden die intellektuellen Grundlagen des Faches – überwiegend und zum großen Teil unkritisch – aus den USA importiert.

Der Umstand, dass die geistigen Grundlagen der Arbeitspsychologie importiert wurden, würde weniger ins Gewicht fallen, wenn sie aus einer Gesellschaft mit einer Wirtschaftsgeschichte stammen würden, die der unsrigen nicht allzu unähnlich ist. Tatsächlich jedoch verlief die Geschichte der australischen und der amerikanischen Wirtschaft sehr unterschiedlich. In der Industriegeschichte Australiens gibt es nichts, was mit der anhaltenden, oft gewalttätigen Entschlossenheit vergleichbar wäre, mit der amerikanische Unternehmensleitungen bis vor Kurzem versuchten, das Wachstum der Gewerkschaften zu bekämpfen. Dies gilt auch für das Aufkommen gesellschaftlicher Einstellungen oder Ideologien, die eine ernsthafte Herausforderung für die traditionellen Rechte und Vorrechte des Managements oder für das System der freien Marktwirtschaft im Allgemeinen darstellen.

Nur wenn wir den sozialen und politischen Kontext, in dem sich die US-amerikanische Arbeitspsychologie entwickelt hat, und die damit einhergehenden Auswirkungen auf den intellektuellen und sonstigen Inhalt der US-amerikanischen Arbeitspsychologie umfassend würdigen, können wir die Konsequenzen der langen Abhängigkeit von der US-amerikanischen Forschung und den entsprechenden Lehrbüchern auf verwandte Fachgebiete in Australien abschätzen.

Während das Schlichtungssystem in Australien ab 1904 selbst schwächeren Gewerkschaften einen gewissen Schutz bot und die Konfrontation zwischen Arbeitgeber- und Arbeitnehmerinteressen abfederte, setzten die Unternehmen in den USA in großem Stil Gewalt und Einschüchterung ein, um das Erstarken der Gewerkschaften zu bekämpfen – und dieser Zustand hielt bis in die 1950er-Jahre an. So kam es in den 16 Jahren vor 1949 in den USA zu 143 Todesfällen, die offiziell auf Auseinandersetzungen zwischen Arbeitgebern und Arbeitnehmern zurückgeführt wurden (Streuben 1950, S. 300 f.).

In den USA war die Position professioneller (einschließlich akademischer) Arbeitspsychologen bei Interessenkonflikten zwischen Arbeitnehmern und Wirtschaft stets eindeutig; sie bestand darin, die Unternehmensleitungen dabei zu unterstützen, sowohl ihre wirtschaftlichen als auch ihre politischen Ziele durchzusetzen. So äußert sich ein führender amerikanischer Arbeitspsychologe in einem weitverbreiteten und hoch angesehenen Lehrbuch über Arbeitspsychologie sowohl über die Ungerechtigkeit des bestehenden amerikanischen Wirtschaftssystems als auch über seine eigene Bereitschaft, an der Aufrechterhaltung dieser Ungerechtigkeit mitzuwirken (Maier 1946, S. 30):

> »Sowohl Arbeitnehmern und Arbeitgebern obliegt eine gewisse soziale Verantwortung, der sie gerecht werden müssen, sofern das System freien Unternehmertums ungehindert von staatlichen Beschränkungen funktionieren oder fortbestehen soll. Da es eher im Interesse der besitzenden Klassen als im Interesse der Masse der Arbeitnehmer liegt, dieses System zu erhalten, sollten sich vor allem Erstere ihrer Verantwortung bewusst sein und eine langfristige Perspektive haben.«

In einer Broschüre mit dem Titel *The Psychologist in Industry* warnt die American Psychological Association (1962, S. 1–16) die Führungskräfte, dass selbst die geschicktesten Werbekampagnen nur begrenzt etwas für sie ausrichten können (denn mitunter kann die Einstellung der Bevölkerung zu einem vermarkteten Produkt derart ablehnend sein, dass »selbst die Wahrheit abgelehnt werden würde«). Gleichwohl lässt der Verband keinen Zweifel an der bereitwilligen Unterwerfung der Psychologen unter die politischen Ziele der Unternehmensleitungen: »Arbeitspsychologen«, so versichert die A. P.A. der amerikanischen Wirtschaft, »gehen beispielsweise der Frage nach, wie man ein günstiges ›Unternehmensimage‹ aufbauen kann«. Und während

> »die Aufgabe, das Image eines Unternehmens in den diversen strategischen Teilöffentlichkeiten und in der Gesamtbevölkerung zu pflegen und aufrecht zu erhalten, eine fortlaufende Aufgabe ist, … kommen gleichzeitig Arbeitspsychologen in zunehmendem Maße dort zum Einsatz, wo es darum geht, der Unternehmensleitung psychologische Hilfsmittel und Erkenntnisse zur Verfügung zu stellen, um einen positiven Ruf zu schaffen und aufrecht zu erhalten.« (S. 11)

Ferner gilt:

> »Auch wenn das Hauptinteresse der Psychologen dem menschlichen Verhalten gilt, können sie gleichzeitig zum wichtigsten Ziel von Unternehmensleitungen beitragen, nämlich der Steigerung der Rentabilität …. Die allgemeine Akzeptanz der Ziele von Unternehmensleitungen (durch die ›einfachen Beschäftigten‹) setzt voraus, dass jede Gruppe dazu angehalten wird, die Dinge in der richtigen Perspektive zu sehen und ihre Rolle im Gesamtkontext zu verstehen.«

Diese Ausrichtung aller Beschäftigen auf die Ziele der Unternehmensleitung soll nicht durch objektive Veränderungen erreicht werden, die den realen Interessenkonflikt zwischen Arbeitnehmern und Unternehmensleitung verringern, sondern durch eine »Umerziehung und Umstrukturierung der Wahrnehmung« (S. 14).

In einer Passage (S. 12), die trotz einer kräftigen Prise Wohlwollen Anklänge an politische Umerziehungslager und 1984 aufweist, erfahren wir, dass Arbeitspsychologen auch den Arbeitnehmern helfen: »Was der Arbeitspsychologe im Grunde zu tun versucht, ist, dem Arbeitnehmer zu der Einsicht zu verhelfen, wie seine Interessen und diejenigen der Unternehmensleitung übereinstimmen ... dem Arbeitnehmer also zu helfen, sich an die Anforderungen eines erfolgreichen Unternehmens anzupassen.«

## Ökonomische Ausbildung

In der Nachkriegszeit wurde (mithilfe ehemaliger Psychologen) systematisch versucht, die aus der Kriegspropaganda gewonnenen Erkenntnisse auf das Ziel anzuwenden, die Arbeitnehmer in den gesamten USA zu indoktrinieren, damit sie sich uneingeschränkt zum System des freien Unternehmertums bekennen (Viteles 1953, S. 414–36).[3] In der Regel liefen diese Kurse unter der Bezeichnung »Courses in Economic Education for Employees«. Sie wurden während der Arbeitszeit abgehalten (und waren daher praktisch obligatorisch), mit kruden Vor- und Nachprüfungen, anhand deren die Verbesserung der »Kenntnisse« und »Bildung« beurteilt wurde.[4]

Im Jahr 1952 erwies sich »die systematische betriebliche Ausbildung in Wirtschaftsfragen als eine der am schnellsten wachsenden und bedeutendsten Managemententwicklungen der zurückliegenden Jahre« (Opinion Research Corporation 1952, S.5). Landesweite Umfragen unter Arbeitnehmern ergaben, dass sich dort, wo Schulungen zur Wirtschaft durchgeführt wurden, die »Ansichten ..., die mit der Ideologie eines Wirtschaftssystems des freien Unternehmertums übereinstimmen«, erheblich besser durchgesetzt hatten (Viteles 1953, S. 426). Viteles gelangt jedoch zu dem Schluss, dass es »zahlreiche methodische Probleme« gibt und »noch viel zu tun bleibt, um den Zusammenhang zwischen wirtschaftlicher Indoktrination … und … Veränderungen in Ideologie, Moral (und) Produktivität herzustellen …«, wenn »optimale Ergebnisse in Form von veränderten Einstellungen« durch »Mitarbeiterschulungen« und ähnliche Programme erzielt werden sollen (S. 428–29). So gibt es zum Beispiel Belege aus einer großen Studie aus der Kriegszeit, wonach die besten Ergebnisse dann erzielt werden, wenn man schlecht ausgebildeten Personen und solchen, die bereits die gewünschte Ansicht vertreten, nur eine Seite eines Themas oder Arguments präsentiert, während man bei besser ausgebildeten Personen und solchen, die von vornherein gegen die gewünschte Ansicht sind, mit einer beidseitigen Darstellung effektiver Einfluss nehmen kann.[5] Diese Ergebnisse »legen nahe, dass unterschiedliche Programme – vielleicht ›einseitig‹ für einfache Mitarbeiter und ›zweiseitig‹ für Fach- und Aufsichtspersonal – erforderlich sein könnten« (S. 433–35).

»Auf jeden Fall«, so schließt Viteles – in Passagen, die die vorherrschende Beschäftigung amerikanischer Arbeitspsychologen mit Problemen der Einstellung und des Einstellungswandels in den zwanzig Jahren nach dem Krieg vorwegnehmen –, »scheint es, dass … Propaganda- oder Indoktrinationsprogramme auf einer umfassenden und detaillierten Kenntnis der bestehenden Einstellungen und Meinungen der Arbeitnehmer basieren müssen; wobei diese Kenntnisse durch die Anwendung geeigneter Befragungstechniken zu gewinnen sind.« Sowohl das zitierte Experiment aus der Kriegszeit, so fährt er fort, als auch weitere, die »die Wirksamkeit von Vorträgen, Gruppendiskussionen und weiteren Verfahren vergleichen, verweisen auf die Notwendigkeit von *Forschungsarbeiten, die darauf abzielen, für die Wirtschaft jene Arten von Programmen zu bestimmen, die im Hinblick auf die Veränderung von Einstellungen die wirksamsten Ergebnisse liefern*« (Hervorhebung im Original).

Im Rahmen solcher Untersuchungen sollten die Beschäftigten befragt werden, was ihnen an bestimmten Programmen gefällt oder nicht gefällt; denn derartige Befragungen sind nicht nur dafür gedacht, Informationen zu liefern, die für die Gestaltung neuer

Programme nützlich sind, sondern sie »erzeugen ... bei den Beschäftigten zugleich ein *Gefühl von Partizipation*, – und zwar bei der Planung von Programmen, die insgeheim auf ihre eigene Indoktrination abzielen – ›was für sich genommen zum (Erfolg) bei der Formung und Änderung (ihrer) Einstellungen beitragen kann‹« (S. 435–36; meine Hervorhebung).

1954 veröffentlichte die American Management Association eine Studie und Bewertung der Programme für die Ausbildung von Arbeitnehmern für eine Stichprobe aus fünfzig Firmen und Konzernen (Williams und Peterfreund 1954).[6] Der Bericht stellte fest, dass »derart viel ökonomische Schulung betrieben wird«, dass »›Mitarbeiterschulung‹ und ›ökonomische Fortbildung‹ für viele Menschen praktisch synonym geworden sind«. Darüber hinaus »gab eine große Anzahl der Befragten an, dass ›Propaganda‹ und ›ökonomische Bildung‹ in ihren Unternehmen synonym sind. ›Wir wollen, dass die Leute richtig denken‹« (S. 12, 31).

Die wichtigste Technik zur Veränderung von Überzeugungen und Einstellungen von Beschäftigten bestand in Diskussionsrunden in kleinen Gruppen (15–20 Personen), die durch Filme (oder andere Lehrmittel) und in der Regel durch geschulte Diskussionsleiter unterstützt wurden.

Die Erforschung vorgeblich freier Diskussionen in kleinen, von demokratischen Supervisoren geleiteten Gruppen (d. h. »Gruppendynamik«) als Mittel zur Veränderung von Einstellungen hat eine bemerkenswerte wissenschaftliche Vorgeschichte, auf die wir später zurückkommen werden. In den Jahren unmittelbar nach dem Krieg führte diese Arbeit zu maßgeschneiderten Diskussionsprogrammen zur ökonomischen Bildung, die von Du Pont *(HOBSO – How Our Business System Operates)* und anderen produziert wurden.

1954 stellte der AMA-Bericht fest, dass ein gewisses Maß an Mitarbeiterschulung in der amerikanischen Wirtschaft nahezu allgegenwärtig ist (S. 49), wobei sich in einigen Unternehmen »die Gesamtkosten für das Angebot diskussionsbasierter Programme wie HOBSO ... auf bis zu eine Million oder sogar zwei Millionen Dollar beliefen« (S. 40). Es gab einige (wenige) Einwände vonseiten der

Unternehmensleitungen, wonach eine solche Mitarbeiterschulung »eine Propagandamaßnahme zur Manipulation von Meinungen und Wahrnehmungen im Interesse des Managements« sei, dass »die Beschäftigten ... nicht ›Propagandamitteln‹ auf einer ›Erfassungs-Basis‹ ausgesetzt werden sollten« (S. 13, 32); und dass insbesondere das HOBSO-Programm manipulativ und unredlich sei (S. 38).[7] Was aus australischer Sicht noch mehr überrascht, ist die Tatsache, dass die Unternehmensleitungen im Großen und Ganzen in der Lage waren, sich bei der Organisation von Indoktrinationsveranstaltungen, die (unter anderem) auf die Schwächung der Gewerkschaften abzielten, der aktiven Mitarbeit von Beschäftigten und lokalen Gewerkschaftsfunktionären[8] zu versichern. Darüber hinaus glichen die Beschäftigten oder ihre Kollegen im Allgemeinen freiwillig die Produktionsausfälle aus, die durch die Teilnahme an den Veranstaltungen zur ökonomischen Bildung entstanden.[9] Der Zweck der Schulungsprogramme war eingestandenermaßen politisch.[10]

> Oftmals sind Kommunismus, Sozialismus, bestimmte politische Parteien und Gewerkschaften das Ziel von (»Schulungs-«) Kampagnen der Unternehmensleitungen. (S. 14)
>
> Viele Unternehmen ... wollen die Mitarbeiter in ihre jeweiligen Arbeitsgruppen integrieren, ihr »Zugehörigkeitsgefühl« entwickeln und sie dazu bringen, ihr eigenes Wohlergehen mit dem des Unternehmens zu identifizieren. Einige Arbeitgeber betrachten diese Art von Programmen als eine Art »Loyalitätskampf« mit den Gewerkschaften. (S. 29)

Andere wiederum »glauben fest daran, dass sich die Arbeitsmoral (und die Produktivität) durch derartige Programme verbessert«. Für die überwiegende Mehrheit war die Produktivitätssteigerung jedoch eindeutig zweitrangig hinter den politischen Zielen.

In alledem sah die American Management Association keinen Grund zur Beunruhigung, ausgenommen die ganz praktische Überlegung, dass »Millionen und Abermillionen Dollar für die

Schulung von Beschäftigten ausgegeben werden ... ohne jegliche systematische oder fundierte Bewertung«, die die Gewissheit geben könnte, dass diese Schulungen politische und andere Veränderungen in der Einstellung der Beschäftigten bewirken, die den hohen Kosten angemessen sind (S. 49).

Der Bericht benennt in diesem Zusammenhang ein großes Problem. Die meisten Erhebungen, die versuchen, die Auswirkungen der Mitarbeiterschulungen zu bewerten, konzentrieren sich auf die Frage, ob die Mitarbeiter die in den Programmen vermittelten (eher vorteilhaften) Fakten aufgenommen haben. Zugleich ist jedoch so gut wie nichts bekannt über die Beziehung zwischen den Veränderungen bei den Fakten, die die Menschen akzeptieren, und den Veränderungen bei ihren Einstellungen (Gefühlen, Emotionen) einerseits und ihrem Verhalten andererseits. Mit Besorgnis stellt der Bericht fest, dass »es durchaus möglich ist, dass die Beschäftigten in dem Maße, in dem sie mehr Fakten über unser Wirtschaftssystem kennenlernen« – selbst solche, die von der Unternehmensleitung ausgewählt wurden –, »diesem System gegenüber kritischer werden könnten ... oder eben auch nicht« (ebd.: 47). Der Bericht rät dringend dazu, intensive Forschungen in zwei Bereichen zu fördern:

1. Eine gründliche Untersuchung der Fakten, Einstellungen und Verhaltensweisen mittels ausführlicher Interviews mit einer Vielzahl von Arbeitnehmern, um festzustellen, inwiefern sich Änderungen der Informationslage auf die Einstellungen und das Verhalten innerhalb des Betriebs (Produktivität, Beschwerden, Gewerkschaften) und außerhalb des Betriebs (Wahlverhalten) auswirken.
2. Groß angelegte Untersuchungen und Erhebungen sind erforderlich, um ein nationales und lokales Bild der derzeitigen Informationslage, der Einstellungen und des Verhaltens der Beschäftigten zu erstellen. Es kann dann eine Bezugslinie für die gegenwärtige Situation gezogen werden, anhand derer künftige Veränderungen in jedem Bereich – Informationen, Einstellun-

> gen und Verhalten – kontinuierlich verfolgt werden können. Innerhalb dieses Rahmens könnten die Wechselbeziehungen zwischen Informationen und Einstellungen usw. eingehend beobachtet und erforscht werden, und die Wirksamkeit verschiedener Schulungsprogramme für unterschiedliche Zwecke ließe sich bestimmen (ebd.: 49–53).[11]

In dem Bericht wird vorgeschlagen, vorrangig zu untersuchen, inwieweit der emotionale Aspekt der Einstellungen der Arbeitnehmer die Veränderungen begrenzt, die durch eine informationsorientierte Schulung erreicht werden können,[12] und wie diese Blockaden aufseiten der Arbeitnehmer gegen die von der Unternehmensleitung gewünschten Veränderungen ihrer Einstellungen überwunden werden können. Der Bericht schlägt vor, dass die Reaktionen der Arbeitnehmer auf projektive Tests mit Bildern von »Vorstandsbüros, einer neuen Fabrik, dem Jahresbericht eines Unternehmens, einem einfachen Arbeiter ..., einer neuen Aktienemission usw.« verwendet werden könnten, um die emotionalen Barrieren zu erforschen, die der Herbeiführung von Einstellungsänderungen in Richtung einer stärkeren Loyalität zum System und Identifikation mit dem System des freien Unternehmertums im Wege stehen (ebd.: 51–3).

Mag dies nun Zufall sein oder nicht: Die Fragen, die der AMA-Bericht als Problemfelder für politisch orientierte Arbeitnehmer identifiziert, waren von Kriegsende bis 1976 Hauptanliegen von Forschung und Theorie in der Sozial- und Arbeitspsychologie. Es ging dabei um Techniken der Kommunikation und Mitarbeiterführung, die sich auf Einstellungen und Einstellungsänderungen – vor allem in Kleingruppen – auswirken, sowie die damit verbundenen Probleme der Erfolgsmessung.[13]

Der Hauptzweck dieses Exkurses über die Beziehungen zwischen den politischen Interessen amerikanischer Unternehmensleitungen und der Sozial- und Arbeitspsychologie besteht darin, den politischen Kontext der Tätigkeit amerikanischer Arbeitspsychologen aufzuzeigen. Ein Ergebnis dessen ist eine hohe Wahrscheinlichkeit dahingehend, dass die politischen Interessen amerikanischer Unternehmensleitungen sowohl die Wirtschaftsinformationen als auch die Theorien über Verhaltensweisen in der Arbeitswelt, die ihren Weg in Lehrbücher finden, stark beeinflussen.

## Die Human-Relations-Schule

Um dieser Frage näher auf den Grund zu gehen, ist es erforderlich, die Schule (oder Tradition) der sozialwissenschaftlichen Forschung zu bestimmen, die seit Langem einen dominierenden Platz in den Management-Lehrbüchern in Amerika und im Ausland einnimmt. Anschließend werden wir die renommiertesten Studien dieser Tradition untersuchen, um die Folgen der Verwendung amerikanischer Lehrbücher und Theorien für die australische Lehre im Managementbereich aufzuzeigen, wobei der politische Kontext, der sie hervorgebracht hat, naiv außer Acht gelassen wird. Von der UNESCO (Smith 1961) über die USA (Korman 1971) und Großbritannien (Lupton 1971) bis nach Australien (Bucklow 1966) herrscht allgemeines Einvernehmen dahingehend, dass eine vornehmlich amerikanische Schule der Sozial- und Arbeitspsychologie das Fachgebiet rund vierzig Jahre lang dominiert hat. Diese als »Human Relations«-Schule bekannte Schule stellte sowohl in Großbritannien als auch in Australien »den einzigen Korpus sozialwissenschaftlicher Ideen dar, mit denen zahlreiche Unternehmensführer jemals in Berührung gekommen sind« (Lupton 1971:17).

In Bezug auf die praktische Arbeit und Theorie hat die Human-Relations-Tradition ihren Ursprung in einer Reihe von Forschungsprojekten, die in den Hawthorne-Werken der Western Electric Company in der Nähe von Chicago durchgeführt wurden. Unter Oberaufsicht von Elton Mayo, Professor für Betriebswirtschaftslehre in Harvard, wurden die »Hawthorne-Studien« mit Unterbrechungen von 1927 bis 1935 durchgeführt. Diese Studien werden seit Langem als die wissenschaftliche Geburtsstunde der Arbeitspsychologie gefeiert (Blum 1949:47). In einem Lehrbuch, das in

Australien seit fast zwanzig Jahren weite Verbreitung genießt, werden sie als »Grundlage für alle künftigen Forschungen« bezeichnet (Brown 1954:85), eine Ansicht, die auch Colonel Lyndall Urwick vertrat. In der Tat schwärmt Urwick, dessen Einfluss in Australien beträchtlich war, geradezu von den Hawthorne-Studien und ihrer bleibenden Bedeutung für alle Unternehmensführungen bis in alle Zukunft (Urwick und Brech 1948).[14]

Der oben erwähnte UNESCO-Bericht stellt fest, dass diese Studien sich »am ehesten als Ausgangspunkt für die Entwicklung der Betriebssoziologie bezeichnen lassen«, und er gelangt zu dem Schluss, dass »es unwahrscheinlich ist, dass spätere Untersuchungen einen ähnlich großen Einfluss ausgeübt haben könnten wie die Hawthorne-Studien« (Smith 1961:23, 56). Die entscheidende Schlussfolgerung, zu der die Hawthorne-Forscher gelangten, war, dass wirtschaftliche Anreize für die Motivation und Produktivität von Arbeitnehmern im Vergleich zur Berücksichtigung ihrer sozialen Bedürfnisse von relativ geringer Bedeutung seien. Die Unzufriedenheit von Arbeitnehmern, so schlussfolgerten die Forscher, ist häufig emotional – ja irrational – begründet. Daher sollte die Unternehmensleitung die »Sozialgefühle« der Arbeitnehmer« würdigen und entwickeln« (Whitehead 1938a:205). Wenn die Unternehmensleitung den sozialen und emotionalen Bedürfnissen der Arbeitnehmer mehr Aufmerksamkeit schenkt, werde sich dies in Form von mehr Leistung und größerer Loyalität gegenüber dem Unternehmen auszahlen. Die Unternehmensleitung könne dieses Ergebnis erreichen, indem sie die Führungskräfte darin schult, Autorität in einem paternalistischen, auf menschliche Beziehungen ausgerichteten Stil auszuüben und befriedigende soziale Beziehungen innerhalb von Arbeitsgruppen zu fördern. Die versteckten Neurosen und Fehlanpassungen, die der Unzufriedenheit der Arbeitnehmer mit dem Management zugrunde liegen (z. B. die Bereitschaft, militante Gewerkschaften zu unterstützen), könnten durch die Bereitstellung eines quasi klinischen Beratungsdienstes abgebaut werden, der es den Arbeitnehmern ermögliche, Dampf abzulassen, indem sie ihre Probleme verständnisvollen Zuhörern, sooft sie wollen, vortragen (Wilensky und Wilensky 1951).

Späterhin beschrieb ein Redakteur des Magazins *Fortune* die zentrale Bedeutung der Hawthorne-Studien und ihrer Schlussfolgerungen für Unternehmensleitungen folgendermaßen: »Die Beschäftigten bildeten ein soziales System; [dieses] System ... bestimmte die Einstellung der Beschäftigten zu ihrer Arbeit. Das soziale System konnte gegen die Unternehmensleitung arbeiten, aber wenn die Manager sich bemühten, [es] zu verstehen ... konnte das System auch für die Unternehmensleitung arbeiten« (Whyte 1956:37). Noch plumper, aber auch ehrlicher ausgedrückt seien die Mitglieder festgefügter Arbeitsgruppen einem starken Konformitätsdruck ausgesetzt. Mithilfe von Sozialwissenschaftlern könne das Management solche Arbeitsgruppen schaffen und diesen Druck nutzen, um die Interessen der Unternehmensleitung zu fördern (Thompson 1961:122–8).

Mindestens bis 1955 drehte sich die Human-Relations-Bewegung hauptsächlich um die Suche nach Überzeugungstechniken, mit denen dieser Gruppendruck gefördert und für die Unternehmensleitungen nutzbar gemacht werden konnte (Goldthorpe et al. 1968:43–5).[15]

Nach Mayo und den Hawthorne-Studien ist Kurt Lewin der einflussreichste Vertreter der Human-Relations-Tradition (Caplow 1964:238–9; Homans 1968:259).

Obgleich generell vielleicht weniger bekannt als Mayo, hatte Lewin womöglich einen noch größeren Einfluss innerhalb der Sozialwissenschaften (Pugh 1971:213). Lewins Einfluss geht sowohl auf die von ihm geleiteten Forschungsstudien als auch auf eine Reihe seiner Schüler zurück, die noch lange nach seinem Tod im Jahr 1947 einen Großteil der Sozial- und Arbeitspsychologie prägten (Homans 1968:259; Korman 1971:9). Lewin setzte im Wesentlichen die Hawthorne-Tradition fort (Benoit-Guilbot 1968:233; Smith 1961:32). Er betonte die Bedeutung sozialer Bedürfnisse und erweiterte die Erforschung von Möglichkeiten, um Gruppensituationen zur Steuerung individuellen Verhaltens zu nutzen (Gruppendynamik). Lewin war aber auch von seinem Ansatz her innovativ.

In Bezug auf die Beschäftigten waren Mayo und die Hawthorne-Forscher ganz offen paternalistisch eingestellt. Sie glaubten, dass die Unternehmensleitung (mithilfe von Sozialwissenschaftlern) besser als die Arbeitnehmer selbst wisse, was diese wollten (Whyte 1956:40–3). Es sei daher im Interesse aller, dass die Unternehmensleitung (deren Verhalten von logischen Erwägungen bestimmt wird) Sozialwissenschaftler einstellte, die ihr helfen sollten, die Beschäftigten (deren Verhalten von irrationalen Gefühlen bestimmt wird) zu kontrollieren (Roethlisberger und Dickson 1964:255–69, 563–8, 574–5). Lewin hingegen, der in ähnlicher Weise Wege zur Führung kleiner Arbeitsgruppen untersuchte, um die Kontrolle der Führungskräfte über deren Verhalten zu verbessern, bediente sich häufig des Wortes »Demokratie« und nannte seine empfohlenen Taktiken für eine demokratische Führung »demokratische Beteiligung« (Kariel 1956; Patemanl970:71–3).

Bucklow (1966:60) bemerkt, dass »Lewins Einfluss auf die Wirtschaftspraxis insbesondere auf drei von ihm durchgeführten Feldstudien mit Kinderspielgruppen, Hausfrauen und jungen Pyjama-Näherinnen beruht«. Die erste und die letzte dieser Studien (Lewin et al. 1939; Coch und French 1948) genossen lange den Status von »Klassikern«. Wir werden später auf sie zurückkommen.

Die Studie mit Hausfrauen fand während des Krieges statt (National Research Council 1943). Darin verglich Lewin die Wirksamkeit verschiedener Techniken, um die Einstellung der Hausfrauen zum Verbrauch größerer Mengen von Leber und Nieren (Fleisch, das nicht für die Truppen im Ausland benötigt wurde) zu ändern. Seine Experimente sollen gezeigt haben, dass demokratische Diskussionen mit Hausfrauen in kleinen Gruppen größere Veränderungen in Richtung des gewünschten Verhaltens bewirken als herkömmliche Vorträge oder Schulungen. Diese auf den ersten Blick trivialen Experimente hatten einen großen Einfluss auf ein ganzes Jahrzehnt der Nachkriegsforschung in der Sozial- und Arbeitspsychologie. Denn sie versprachen, dass eine intensive psychologische

Untersuchung von Gruppen (Gruppendynamik) neue Techniken zur Verhaltenskontrolle aufzeigen würde. »Diese Forschungen«, schrieb J. G. Miller (1948:287), »enthalten erste Anzeichen dafür, dass wir über Mittel verfügen, um das Gruppenverhalten von Menschen in einem Bereich zu kontrollieren, in dem sie das Gefühl haben, frei handeln zu können.«

Man kann daher sagen, dass die Arbeit der Human-Relations-Schule bis 1955 von zwei Thesen geprägt war:

1. dass ein bestimmter *Stil* oder eine bestimmte *Art* der Anleitung und der Entscheidungsfindung mit den Untergebenen (die als freundlich, demokratisch, partizipatorisch, beratend, rücksichtsvoll, teamorientiert usw. bezeichnet wird) die Arbeitsmoral und die Zufriedenheit der Beschäftigten deutlich erhöht und
2. dass Beschäftigte umso härter arbeiten, je glücklicher oder zufriedener sie sind (z. B. mit den sozialen Beziehungen zu ihrer Arbeitsgruppe) (Strauss 1971:110).

Selbstredend war der zweite Vorschlag unabdingbar, wenn der Human-Relations-Ansatz weiterhin auf das Interesse von Unternehmensleitungen an Leistung und Effizienz ausgerichtet sein sollte. Ab 1955 zwang eine wachsende Anzahl von Forschungsergebnissen, Beobachtungen und praktischen Erfahrungen in der Wirtschaft langsam zur Aufgabe dieser Überzeugung, was zu einem rapiden Rückgang der Popularität der Human-Relations-Bewegung führte (Strauss 1970:145).[16] Es wurde deutlich, dass zwischen Zufriedenheit und Produktivität nur ein geringer Zusammenhang besteht (Brayfield und Crockett 1955; Vroom 1964). Man entdeckte, dass Beschäftigte unglücklich und produktiv und umgekehrt glücklich und faul sein können (Whyte 1956:58).

Die Arbeitspsychologie drohte ihre Attraktivität für die Unternehmensführungen zu verlieren. Wie wurde dieser »Sündenfall« aufgefangen? Die Lösung bestand darin, dass man entdeckte (oder beschloss), dass es verschiedene Arten von Zufriedenheit der Beschäftigten gibt – einige haben mit der Produktivität zu tun, andere nicht. So gab es beispielsweise jene nunmehr in Verruf geratene Zufriedenheit, die sich aus den sozialen und weiteren mit dem Arbeitskontext verbundenen Bedingungen ergibt, und eine andere – eher individuelle (oder egoistische) – Art der Zufriedenheit, die sich aus den der Arbeit selbst innewohnenden Aspekten ergibt: wie z. B. Interesse, Herausforderung, Möglichkeit zur Übernahme von Verantwortung und Selbstbestimmung usw. Es wurde festgestellt, dass die Steigerung der Zufriedenheit aus der erstgenannten Quelle, die in der älteren Lehre von den menschlichen Beziehungen hervorgehoben wurde, nicht zu einer Steigerung von Anstrengung und Produktivität führt. Die Steigerung der Zufriedenheit aus der zweiten Quelle, die die »Neo-Human-Relations«-Lehre (oder »Humanressourcen«-Lehre) von nun an betonen sollte, führe aber sehr wohl zu einer Steigerung der Produktivität.

So traten zwischen 1955 und 1960 die Aspekte der Aufgabenerweiterung und Arbeitsbereicherung allmählich an die Stelle sozialer Bedürfnisse als angeblicher Schlüssel zur Freisetzung der Energien von Beschäftigten (ohne kostspielige Gehaltserhöhungen). Da die meisten Arbeitspsychologen schon seit langem auf Aspekte wie »Herausforderung«, »Eigeninitiative« usw. Wert gelegt hatten, betrachteten sie die Verschiebung lediglich als eine Veränderung der Schwerpunkte. Herzberg (1959) dramatisierte dies in einer Theorie, die diese Verschiebung in einer sehr extravaganten Form zum Ausdruck brachte. Er produzierte ein umfangreiches Konvolut vermeintlicher Beweise zur Unterstützung seiner Theorie und ein passendes Spektrum aus hausbackenen Metaphern, um sie darzustellen (Herzberg 1968; Ludwig 1973). Herzberg verschaffte sich damit den Ruf, das Konzept der Arbeitsbereicherung erfunden und zum Patent angemeldet zu haben.[17]

## Feldstudien

In Lehrbüchern zur Wirtschafts- und Sozialpsychologie, die in den zurückliegenden zwanzig Jahren veröffentlicht wurden, werden bestimmte Studien oder Experimente gemeinhin als »Klassiker« bezeichnet: die Hawthorne-Studien, die von Lewin geleiteten Studien, die Harwood-Experimente von Coch und French sowie eine 1959 veröffentlichte Studie von Herzberg. Die letztgenannte Arbeit begründete den herausragenden Ruf, den Herzberg genoss. Obwohl sie gemeinhin nicht als Klassiker bezeichnet wird, war ihr Einfluss enorm. Jede dieser Studien zeichnete sich durch eine Reihe hervorstechender Merkmale aus. Die wichtigsten unter ihnen waren:

1. eine entschiedene Minimierung der Bedeutung von Geld oder materieller Entlohnung als Einfluss auf das Arbeitsverhalten im Allgemeinen sowie auf die Produktivität im Besonderen und
2. die Neigung, schlechte Leistungen, mangelnde Kooperationsbereitschaft, Abwesenheit, Missstände, Streiks oder andere unangenehme Verhaltensweisen der Beschäftigten als neurotisches oder unangepasstes Verhalten zu betrachten. Insbesondere Herzberg hat diese beiden Merkmale in einer beispiellos überzogenen Weise behandelt.[18]

## Die Hawthorne-Studien

Die Hawthorne-Studien gelangten zu dem Schluss, dass »keines der Ergebnisse die Theorie, wonach die Beschäftigten in erster Linie durch wirtschaftliche Interessen motiviert sind, auch nur im Geringsten stützt« und dass »ein Lohnanreizsystem dermaßen von seiner Beziehung zu anderen Faktoren abhängt« – insbesondere von der Überwachung und damit zusammenhängenden sozialen Faktoren – »dass es unmöglich ist, ihm eine unabhängige Wirkung auf die einzelne Person zuzuschreiben« (Roethlisberger und Dickson 1964:160, 575–6).

Dies sind die berühmtesten Schlussfolgerungen in der Geschichte der Arbeitspsychologie. Über amerikanische (und englische) Lehrbücher wurden zahllosen australischen Studenten und

Unternehmensleitungen diese unsinnigen Schlussfolgerungen dreißig Jahre lang beigebracht, verbunden mit einer unsinnigen Darstellung der Hawthorne-Studien.

Für die Australier birgt all dies eine Art von umgekehrter Gerechtigkeit. Der Hauptverantwortliche für die Hawthorne-Studien, Elton Mayo, Professor für Industrieforschung an der Harvard School of Business, war ein Australier, der sein Psychologiestudium an der Universität Adelaide absolvierte. Das Gebäude, in dem die erste School of Applied Psychology in Australien untergebracht war, das Mayo Building an der University of New South Wales, wurde ihm zu Ehren benannt. (Die Hawthorne-Studien werden in Kapitel 11 ausführlich behandelt.)

## Lewin, Lippitt und White

Die zweite Reihe »klassischer« Studien wurde an der Universität Iowa durchgeführt und 1939 von Lewin, Lippit und White veröffentlicht. Sie umfasste vier Gruppen mit jeweils fünf Jungen im Alter von etwa zehn Jahren. Aus diesen Gruppen wurden vier außerschulische Clubs gebildet, die sich mit einer Vielzahl von Hobbys beschäftigten, wie z. B. dem Herstellen von Masken und dem Schnitzen von Seife.

Man konzipierte ein ausgewogenes Versuchsdesign, bei dem jeder der vier Clubs achtzehn Wochen lang in drei Versuchsperioden von je sechs Wochen Dauer – insgesamt also zwölf Versuchszeiträume – betrieben werden sollte. Sechs Versuchszeiträume sollten unter »demokratischer« Leitung und sechs unter »autokratischer« Leitung stattfinden. Jeder der vier erwachsenen Leiter würde sowohl die demokratische als auch die autokratische Rolle spielen, und jeder Club sollte in verschiedenen Zeiträumen abwechselnd demokratisch und autokratisch geleitet werden. Beobachter sollten detaillierte Aufzeichnungen über das Sozialverhalten der Jungen (z. B. die Häufigkeit »aggressiver Handlungen«) und die produktive Leistung anfertigen.

Die ersten sechs Wochen unter demokratischer Führung verliefen jedoch schlecht. Die Jungen (Charlie-Chan Club) verhielten sich »individuell anarchisch«. Daher wurde eigens die neue Kategorie der Laissez-faire-Führung geschaffen, und die Ergebnisse der ersten Phase der demokratischen Führung wurden in diese Kategorie eingeordnet (White und Lippitt 1960:20–2). Am Ende wurden fünf Versuchsreihen als demokratisch, fünf als autokratisch und zwei als Laissez-faire bezeichnet.

Der Charlie-Chan-Club verzeichnete in seiner ersten demokratischen-cum-laissez-faire-Phase 34 »Aggressionshandlungen« pro 50-minütiger Sitzung. Unter fortgesetzter demokratischer und autokratischer Führung wurden mit beträchtlicher Konstanz Werte von 27 und 30 ermittelt. Um dieses »schlechte« Ergebnis zu korrigieren, räumten die Experimentatoren ein, dass diese konstante Aggressivität auf die Persönlichkeit der Jungen zurückführbar sein könnte (Lewin et al. 1939:281).

Die anderen drei Clubs durchliefen insgesamt vier (sechswöchige) Phasen demokratischer Führung und vier Phasen autokratischer Führung. Jede autokratische Phase ging mit weniger Aggressionen einher als jede demokratische Phase. Bei ersteren kam es im Durchschnitt zu 2 »Aggressionshandlungen« pro 50-minütiger Sitzung, bei letzteren zu 20 (Lewin et al. 1939:281). Unter autokratischer Führung verbrachten die Jungen 74 Prozent ihrer Gesamtzeit mit der Arbeit, unter demokratischer Führung 50 Prozent (White und Lippitt 1962:510). Die Arbeitsleistung war unter autokratischer Führung höher (allerdings wird nicht gesagt, um wie viel höher); stattdessen »wurde eine große Menge an Arbeit geleistet« (White und Lippitt 1960:65, 87). Dies sind die einzigen Ergebnisse der Studie, die einen (wenn auch zweifelhaften) gewissen Anspruch auf Objektivität erheben.

Es ist ein bedeutender Beleg für die Verbundenheit der Experimentatoren mit dem Wort »Demokratie« (sowohl in seiner politischen Konnotation als auch in dem Sinne, in dem ein Führungsstil für Arbeitnehmer-Arbeitgeber-Beziehungen in der Wirtschaft als »demokratisch«[19] bezeichnet wird), dass sie in der Lage sind, diese

Befunde in einer für die Demokratie günstigen Weise zu interpretieren, und dann zu dem Schluss gelangen, dass die Demokratie effizienter ist und weniger Frustration und Aggression hervorruft als eine autokratische Führung. Noch bemerkenswerter ist jedoch, dass seit dreißig Jahren unzählige Versionen dieser trivialen und wertlosen Studie auf buchstäblich Tausenden von Seiten in Zeitschriften, Büchern, Lehrbüchern und Zitaten zu finden sind, die von der Schulung über die Arbeitspsychologie bis hin zu den internationalen Beziehungen reichen. Es sollte daher nicht überraschen, dass nach einer gewissen Zeit in Lehrbüchern und Artikeln allgemein verbreitet wurde, dass die Arbeitsleistung in den demokratisch geführten Gruppen am höchsten war (siehe Jacques 1948:128–9; French et al. 1960:3; Benoit-Guilbot 1968:23; Raven 1968:289).

1971 hielt ich auf der Jahreskonferenz der Australian Psychological Society einen Vortrag über diese Studie. Daraufhin bat mich einer der bekanntesten Arbeitspsychologen Australiens, der in einem großen Unternehmen eine Abteilung für Arbeitnehmer-Arbeitgeber-Beziehungen leitet, um ein Exemplar meines Vortrags. Er hatte keine Einwände gegen die Analyse, schlug aber vor, »die ironischen oder sarkastischen Kommentare [für die Veröffentlichung] abzuschwächen, weil das Ansehen von Lewin, Lippitt und White derart hoch ist, dass die Redakteure Ihr Papier möglicherweise als zu aggressiv ablehnen könnten«.

## Coch und French

Die dritte »klassische« Studienreihe wurde mit Näherinnen der Harwood Manufacturing Corporation in Marion, Virginia, durchgeführt. Der Präsident des Unternehmens, Dr. A. J. Marrow, war Psychologe. Marrow hatte eng mit Kurt Lewin zusammengearbeitet und bewunderte ihn und seine Theorien. Der bekannteste Bericht über die Studien wurde 1948 von Coch und French – Schülern und Anhängern von Lewin – veröffentlicht.

Die Personalfluktuation und die Feindseligkeit gegen die Unternehmensleitungen waren bei Harwood sehr hoch. Nach Ansicht der Arbeiter nutzte die Unternehmensleitung Arbeitsplatzwechsel, um die Preise zu drücken und sich langsamerer Arbeiter zu entledigen. Aufgabenwechsel und Versetzungen waren häufig. Das Unternehmen zahlte eine »Versetzungsprämie«, mit der die Hälfte einer Gruppe versetzter Beschäftigter entlohnt wurde, während sie die neue Tätigkeit erlernten. Die »Hälfte« der Gruppe wurde auf der Grundlage derjenigen Hälfte bestimmt, die am schnellsten umlernte. Die übrigen Arbeiter verloren bei jeder Versetzung Geld; die am häufigsten versetzten Arbeiter kündigten am häufigsten (aus der Sicht der Arbeiter: aus wirtschaftlichen Gründen). Dieses Verhalten wurde von den Experimentatoren kurioserweise als »Widerstand gegen Veränderungen« bezeichnet, und es wurde unterstellt, dass es auf irrationalen und emotionalen Gründen beruht. Das Experiment sollte zeigen, dass Gruppendiskussionen mit den zu versetzenden Beschäftigten (d. h. »Partizipation«) zur Überwindung dieses Widerstands gegen Veränderungen eingesetzt werden können.

Coch und French richteten vier Arbeitsgruppen ein. Einer Gruppe wurde lediglich mitgeteilt, dass ihre Arbeit geändert würde und wie hoch der neue Akkordsatz sein würde. Die Arbeitsleistung und der Verdienst dieser Gruppe an ihrem neuen Arbeitsplatz waren schlecht; sie beschwerten sich über den Akkordsatz, und drei (von achtzehn) kündigten. Sowohl die ihnen zugeschriebene Arbeitsleistung als auch ihr Verdienst waren natürlich eine Funktion des festgelegten Akkordsatzes. Die anderen drei Gruppen durften sich an der »Gestaltung der neuen Arbeitsplätze und der Festlegung der neuen Akkordsätze« beteiligen (Coch und French 1948:28). Auch wurden sie in den für den neuen Arbeitsplatz geeigneten Arbeitsmethoden geschult, »damit sie innerhalb kurzer Zeit eine hohe Produktionsrate erreichen konnten« (ebd.: 521). In diesen drei Gruppen waren Arbeitsleistung und Verdienst hoch, und niemand kündigte.

Es scheint nicht schwierig zu sein, die Ergebnisse rein ökonomisch zu erklären. Coch und French argumentierten jedoch, dass die Ergebnisse zeigen, dass die Beteiligung der Arbeitnehmer an der Diskussion über vorgeschlagene Arbeitsplatzveränderungen psychologische Barrieren überwindet und es der Unternehmensleitung ermöglicht, »den Gruppenwiderstand gegen eine Veränderung der Arbeitsmethoden und gegen die daraus resultierenden Akkordsätze stark zu modifizieren oder ganz zu beseitigen« (ebd.: 531). Aus diesen Gründen wurde das Experiment von Coch und French weithin gefeiert und wird immer noch häufig nachgedruckt (Faunce 1967; Cartwright und Zander 1968).

Später versuchten French und andere (1960), dieses Experiment in einer norwegischen Fabrik zu wiederholen. Sie waren insbesondere daran interessiert, den Einfluss der Beteiligung (d.h. Diskussionsveranstaltungen) auf das Verhalten der Beschäftigten zu untersuchen, die ein »Gefühl« der Einflussnahme auf Entscheidungen über ihre Arbeitssituation erzeugten (»wahrgenommene Beteiligung«), im Unterschied zur tatsächlichen Einflussnahme (»objektive Beteiligung«). Diesmal erfuhren alle Gruppen eine ähnliche Umschulung, und die Festsetzung aller Akkordlöhne wurde durch Verhandlungen zwischen Unternehmensleitung und Gewerkschaften festgelegt. Unter diesen Voraussetzungen schnitten die Gruppen, die an den Diskussionen vor dem Arbeitsplatzwechsel teilnahmen, nicht anders ab als die übrigen, was darauf hindeutet, dass der Akkordlohn der entscheidende Produktionsfaktor war. Es überrascht kaum, dass dieses norwegische Experiment nicht berühmt geworden ist.

## Herzberg

Die letzte dieser klassischen Studien betrifft Herzberg, der seine Hypothese zu prüfen versuchte, wonach bestimmte Aspekte einer Arbeitssituation Zufriedenheit und hohe Motivation verursachen, wenn sie gut sind (aber keine Unzufriedenheit verursachen können, ganz gleich wie schlecht sie sind). Umgekehrt führen andere Aspekte von Arbeitssituationen zu Unzufriedenheit usw., wenn sie schlecht sind (aber sie können nicht zu Zufriedenheit führen, egal wie gut sie sind). Beispiele für die erste Kategorie sind (nichtmonetäre) Anerkennung und Erfolgserlebnisse. Diese werden als »Befriediger« oder »Motivatoren« bezeichnet. Wie vielleicht zu erwarten, ist Geld ein Beispiel für die zweite Kategorie und wird als »Unzufriedenheitsfaktor« oder »Hygienefaktor« bezeichnet.

Herzberg und seine Mitarbeiter (1959) befragten 200 Angestellte zu ihrer Arbeitseinstellung und Motivation. Die Unternehmensleitung war daran interessiert, Informationen über die Einstellungen und Motive ihrer Beschäftigten zu erhalten, und informierte sie darüber, dass von ihnen erwartet wurde, mit den Interviewern zusammenzuarbeiten. Jede befragte Person wurde zunächst gebeten, sich an Gelegenheiten oder Ereignisse (in der unmittelbaren oder ferneren Vergangenheit) zu erinnern, die mit (a) sehr »guten« Gefühlen bezüglich ihrer Arbeit und (b) sehr »schlechten« Gefühlen bezüglich ihrer Arbeit verbunden waren. Anschließend wurde die Person gebeten, jeweils die erlebten guten (oder schlechten) Gefühle zu beschreiben und zu erläutern, wie sie mit dem Ereignis oder der Situation zusammenhingen, die sie ausgelöst hatten. Schließlich wurde gefragt, welche Auswirkungen diese »guten« und »schlechten« Erfahrungen auf das Arbeitsverhalten hatten.

Herzberg führte keinerlei direkte Betrachtung der Arbeitssituationen oder des Arbeitsverhaltens seiner Probanden durch. Die empirische Grundlage seiner Theorie bestand einzig und allein aus 476 ausgewählten Anekdoten (oder Teilen von Anekdoten), die er von den 200 Probanden erhalten hatte, zusammen mit ihren Selbsteinschätzungen, warum sie sich bei den Gelegenheiten, auf die sich die Anekdoten bezogen, besonders »gut« oder »schlecht« fühlten.

Das Ergebnis ist ein Wirrwarr von Statistiken, in denen wie bei einem Rorschach-Test je nach der Motivation des Beobachters fast alles gefunden werden kann. Zwei Dinge bleiben bei diesen »Beweisen« jedoch unberücksichtigt: erstens, dass Menschen durch Vorkommnisse oder Bedingungen motiviert sind, die nichts mit ihrer Arbeit zu tun haben; zweitens, dass die Arbeit einem umfassenderen Lebenskonzept untergeordnet sein kann, das nichts mit der Arbeit zu tun hat – wie z. B. die Befriedigung der familiären Bedürfnisse in Bezug auf Wohnung oder Ausbildung, der Bau eines Bootes, die Beendigung des Vietnamkrieges, der Besuch von Sinfoniekonzerten oder sogar der Gewinn eines Froschsprungwettbewerbs. Derlei Faktoren werden nicht berücksichtigt, weil Herzberg (1959:48) von den für die Analyse ausgewählten Anekdoten jede Anekdote (oder Teilanekdote) ausschließt, »in der ein Faktor im persönlichen Leben der Person, der nichts mit ihrer Arbeit zu tun hat, für eine Phase guter oder schlechter Gefühle verantwortlich war, selbst wenn diese Gefühle ihre Arbeit beeinflussten«.[20]

Diese Ausklammerung trägt wesentlich dazu bei, dass die Ergebnisse von Herzberg eine berufsbezogene Einstellung zur Industriearbeit zum Vorschein bringen; d.h., dass Personen, die in der Industrie arbeiten, in erster Linie durch die (nicht monetäre) Befriedigung motiviert sind, die ihrer Arbeit innewohnt. Diese Abgrenzung steht natürlich im Gegensatz zu einer Einstellung zur Arbeit, die diese als Mittel zum Erreichen sozialer und persönlicher Ziele durch das damit verbundene Einkommen ansieht.

Ferner wird in Herzbergs exklusiven Statistiken die Motivation und Zufriedenheit, die sich aus monetären Vergütungen ergibt, nicht berücksichtigt.[21]

Bereitwillig vorgetragene Anekdoten über besondere Ereignisse, die zu hoher Zufriedenheit führten, drehten sich häufig um »Ereignisse wie Beförderungen oder Lohnerhöhungen, die nicht von einer verbalen Anerkennung begleitet waren«. In »vielen« dieser Fälle gab der Befragte jedoch auf Nachfrage an, dass er die Beförderung oder Lohnerhöhung als angemessene Anerkennung seiner Kompetenz oder Ähnliches empfunden habe. Indes stufte Herzberg alle diese Anekdoten als Fälle hoher Zufriedenheit ein, die nicht auf die Beförderung oder Lohnerhöhung, sondern auf nichtmonetäre Anerkennung zurückzuführen seien (ebd.: 45).

Durch eine Reihe von Interpretationen dieser Art gelangte Herzberg zu dem Schluss, dass Beschäftigte in erster Linie nach nichtmonetären, beruflichen Belohnungen für ihre Arbeit in der Industrie streben (z. B. Anerkennung, Erfolgserlebnisse, Verantwortung, Entwicklungsmöglichkeiten); und dass allein diese Art von Belohnungen für positive Motivation und Zufriedenheit sorgen kann.[22] (Daher seien diese beruflichen Aspekte der Arbeit »Befriediger« oder »Motivatoren«.) Dagegen sind, so Herzbergs Schlussfolgerung, Gehalt, gute Arbeitsbedingungen und Arbeitsplatzsicherheit von untergeordneter Bedeutung. Sie können seiner Ansicht nach keine Quellen für positive Zufriedenheit oder Motivation sein. (Sie werden als »Unzufriedenheitsfaktoren« oder »Hygienefaktoren« bezeichnet.) Sie können höchstens dazu beitragen, den Arbeitsunmut oder die Unzufriedenheit auf null zu reduzieren. Es sei denn, es handelt sich um eine mutmaßlich bedauernswerte Minderheit unangepasster oder neurotischer (sogar pathologischer) Arbeitnehmer, die unnatürlicherweise auf die Befriedigung aus diesen Quellen ausgerichtet sind und die zugeben, dass sie positive Befriedigung aus hohen Löhnen, Arbeitsplatzsicherheit oder guten Arbeitsbedingungen ziehen (Herzberg 1968:77, 90, 178–92). Mit einer geradezu unerhörten Anmaßung bietet Herzberg eine »kulturfreie« Definition von Arbeit als »die Natur des Menschen, wie sie in Wirklichkeit ist« (ebd.: 43, 77). Wie sich herausstellt, sind nach seiner wissenschaftlich fundierten Definition des Menschen (genauer gesagt der Beschäftigten) diejenigen, die positive Befriedigungen aus materiellen Belohnungen suchen oder erhalten, nicht nur krank, ungesund und unangepasst, sondern auch geisteskrank, neurotisch und pathologisch (ebd.: 77, 79, 80, 84, 85, 191–2).

Die Anziehungskraft, die diese Definition des »Menschen als Arbeiter« auf Unternehmensleitungen und Aktionäre ausübt, ist verständlich. – Nicht zuletzt deshalb, weil Arbeitnehmer, wenn man ihnen nur oft genug sagt, dass Wissenschaft und Psychologen ihre Geldsorgen als Symptom einer Neurose entlarvt haben, dies glauben und ein schlechtes Gewissen haben, wenn sie eine Gehaltserhöhung verlangen.

An dieser Stelle mag eine persönliche Anekdote über Herzberg gestattet sein. Im Jahr 1970 jettete Herzberg durch Europa und erklärte Managern, wie unklug und unrentabel es sei anzunehmen, dass monetäre Anreize positiv zur Zufriedenheit oder Motivation der Beschäftigten beitragen könnten. Um auf einer Konferenz zu sprechen, machte er für einen Tag in London halt. Der *Economist* (6. Juni 1970:66) berichtete über dieses Ereignis in einem Artikel mit dem Titel »Langweilt Sie Ihr Job? Oder tut es vielleicht Professor Herzberg?«. Um Professor Herzberg zu hören, zahlten 444 Führungskräfte aus der Wirtschaft jeweils 25 britische Pfund. Herzberg nahm etwa 25 000 australische Dollar für einen Tag ein, an dem er die relative Unwichtigkeit von Geld als Anreiz für Arbeitnehmer erklärte. Drei Jahre später gab Herzberg in einem Interview mit dem Herausgeber von *International Management* eine für ihn charakteristische und reichlich verstiegene Darstellung seiner revolutionären Theorie über die Unwichtigkeit des Gehalts als Motivator (Ludwig 1973:22). Am Ende gab er scheinheilig zu, dass er selbst sehr teuer sei, und schloss mit den Worten: »Aber was soll's, ich glaube eben an Hygienefaktoren« (d.h. an hohe materielle Vergütungen).

Man kann es nur bedauernd zur Kenntnis nehmen, dass zahlreiche Arbeitspsychologen im Namen der Sozialwissenschaft eine propagandistische Funktion übernommen haben. Wir sollten dankbar sein, dass sich viele von ihnen als so unfähig erwiesen haben. Ich bin mir sicher, dass ihre geistigen Vorfahren, die puritanischen Prediger der protestantischen Ethik, ihren Herren in der Wirtschaft sehr viel ehrlicher und effektiver zugearbeitet haben.

## Anmerkungen:

1. In diesem Zusammenhang treten immer wieder die unbestreitbaren ideologischen Grenzen westlichen soziologischen Denkens in ihrer überraschenden Naivität zutage. So diskutiert Frank Heller (1971:41) die »wichtige britische strukturelle Schule der Betriebssoziologie und die Arbeit des Tavistock Institute of Human Relations«, die sich dadurch auszeichneten, dass sie die übliche ausschließliche Beschäftigung mit »zwischenmenschlichen Beziehungen von Angesicht zu Angesicht« hinter sich ließen und sich stattdessen für »die Systemnatur von Organisationen und die Analyse ihrer wichtigsten Komponenten« interessieren. Man fragt sich, wie lange es wohl noch dauern wird, bis das Gros westli-

cher »Industriesoziologen« endlich erkennt, dass ihre Variablen und Theorien auch in der Lage sein sollten, wirtschaftliche Experimente und Erfahrungen in Westdeutschland und Jugoslawien (ganz zu schweigen von 800 Millionen Chinesen) als »Fallbeispiele« für dieses oder jenes beizuziehen.

2. Bruce Yuill (1966) stellt eine »selektive Bibliografie« aus fast 100 Titeln zur Verfügung. Diese verteilen sich wie folgt: 76 Prozent amerikanische, 12 Prozent britische und 6 Prozent australische Titel. Andere australische Bücher zum Thema Unternehmensleitung und Organisation weisen eine ähnliche Verteilung auf.
3. Als Beispiele für »Grundsätze [aus] Forschung und Praxis im Bereich der Propaganda, die als allgemeine Richtlinien für die Planung von Programmen zur Beeinflussung der Einstellung von Mitarbeitern dienen können«, nennt Morris Viteles (1953:431): »Wiederholung, Einfachheit und emotionale Appelle ..., die ... tief verwurzelte Einstellungen ... durch frühere Konditionierung ... tangieren.«
4. Mitarbeiter wurden als »gut informiert« (oder »geschult«) eingestuft, wenn sie glaubten (oder behaupteten zu glauben), dass (1) »der Verbraucher und nicht das Unternehmen den Preis bestimmt«, (2) »arbeitssparende Maschinen Arbeitsplätze schaffen«, (3) »die Interessen der Aktionäre und der Mitarbeiter im Einklang stehen« und (4) wenn sie Preiskontrollen, Profitbeschränkungen, Gehaltsbeschränkungen, Staatseigentum und stärkere Gewerkschaften ablehnten (Viteles 1953:23–5).
5. Dieser Befund steht im Gegensatz zu Studien, die gemeinhin als Nachweis dafür akzeptiert werden, dass Werbekampagnen, die – vielleicht basierend auf der Theorie, dass die Verbraucher rational zwischen beiden Ansichten entscheiden sollten – erst die eine und dann die gegenteilige Ansicht präsentieren, von wenigen Ausnahmen abgesehen nicht wirksam sind (Young 1945:514).
6. Basierend auf einer Umfrage und Feldforschung, die etwa fünfzig Unternehmen und wichtige Universitäten und Konferenzen abdeckt.
7. HOBSO wurde ursprünglich von Du Font entwickelt und dann über das NAM und andere Quellen allgemein verfügbar gemacht. Derzeit ist es sehr beliebt und wird häufig verwendet, obwohl es auch seine Kritiker hat (Williams und Peterfreund 1954:38).
8. Es gab »sehr lautstarken Widerstand von vielen internationalen Gewerkschaftsfunktionären«, der jedoch »nicht mit der eher kooperativen Haltung der meisten lokalen Gewerkschaftsfunktionäre übereinstimmte«. Es gibt kaum Anzeichen dafür, dass die Gewerkschaften insgesamt die Schulungsbemühungen der Unternehmensleitung als ernsthafte Bedrohung angesehen haben. »Nur zwei oder drei von fünfzig genannten Unternehmen gaben an, dass es aktiven Widerstand von Seiten der Gewerkschaften gab« (ebd.: 27, 28).

9. »Wenn Beschäftige bei internen Besprechungen von ihrer Arbeit freigestellt werden, bleibt die Produktionsleistung des Tages in der Regel erhalten. [Alle bis auf ein] Unternehmen ... berichteten von einer höheren Arbeitsleistung vor oder nach den Besprechungen, um die Gesamtproduktion aufrechtzuerhalten, oder gaben an, dass, wenn Mitglieder einer Gruppe nacheinander an den Besprechungen teilnahmen, der jeweilige Rest der Gruppe die Arbeit übernahm« (ebd.: 40).
10. Es wurde festgestellt, dass zahlreiche politische Faktoren zu »Schulungen« durch die Unternehmensleitung führten. Dazu gehörten: die zunehmende Stärke der Gewerkschaften, die als »Eingriff in die Vorrechte der Unternehmensleitung« empfunden wurde, hohe Steuern, »die vielen [öffentlichen] Hinweise auf hohe Gewinne«, der Erfolg der deutschen Gewerkschaften bei der Durchsetzung der Mitbestimmung und die Verstaatlichung von Wirtschaftszweigen in Großbritannien (ebd.: 21).
11. Es sei darauf hingewiesen, dass man die Einstellungen (und Einstellungsänderungen) der Öffentlichkeit zu einer Vielzahl von Fragen, die für die Unternehmensleitungen von politischer/ideologischer Bedeutung sind, über lange Zeit durch halbjährliche nationale Umfragen genau beobachtete. Spätestens seit Kriegseintritt der USA im Jahr 1941 und der damit einhergehenden verstärkten regulativen Rolle der Regierung in der Wirtschaft führte die Psychological Corporation halbjährliche Umfragen (auf der Grundlage von Stichproben mit 5 000 Teilnehmern) durch, die die öffentliche Meinung nach sozioökonomischen Gesichtspunkten sowie zur Frage der Gewerkschaftszugehörigkeit sondierten: zum Thema Gewerkschaften und ihrer Kontrolle durch das Gesetz; zur staatlichen Regulierung von Preisen, Gewinnen usw.; zur Erhöhung der öffentlichen Gehälter; zur »Bedrohung« durch Sozialismus und Kommunismus; ferner zum öffentlichen Vertrauen in Gewerkschaftsführer, Unternehmensleiter und Unternehmerverbände (NAM und Handelskammer). Für ausführliche Kommentare siehe Link (1946).
12. Zum Beispiel: »Eine große Organisation produzierte einen Film, um ihre Mitarbeiter mit der Tatsache vertraut zu machen, dass die Aktien des Unternehmens in Streubesitz sind. Bei einem Test zur Wirksamkeit des Films (bei dem Mitarbeiter zu ihren Reaktionen befragt wurden) sagte jemand: ›Ich verstehe, worum es in dem Film geht. Er zeigt, dass alle möglichen Menschen aus allen Gesellschaftsschichten unsere Aktien besitzen können und auch tatsächlich besitzen. Das finde ich in Ordnung. Jeder kann ein Kapitalist sein. Selbst ein Zeitungsjunge wie im Film kann einer sein. Trotzdem möchte ich nicht, dass mich jemand einen Kapitalisten nennt.‹« Über diese Studien berichten Williams und Peterfreund (1954).
13. Nach dem Zweiten Weltkrieg gab es »ein geradezu explosionsartiges und rasch zunehmendes Interesse an Kleingruppen«. Die Anzahl der zwi-

schen 1950 und 1960 mit Kleingruppen durchgeführten Studien überstieg die Gesamtzahl der vor 1950 durchgeführten Studien um mehr als das Vierfache (Deutsch 1968:265). 1950 wurde das Thema »Kommunikation« in Management-Lehrbüchern kaum erwähnt; 1960 gehörte es zu den beliebtesten Managementthemen in Amerika. Und im Bereich der Kommunikationsforschung hatte sich »in Bezug auf Umfang und Art der Forschung« viel getan. 1960 war die »Führung kleiner Gruppen« noch immer das beliebteste Forschungsthema in der Wirtschafts- und Sozialpsychologie (Vroom und Maier 1961:461). 1964 waren »Arbeiten zu kleinen Gruppen ... weiterhin umfangreich« und wurden auf Managementgruppen ausgeweitet (Leavitt und Bass 1964:379). »Die Hauptfragen«, auf die die Forschung zu Kleingruppen »Antworten suchte«, lauteten: »Wovon hängt es ab, ob eine Person ihr Verhalten oder ihre Meinung unter dem Einfluss anderer ändert? Und was ist insbesondere dafür ausschlaggebend, ob sie sich an die Normen einer Gruppe anpasst oder nicht?« (Homans 1968:260).

14. »In Großbritannien haben [die Hawthorne-]Studien noch nicht das Interesse auf sich gezogen, das ihrer Bedeutung angemessen wäre, insbesondere nicht in den Reihen der Soziologen und Unternehmensleitungen. Gleichwohl ... gibt es unter den neuesten Ideen zum sozialen und persönlichen Charakter der Verantwortlichkeiten einer Führungskraft keinen einzigen Gedanken, der sich nicht in dem riesigen Fundus der Arbeit in Hawthorne wiederfindet oder widerspiegelt.« »Was [der] Beitrag [der Gruppe, die an den Hawthorne-Studien teilnahm] bedeutet, ist vielen Führungskräften in der Wirtschaft noch immer nicht ganz klar. Unsere Zeitgenossen werden es vielleicht erleben, dass das Wissen, das sie entfaltet haben, als Standardwissen oder gängige Praxis akzeptiert ist. Oder aber es bleibt den Autoren eines späteren Jahrhunderts überlassen, darüber zu berichten, wie die Initiative dieser Gruppe aus einer Reihe von Büchern und Berichten in Grundsätze und Methoden umgesetzt wurde, die von sämtlichen Verantwortlichen für die Durchführungskontrolle und Aufsicht in der Wirtschaft übernommen wurden. Denn unabhängig davon, ob die allgemeine Anerkennung früher oder später kommt, ist ihre Arbeit fest in der wissenschaftlichen Methodik verankert und wird Bestand haben« (Urwick und Brech 1948:2, 6).
15. Siehe auch Caplow (1964:156): »Wir müssen die polaren Begriffe Autorität und Demokratie vor dem Hintergrund moderner Theorien der Verwaltung noch nicht einmal genauer unter die Lupe nehmen, um auf eine merkwürdige Eigenschaft zu stoßen: Eine demokratische Entscheidungsfindung, die in Bezug auf Regeln recht liberal ist; zweitens die Verdrängung von Autorität durch Konsultation und drittens die Beteiligung von Gruppen an der Durchsetzung und der Akzeptanz von Vorschriften werden allesamt als Mittel zur Ausweitung der Kontrolle der jeweiligen Orga-

nisation über das einzelne Mitglied angesehen. Sind sie erfolgreich, so verringern sie die Fähigkeit des Einzelnen, private Ziele gegen die der Organisation zu stellen. Die der Einzelperson in Detailfragen übertragene Autonomie vermindert ihre Möglichkeiten, vom grundlegenden Programm der Organisation abzuweichen.« Siehe auch Golembiewski (1960:207–8).

16. Man vergleiche den Kommentar: »Schlussendlich haben die Unternehmensleitungen herausgefunden, dass die Produktion und damit der Gewinn steigen, wenn die Beschäftigten mit ihrer Arbeit zufrieden sind. Wenn man die Stimmung in einem Unternehmen verbessert, verbessert man auch die Produktion« (Parker und Kleemier 1951:10) mit dem Kommentar: »Eine gute Stimmung wird nicht mehr als Voraussetzung für eine hohe Produktivität angesehen. (Außerdem) kann man die Art der Beziehung zwischen Stimmung und Produktivität ernsthaft in Frage stellen. Ist sie direkt? Ist sie reziprok? Ist sie zirkulär? Oder gibt es überhaupt eine Beziehung zwischen den beiden; sind sie unabhängige Variablen?« (Scott 1962:93).
17. Herzberg schreibt sich selbst die Errungenschaft der »Schaffung von Arbeitsbereicherung« zu (Ludwig 1973:20). Ich selbst stimme mit Hunt (1972:348) überein, dass »das Konzept der Arbeitsbereicherung nicht neu ist ... Viele der frühen Autoren zum Thema Unternehmensführung erkannten die Notwendigkeit der Arbeitsbereicherung, ebenso wie die meisten Autoren der Human-Relations-Schule. Wo Herzberg sich geringfügig unterscheidet, ist in seiner Analyse der Beziehung zwischen dem Einzelnen und der Organisationsstruktur.«
18. Der Herausgeber von »Management International« erklärte, dass »die Abkehr von der Entlohnung als Motivator eines der revolutionärsten Elemente in Herzbergs Theorie darstellt« (Ludwig 1973–22). Wenn dies das Kriterium für einen revolutionären Sozialwissenschaftler ist, dann war die Human-Relations-Bewegung von Mayo bis Lewin und Liken eine einzige kontinuierliche Revolution.
19. Eine vernichtende Kritik der autoritären – ja sogar totalitären – Implikationen von Lewins psychologischer Theorie findet sich bei Kariel (1956); eine sorgfältige und scharfsinnige Einschätzung der merkwürdigen Verwendung des Wortes »Demokratie« im wirtschaftlichen Kontext im Allgemeinen und bei Lewin im Besonderen bietet Paceman (1970: 69 ff.).
20. Auch hier gilt: »Die Schilderung darf nicht von einer Abfolge von Ereignissen handeln, die sich um gute oder schlechte Stimmung drehen, die durch etwas verursacht wurde, das nichts mit der Arbeit zu tun hat ... Wir haben hier keine Historie aufgenommen, in der ... der Ursprung der Einstellung einer Person in ihrem sozialen Leben, ihrer Ehe, liegt ...« (Herzberg et al. 1959:41). Daher werden Berichte über Sorgen oder Freude im Zusammenhang mit Gehaltserhöhungen oder Beförderungen – bei de-

nen diese Sorgen ihren Ursprung in nicht arbeitsbezogenen Bedürfnissen nach mehr Geld haben – von Herzbergs Analyse ausgeschlossen.

21. Herzberg berichtet von einigen »typischen« Geschichten, die seine Probanden erzählten, als sie gebeten wurden zu erklären, warum eine Gehaltserhöhung oder Beförderung für sie ein Grund für große Zufriedenheit war (oder warum dies nicht der Fall war). Ein Buchhalter hatte zuvor nur Gehaltserhöhungen als Anerkennung seines Wertes erhalten. Dann kam ein Kompliment vom Chef. »Das Wichtigste«, sagte er, »war die persönliche Zufriedenheit mit der geleisteten Arbeit und dann ein Schulterklopfen.« Ein Ingenieur wurde erneut befördert und erhielt eine unerwartete Gehaltserhöhung. »Abgefragt«, warum ihn dies so sehr zufriedenstelle, antwortete er, »dass er sich vor allem deshalb freue, weil dies zeige, dass seine Arbeit geschätzt werde und seine Vorgesetzten Vertrauen in ihn hätten ... Auch nach vielen Jahren fühlt er sich aufgrund dieser Beförderung immer noch gut.« »Wie schon am Beispiel der Verantwortung«, so Herzberg, »trifft auch für diese Geschichte zu, dass das höhere Einkommen die Zufriedenheit des Ingenieurs mit seiner Arbeit nur in geringem Maße steigert« (Herzberg et al. 1959:61–2).
22. Die Kühnheit von Herzbergs (1959) Deutungssprüngen ist geradezu atemberaubend. So ging es in 30 Prozent der »Geschichten« seiner Probanden zu Erlebnissen mit sehr hoher Arbeitszufriedenheit um das Gehalt oder die Beförderung oder beides (siehe Tabellen 6 und 7, S. 72, 75). Darüber hinaus tauchten in 228 freiwillig abgegebenen Beschreibungen von Begebenheiten hoher Zufriedenheit 80 Mal (anerkennende) Hinweise auf Gehalt oder Beförderung auf, während in 248 Geschichten zu Begebenheiten geringer Zufriedenheit nur 69 Mal negative Hinweise auf Gehalt oder Beförderung vorkamen (S. 64, 72). Gleichwohl ist Herzberg aufgrund dieser »objektiven« Daten (wie er sie nennt) in der Lage, einen absolut verfehlten Schluss zu ziehen, indem er Prozentsätze mit stark abweichenden Grundlagen so manipuliert, als wären sie Häufigkeiten – und sie tatsächlich als Häufigkeiten bezeichnet –, und zu dem Schluss gelangt, dass finanzielle Belohnungen keine Zufriedenheit schaffen können, sondern nur Unzufriedenheit verursachen oder vermindern können.

# 11 Die Hawthorne-Studien: Eine Kritik

Es gibt wohl nur wenige wissenschaftliche Disziplinen oder Forschungsbereiche, in denen eine einzige Studienreihe und ein einziger Forscher einen so großen Einfluss ausgeübt haben, wie es Mayo und die Hawthorne-Studien über ein Vierteljahrhundert hinweg taten. In den letzten zehn Jahren hat dieser Einfluss abgenommen, da spätere Studien keinen zuverlässigen Zusammenhang zwischen der sozialen Zufriedenheit von Beschäftigten in der Wirtschaft und ihrer Arbeitsleistung aufzeigen konnten. Dennoch werden die Hawthorne-Studien in anerkannten Lehrbüchern nach wie vor geradezu ehrfürchtig als Klassiker in der Geschichte der Sozialwissenschaften im Bereich Wirtschaft bezeichnet.

Von daher hätte man erwarten können, dass die Hawthorne-Studien einer gründlichen und skeptischen Prüfung unterzogen worden wären. Bevor die bemerkenswerten Behauptungen dieser Studien (insbesondere die relative Bedeutungslosigkeit finanzieller Vergütungen im Vergleich zu rein sozialen Belohnungen) einen so großen Einfluss erlangten, hätte man erwarten können, dass die Qualität der erbrachten Nachweise und die Gültigkeit der daraus gezogenen Schlussfolgerungen sorgfältig geprüft und bewertet worden wären. Es gab einige weitreichende Kritikpunkte an Mayos Ansatz und seinen Annahmen, von denen viele durchaus stichhaltig sind. Dazu gehören Vorwürfe der Voreingenommenheit zugunsten der Unternehmensleitungen, der klinischen Voreingenommenheit und der wissenschaftlichen Naivität.[1] Allerdings hat niemand systematisch und detailliert die Behauptung kritisch hinterfragt, die Originalberichte der Hawthorne-Forscher seien wissenschaftlich wertvoll.

## Hintergrund

Die Hawthorne-Studien umfassten eine lange Reihe von Untersuchungen zur Bedeutung von Arbeitsverhalten und -einstellungen. Die wichtigsten Untersuchungen wurden zwischen 1927 und 1932 durchgeführt, bevor sie wegen der Wirtschaftskrise eingestellt wurden. Die einzelnen Studien lassen sich in fünf Phasen unterteilen:

- Phase I: Testraumstudie zur Relaismontage. (Neues Anreizsystem und neuartige Aufsicht.)
- Phase II: Zweite Gruppenstudie zur Relaismontage. (Nur neues Anreizsystem.)
- Phase III: Testraumstudie zur Glimmer-Spaltung. [Anm. d. Ü.: Der Arbeitsgegenstand waren Schichtsilikate/Glimmer (engl.: Mica), die sich in äußerst dünne Blättchen mit hervorragenden elektrischen Isolationseigenschaften spalten lassen.] (Nur neue Aufsicht.)
- Phase IV: Das Befragungsprogramm.
- Phase V: Die Bank-Wiring Observation Room Study. [Anm. d. Ü.: Hier ging es um die Montage von Telefonvermittlungsanlagen.]

Bei den Phasen I bis III handelt es sich um eine Reihe von teilweise kontrollierten Studien. Ursprünglich sollten sie die Auswirkungen untersuchen, die die Variation der physischen Arbeitsbedingungen, insbesondere der Ruhepausen und der Arbeitszeiten, aber auch der Temperatur und der Luftfeuchtigkeit sowie des Entlohnungssystems, auf das Arbeitsverhalten haben.

Nach einer Laufzeit von mindestens zwölf Monaten kamen die Forscher zu dem völlig unerwarteten Schluss, dass die soziale Zufriedenheit, die sich aus dem menschlichen Miteinander bei der Arbeit ergibt, für das Arbeitsverhalten im Allgemeinen und die Arbeitsleistung im Besonderen wichtiger ist als alle physischen und wirtschaftlichen Aspekte der Arbeitssituation (Pennock 1930; Putnam 1930). Diese Schlussfolgerung kam als »das große éclaircissement … eine Erleuchtung, die ganz anders war als das, was man von den Beleuchtungsstudien erwartet hatte« (Roethlisberger 1941:15). Dies ist die zentrale und unverwechselbare Einsicht, aus der sich der Ruf und der Einfluss der Hawthorne-Studien herleitet.

Dieses »éclaircissement« über die herausragende Bedeutung der sozialen Befriedigung bei der Arbeit vollzog sich in Phase I der Studien. Folglich sind alle späteren Studien in wichtiger Hinsicht der Phase I untergeordnet: »Sie war der Ursprung, von dem alle nachfolgenden Phasen ausgingen. Sie war auch ihr Hauptschwerpunkt. Sie verlieh den anderen Phasen ihre Bedeutung in Bezug auf die gesamte Untersuchung« (Urwick und Brech 1948:27; siehe auch Roethlisberger und Dickson 1939:29).

Die Phasen II und III waren »zur Überprüfung« (und zur Ergänzung und Bestätigung) der in Phase I gezogenen Schlussfolgerung gedacht, »dass der beobachtete Produktionsanstieg auf eine Veränderung der sozialen Lage zurückzuführen ist … [und] nicht in erster Linie auf Lohnanreize, geringere Ermüdung oder ähnliche Faktoren zurückzuführen ist« (Viteles 1954:185). Phase IV war ein Befragungsprogramm, mit dem die Einstellungen der Beschäftigten untersucht wurden. Phase V war eine Untersuchung zur informellen Gruppenorganisation in der Arbeitssituation.

Die beiden späteren Studien (IV und V) ergaben sich unmittelbar aus den Schlussfolgerungen der Phasen I-III zum überragenden Einfluss der sozialen Bedürfnisse. Die in beiden Studien gemachten Beobachtungen wurden im Lichte dieser früheren Schlussfolgerungen interpretiert. Somit ist klar, dass, wie von Urwick behauptet, Phase I die Schlüsselstudie war, die durch die Phasen II und III mehr oder weniger stark unterstützt wurde. Das vorliegende Kapitel beschränkt sich daher auf eine Betrachtung der in den Phasen I-III gewonnenen Erkenntnisse.

## Das bevorzugte Anreizsystem und die Arbeitsleistung

### *Phase I: Testraumstudie zur Relaismontage (neues Anreizsystem und neuartige Aufsicht)*

In Phase I wurden fünf junge Frauen, die mit der Montage von Telefonrelais beschäftigt waren, von der Fabrikhalle in einen speziellen Testraum versetzt. Dort wurde ihre Arbeitsleistung mehr als zwei Jahre lang aufgezeichnet. Während dieser Zeit wurden zahlreiche Änderungen an ihren Arbeitsbedingungen vorgenommen. Dazu gehörten eine deutlich weniger variable Montageaufgabe (Roethlisberger und Dickson 1939:21, 26), kürzere Arbeitszeiten, Ruhepausen, eine lockerere und freundlichere Aufsicht und ein verbessertes Anreizsystem (ebd.: 22, 30, 73). Diese Änderungen wurden schrittweise eingeführt, und es wurde keine Kontrollgruppe gebildet. Dennoch wurde davon ausgegangen, dass die Studie Aufschluss über den Einfluss der jeweiligen physischen Arbeitsbedingungen liefern würde (ebd.: 129; Pennock 1930:299).

Nach zwei Jahren hatte sich die Arbeitsleistung der jungen Frauen um etwa 30 Prozent erhöht (Roethlisberger und Dickson 1939:160). Zu diesem Zeitpunkt waren die Forscher zuversichtlich, dass die physischen Veränderungen der Arbeitsbedingungen von geringer Bedeutung waren und dass der beobachtete Anstieg in erster Linie auf eine veränderte »mentale Einstellung« der Beschäftigten zurückzuführen war, die sich aus den veränderten Methoden der Aufsicht ergab (ebd.: 189–90; Pennock 1930:297–309). Diese Veränderung der mentalen Einstellung sei vor allem geprägt durch ein entspannteres »Verhältnis von Vertrauen und Freundlichkeit ... sodass ... praktisch keine Aufsicht erforderlich ist« (Pennock 1930:309).

Im Standardprotokoll der Studie wird jedoch eingeräumt, dass hypothetisch jede von mehreren gleichzeitig eingeführten Veränderungen sowohl die beobachtete Veränderung der mentalen Einstellung als auch den damit verbundenen Anstieg der Arbeitsleistung verursacht haben könnte. Die Autoren des Berichts führen die folgenden möglichen »Hypothesen zur Erklärung größerer Veränderungen« im Arbeitsverhalten auf (Roethlisberger und Dickson 1939:86–9) (1) Veränderungen der Art und des physischen Kontextes der Arbeitsaufgabe; (2) Verringerung von Ermüdung und Monotonie aufgrund der Einführung von Ruhepausen und reduzierten Arbeitszeiten;[2] (3) Veränderung des Entlohnungssystems und (4) Veränderungen in der Aufsicht mit daraus folgenden sozialen Veränderungen in den Gruppenbeziehungen zurück.

Im weiteren Verlauf dieses Kapitels werden die Belege und Argumente kritisch untersucht, auf deren Basis die Forscher zu Schlussfolgerungen gelangten, die die letzte dieser alternativen Hypothesen befürworten.

### *Erste Hypothese: Veränderungen der Arbeitsaufgabe und des Arbeitsumfelds*

Die Forscher räumen ein, dass »die Tatsache, dass die meisten jungen Frauen im Testraum weniger unterschiedliche Relaistypen zusammenbauen mussten, nicht völlig vernachlässigt werden konnte. Die Leistung von Teilnehmerin 5 bot ein überzeugendes Beispiel. Unter allen jungen Frauen im Raum hatte sie die größte Anzahl unterschiedlicher Typen von Relais zu montieren; und unter allen jungen Frauen hatte sich ihre Arbeitsleistung am wenigsten verbessert« (ebd.: 87). Whitehead (1938a:65) berichtet, dass »später [1930–31] ihre [von Teilnehmerin 5] Arbeitsbedingungen mit denen der übrigen Gruppe übereinstimmten und sich ihre vergleichsweise Stellung in der Gruppe eindeutig verbesserte«.

Später wurde jedoch festgestellt, dass die statistische Analyse der relevanten Daten (d. h. der unterschiedlichen Arbeitsleistung der fünf jungen Frauen, die zahlreichen kumulativ eingeführten experimentellen Veränderungen unterworfen waren) »keine schlüssigen Beweise zugunsten der ersten Hypothese« erbrachte. Aus diesem Grund kamen die Forscher »zu dem Schluss, dass der Wechsel von einem Relaistyp zu einem anderen vertrauten Typ die Arbeitsleistung nicht hinreichend verlangsamte, um so die erhöhte Arbeitsleistung der Montiererinnen im Relais-Testraum im Vergleich zu den Montiererinnen in der normalen Abteilung zu erklären« (Roethlisberger und Dickson 1939:89). Diese Schlussfolgerung veranlasste die Forscher nun dazu, die Möglichkeit zu verwerfen, dass Veränderungen der Arbeitsaufgaben und -bedingungen überhaupt eine Rolle bei der beobachteten Steigerung der Arbeitsleistung spielten.[3]

### *Zweite Hypothese: Geringere Ermüdung aufgrund von Ruhepausen und kürzeren Arbeitszeiten.*

Die Forscher räumen ein, dass »die Ruhepausen und die kürzeren Arbeitszeiten eine Minderung der zunehmenden Ermüdung bewirkt haben könnten«, sodass dies zu einer höheren Arbeitsleistung führte. Sie erkennen an, dass die Tatsache, dass die Arbeitsleistung aller Beschäftigten – mit Ausnahme der langsamsten – zurückging, sobald die Arbeiterinnen zur normalen Arbeitszeit zurückkehrten, »ein ziemlich überzeugender Beweis für dieses Argument« war (ebd.: 87). Dennoch verwarfen die Forscher diese Faktoren schließlich mit der Begründung, dass unter den neuen Arbeitsbedingungen weder Arbeitskurven noch medizinische Untersuchungen Hinweise auf Ermüdungseffekte lieferten. Viteles (1932:476) bemerkte in diesem Zusammenhang unverblümt: »Es ist interessant festzustellen, dass [diese Gründe] genau die gleichen sind, die von anderen Forschern verwendet werden, um die Wirksamkeit von Ruhepausen wegen der geringeren Ermüdung zu belegen.«

Mit diesen Argumenten schlossen die Forscher die ersten beiden der vier Hypothesen aus, die ursprünglich als alternative Erklärungen für die in Phase I beobachtete 30-prozentige Steigerung der Arbeitsleistung vorgeschlagen worden waren. Damit verblieben zwei konkurrierende »Erklärungen«: (1) das neue Anreizsystem und (2) die neue Art der Aufsicht und die damit verbundenen sozialen Faktoren. Die Schwierigkeit, sich zwischen diesen beiden Erklärungen zu entscheiden, führte geradewegs zu den nächsten beiden großen Experimenten.

### *Phase II: Zweite Relais-Montagegruppe (nur neues Anreizsystem)*

Das Ziel [dieses Versuchs] war es, die Situation im Testraum [d. h. Phase 1] nur in Bezug auf den einen Faktor der Vergütungsart mit einer anderen Gruppe von Teilnehmerinnen zu reproduzieren. Da die Vergütungsart die einzige Abweichung von der Standardsituation sein sollte, ging man davon aus, dass etwaige deutliche Veränderungen in der Arbeitsleistung mit diesem Faktor in Zusammenhang gebracht werden könnten (Roethlisberger und Dickson 1939:129).

Fünf junge Arbeiterinnen, die mit der gleichen Art von Aufgaben wie die Arbeiterinnen der Phase I unter normalen Arbeitsbedingungen in der Fabrik beschäftigt waren, erhielten das bevorzugte Anreizsystem, das in der gesamten Phase I verwendet worden war. Bei diesem System richtete sich der Verdienst jeder einzelnen Arbeiterin nach der durchschnittlichen Arbeitsleistung der fünf. Im Rahmen des regulären Entlohnungssystems hingegen basierte der Verdienst jeder Arbeiterin auf der durchschnittlichen Arbeitsleistung der gesamten Abteilung (d. h. von etwa 100 Arbeiterinnen).

Quasi im Handumdrehen stieg die Arbeitsleistung der Arbeiterinnen der Phase II um 12,6 Prozent (ebd.: 131–2; Pennock 1930:307). Das Experiment sorgte jedoch für so viel Unzufriedenheit unter den übrigen Frauen in der Abteilung, die die gleichen Zahlungsbedingungen verlangten (Roethlisberger und Dickson 1939:133), dass es nach nur neun Wochen wieder abgebrochen wurde. Sofort ging die Arbeitsleistung der fünf jungen Frauen um 16 Prozent zurück.[4]

Wie Viteles (1954:187) anmerkt, »stellt der Anstieg der Arbeitsleistung während der Phase, in der der Lohnanreiz wirksam war, gefolgt von einem Produktionsrückgang bei Wegfall des Lohnanreizes, einen Beleg dar, der üblicherweise als Hinweis auf den direkten und günstigen Einfluss finanzieller Anreize auf die Arbeitsleistung interpretiert wird«. Die Forscher lehnen diese Interpretation jedoch ab und gelangen, ohne irgendwelche stichhaltigen Beweise vorzulegen, zu der festen Überzeugung (Roethlisberger und Dickson 1939:133–4, 158, 577), dass der Anstieg auf die Rivalität zwischen den Gruppen zurückzuführen ist, die sich aus der Bildung dieser zweiten kleinen Gruppe ergebe.

Die Änderung des Entlohnungssystems allein (in Phase II) führte in neun Wochen (möglicherweise in fünf Wochen: Pennock 1930:307) zu einer ebenso großen Steigerung der Arbeitsleistung wie die Änderung des Entlohnungssystems in Verbindung mit einem Wechsel zu einer freundlichen Aufsicht (Phase I) in etwa neun Monaten.[5] Dieser Vergleich scheint jedoch die Zuversicht der Forscher hinsichtlich der überragenden Bedeutung sozialer Faktoren nicht beeinträchtigt zu haben (Roethlisberger und Dickson 1939:160, 577).

### *Phase III: Glimmer-Spaltungs-Testraum (neue Aufsicht, aber keine Änderung des Entlohnungssystems)*

In Phase I waren zahlreiche Änderungen eingeführt worden, die zu einer Steigerung der Arbeitsleistung um 30 Prozent führten. In Phase II wurde nur eine dieser Änderungen (das bevorzugte Anreizsystem) eingeführt, was zu einer raschen Steigerung der Arbeitsleistung um 12 Prozent. führte. In Phase III »sollte die Situation im Testraum in jederlei Hinsicht reproduziert werden, mit Ausnahme der Änderung des Lohnanreizes. Wenn ... die Arbeitsleistung einen ähnlichen Trend wie in [Phase I] zeigt, würde dies darauf hindeuten, dass der Lohnanreiz nicht der vorherrschende Faktor in der betreffenden Situation war« (ebd.: 129). – In Phase III sollte also die kombinierte Wirkung von (1) Wechsel in einen separaten Raum, (2) Änderung der Arbeitszeiten und (3) Einführung von Ruhepausen und freundlicher Aufsicht auf die Arbeitsleistung getestet werden.

Wiederum wurde eine ausgewählte Gruppe von fünf jungen Frauen eingehend beobachtet, und es wurde eine Steigerung der Arbeitsleistung festgestellt: 15,6 Prozent in vierzehn Monaten (ebd.: 148) oder, wenn man Pennock (1930:307) folgt, 20 Prozent in zwölf Monaten.

Ein Vergleich zwischen Phase III und Phase I hatte wenig Aussicht auf wissenschaftlichen Nutzen, da sich das Anreizsystem in Phase III sowohl von dem unbeliebten System zu Beginn von Phase I als auch von dem kurz danach eingeführten bevorzugten System unterschied, weil die Art der Arbeit ganz anders war als in Phase I und weil die experimentellen Veränderungen ganz anders waren (Roethlisberger und Dickson 1939:156, 159). Gleichwohl ist es dieser Vergleich, der von den Verfassern der Studien (ebd.: 146–9, 159–60; Pennock 1930:307) und von Lehrbuchautoren[6] als der wichtigste experimentelle Beweis für die relative Unwichtigkeit finanzieller und sozialer Motivatoren für die Beeinflussung der Arbeitsleistung angesehen wird. Wenn man mit Roethlisberger und Dickson davon ausgeht, dass Phase I und Phase III ein gewisses Mindestmaß an Vergleichbarkeit aufweisen, ist es wichtig, genau zu untersuchen, wie die Forscher mit den Erkenntnissen aus diesen Phasen umgegangen sind, um zu einer Art Vergleich zu gelangen.

## Vergleich zwischen den Ergebnissen in Phase I, II und III

In Phase III stieg die Arbeitsleistung innerhalb von vierzehn Monaten um 15 Prozent. Danach ging die durchschnittliche Arbeitsleistung der Gruppe zwölf Monate lang zurück, bevor die Studie wegen der wirtschaftlichen Depression und Entlassungen abgebrochen wurde. Die Forscher führen diesen Rückgang ausschließlich auf die durch die wirtschaftliche Depression[7] ausgelösten Ängste zurück und ignorieren die Möglichkeit, dass der vorangegangene Anstieg auch durch die veränderten allgemeinen Wirtschafts- und Beschäftigungsbedingungen beeinflusst worden sein könnte. Und zwar tun sie dies, obwohl nachgewiesen werden konnte, dass die Arbeitsleistung einer Gruppe von 5500 Hawthorne-Beschäftigten in den zwei Jahren vor dem Experiment um 7 Prozent gestiegen war (Whitehead 1938b:35).

In Phase III schwankt die Arbeitsleistung der einzelnen Arbeiterinnen während der gesamten zweijährigen Studiendauer kontinuierlich und erheblich (Roethlisberger und Dickson 1939:147). Um den prozentualen Anstieg zu ermitteln, der jeder einzelnen Arbeiterin zuzuschreiben ist, wählten die Forscher für jede von ihnen eine »Spitzen«-Phase der Arbeitsleistung innerhalb des Untersuchungszeitraums und maßen ihren Leistungsanstieg als Differenz zwischen dieser Spitze und ihrer Arbeitsleistung zu Beginn der Studie (ebd.: 148). Diese Spitzenwerte traten bei den einzelnen Arbeiterinnen zu unterschiedlichen Zeitpunkten auf. Um die behauptete 15-prozentige Steigerung zu belegen, wurde die Studie für die verschiedenen Arbeiterinnen zu unterschiedlichen, günstig gewählten Zeitpunkten abgebrochen. Es gibt keine einheitliche Phase, in der die Gruppe die behauptete durchschnittliche Steigerung von 15 Prozent erreichte (ebd.: 146–8, 159–60).

In Phase I werden zwei Maße für die Arbeitsleistung der Arbeiterinnen verwendet: die Gesamtarbeitsleistung pro Woche (ebd.: 78) und der Stundenleistungssatz nach Wochen (ebd.: 76). Aus dem Bericht von Roethlisberger und Dickson über Phase I geht nicht eindeutig hervor, ob es sich um eine Steigerung der Gesamtproduktion oder der Produktionsrate handelt. Es wird nur von einer »Produktionssteigerung« gesprochen: Und »die Produktion stieg … um etwa 30 %« (ebd.: 160), was normalerweise als Steigerung der Gesamtproduktion verstanden werden würde. Die Forscher stellen jedoch am Rande klar (ebd.: 55, 77), dass sie während der gesamten Studien die Arbeitsleistung pro Stunde als »die gebräuchlichste Darstellung von Leistungsdaten« verwendeten, um »den allgemeinen Trend in der Leistungsfähigkeit der einzelnen Teilnehmerinnen und der Gruppe darzustellen«. Whitehead (1938a:34), der eine zweibändige statistische Studie zu Phase I als Begleitband zum Standardprotokoll von Roethlisberger und Dickson erstellte, ist in diesem Punkt sehr eindeutig: »Die gesamte Arbeitsleistung wird in Form einer Rate ausgedrückt … als soundso viele Relais pro Stunde.«

Whitehead (1938b: Schaubild B4) verwendet jedoch in seiner gesamten Studie die Bezeichnung »wöchentlicher Satz der Arbeitsleistung«, wenn er den Satz der Arbeitsleistung pro Stunde nach Wochen meint. Diese Vorgehensweise, gepaart mit seiner Gewohnheit, die Ordinaten seiner Diagramme, die sich mit Veränderungen in der Arbeitsleistung befassen, nicht zu beschriften, verstärkt durch die Verwendung von Ausdrücken wie »Produktionssteigerung« durch Roethlisberger und Dickson – die sowohl eine Steigerung der Produktionssteigerung pro Stunde als auch eine Steigerung der Gesamtproduktion meinen – hat zu einer weit verbreiteten Fehlinterpretation der Hawthorne-Ergebnisse und zu Lehrbuchdarstellungen geführt, die gravierende Fehler aufweisen.[8]

Mehrere Aspekte sind hier von Bedeutung. Für Phase I ist nicht klar, ob sich die angegebene Produktionssteigerung von 30 Prozent auf die Produktionsrate oder die Gesamtproduktion bezieht. Es spielt keine Rolle, welches Maß für die Berechnung der prozentualen Produktionssteigerung in Phase I verwendet wird, da die Gesamtzahl der pro Woche geleisteten Arbeitsstunden am Ende der Phase nur um 4,7 Prozent geringer ist als zu Beginn (Roethlisberger und Dickson 1939:76–7). Somit würde sich bei beiden Berechnungsmethoden ein Anstieg in der Größenordnung von 30 Prozent ergeben. In Phase III bedeutet es jedoch einen großen Unterschied, welche Methode verwendet wird; und der Stundenleistungssatz ist das einzige Maß, das verwendet wird. Die für Phase III behauptete »Produktionssteigerung« von 15 Prozent (ebd.: 159–60) ist also eine Steigerung der Produktionsrate pro Arbeitsstunde, nicht der Gesamtproduktion. Tatsächlich kann nur mit diesem Maß überhaupt eine Produktionssteigerung der Arbeitsleistung nachgewiesen werden.

Wenn die Gesamtproduktion pro Woche zur Messung der Leistung in Phase III herangezogen wird, reduziert sich die für Phase III behauptete 15-prozentige Steigerung auf weniger als null, da die Arbeitsleistung pro Stunde zwar um 15 Prozent stieg, die Wochenstunden jedoch um 17 Prozent sanken, von 55,5 auf 46,5 (ebd.: 136–9).

## Die Belege im Zusammenhang mit den Schlussfolgerungen

Indem sie die 15-prozentige Steigerung in Phase III (die eine Steigerung der Produktionsrate ist) von der 30-prozentigen Produktionssteigerung in Phase I (die ganz oder fast gänzlich eine Steigerung der Gesamtproduktion ist) abziehen, gelangen die Forscher zu dem Schluss, dass 15 Prozent als »der maximale Betrag [der Produktionssteigerung] verbleiben, der auf die in Phase I eingeführte Änderung des Lohnanreizes zurückgeführt werden kann«. Die Forscher räumen ein, dass diese Berechnung völlig spekulativ ist, halten jedoch in einer Zusammenfassung der bisherigen Ereignisse fest, dass die Schlussfolgerung »aus den vorliegenden Testraumstudien ... gerechtfertigt zu sein schien, dass es unmöglich ist, [ein Lohnanreizsystem] als eine eigenständige Sache zu betrachten, die eine unabhängige Wirkung auf den Einzelnen hat« (ebd.: 160).[9]

Es ist wichtig einzusehen, wie unzutreffend diese Annahmen tatsächlich sind. In Phase I führten die freundliche Aufsicht und ein Wechsel zu einem bevorzugten Anreizsystem zu einer Produktionssteigerung der Gesamtproduktion von etwa 30 Prozent. In Phase III führte »freundliche Aufsicht« ohne Änderung des Entlohnungssystems zu keiner Steigerung der Gesamtproduktion, aber zu einer weniger als kompensierenden Produktionssteigerung pro Stunde in einer Phase, in der die Arbeitszeit von 55,5 auf 46,5 Stunden reduziert wurde. Dies könnte dahingehend interpretiert werden, dass bei einer Arbeitszeit von mehr als 48 Stunden pro Woche eine solche zusätzliche Arbeitszeit nur eine geringe oder gar keine Produktionssteigerung der Gesamtproduktion mit sich bringen kann – eine Schlussfolgerung, die bereits viele Jahre zuvor getroffen worden war (Vernon 1921).[10] Bei dieser Interpretation hätte die Möglichkeit bestanden, den 30-prozentigen Anstieg in Phase I ausschließlich dem bevorzugten Anreizsystem zuzuschreiben. Stattdessen kamen die Forscher durch die skizzierte, ziemlich ungewöhnliche Analyse- und Argumentationsmethode zu dem Schluss, dass die Wirkung eines Lohnanreizsystems so stark von sozialen

Erwägungen beeinflusst wird, dass es unmöglich ist, ihm eine unabhängige Wirkung zuzuschreiben.

Ähnlich verhält es sich mit Phase II. Als Phase II geplant wurde, sollte die »Art der Bezahlung die einzige Veränderung gegenüber der bisherigen Situation sein«, und zwar mit der ausdrücklichen Absicht, dass alle »merklichen Veränderungen in der Arbeitsleistung« dann »auf diesen einen Faktor zurückgeführt werden« könnten (Roethlisberger und Dickson 1939:129). Und es gab eine unmittelbare Verhaltensänderung: Die anderen jungen Frauen in der Abteilung verlangten die gleichen Bedingungen. Dies legt die Schlussfolgerung nahe, dass ein vorteilhaftes Anreizsystem wichtig ist. Aber es wurde keine derartige Schlussfolgerung gezogen.

Als ersten Schritt zur Deutung der Ergebnisse von Phase II stellten Roethlisberger und Dickson nachträglich fest, dass irgendwo im »täglichen Verlaufsprotokoll« der Phase-I-Gruppe ein Hinweis auf die Bemerkung eines Mitglieds dieser Gruppe zu finden war, wonach die Mitglieder der neuen Phase-II-Gruppe ein »lebhaftes Interesse« an ihrer Arbeitsleistung zeigten (ebd.: 134). Zu diesem Zeitpunkt nahmen die Forscher dies lediglich zur Kenntnis und wiesen auf die noch zu erfassende Bedeutung dieses Umstands hin. Vierundzwanzig Seiten später erfahren wir, dass

> »obwohl die Arbeitsleistung in [Phase II] im Durchschnitt um 12% gestiegen war, es ganz offensichtlich war, dass andere Faktoren als der veränderte Lohnanreiz zu diesem Anstieg beitrugen ... Einiges deutet darauf hin, dass die Teilnehmerinnen in [Phase II] diesen Test zum Anlass nahmen, allen zu beweisen, dass sie genauso gut abschneiden können wie die Teilnehmerinnen in [Phase I]. Sie waren darauf aus, den Rekord der letzteren zu übertreffen. In Anbetracht dessen würde sich selbst die großzügigste Schätzung der Produktionssteigerung allein durch den Faktor ›Änderung der Bezahlung‹ auf etwas weniger als 12% belaufen.«

Da keine weiteren Belege vorgelegt wurden, entbehrt diese Einschätzung jeder seriösen Grundlage.

Erst sehr viel später (ebd.: 577) wird die Problematik erneut aufgegriffen; und ohne weitere Belege wird uns zu verstehen gegeben, dass die Produktionssteigerung in Phase II auf bestimmte »soziale Folgen« der »sozialen Grundsituation« zurückzuführen sei. Es wird schlichtweg behauptet, dass es sich dabei um eine Situation handelte, in der »die Rivalität [mit der Gruppe der Phase I] durch die Gründung der Gruppe der Phase II zugespitzt« wurde, deren »Arbeitsleistung daraufhin rasch anstieg«.

Phase II »diente dazu, die Auswirkungen eines [veränderten] Lohnanreizes« auf die Arbeitsleistung zu testen (ebd.: 576). Das favorisierte Anreizsystem wurde eingeführt, und die Arbeitsleistung stieg sofort um 12 Prozent. Wurde es zurückgezogen, so sank die Arbeitsleistung unverzüglich um 17 Prozent. Keine ermutigenden Ergebnisse für jemanden, der da glaubt, dass Lohnanreize relativ unwichtig und ungeeignet für »unabhängige Effekte« sind. Doch wurden diese unangenehmen Ergebnisse nicht einfach nur wegdiskutiert, sondern sogar in eine Bestätigung für ebensolche Schlussfolgerungen umgemünzt. – Und das alles auf der Grundlage einer einzigen Bemerkung einer Arbeiterin dem Hörensagen nach.

Die Forscher vertraten die Hypothese, dass »soziale Faktoren die hauptsächlichen Umstände sind, die die Arbeitsleistung begrenzen«. Sie gelangten zu dem Schluss, dass »keines der Ergebnisse [in den Phasen I, II und III] auch nur im Geringsten die These stützt, wonach Beschäftigte in erster Linie durch wirtschaftliche Interessen motiviert sind. Die Befunde hätten darauf hingewiesen, dass die Wirksamkeit eines Lohnanreizes so sehr von seiner Beziehung zu anderen Faktoren abhängt, dass es unmöglich ist, ihn als etwas Eigenständiges mit unabhängiger Wirkung herauszustellen« (ebd.: 575–6). Diese Schlussfolgerung steht in auffälligem Gegensatz zu den Ergebnissen der Phasen I, II und III, die sich auf die Anreizsysteme beziehen: (1) Wenn ein präferiertes Lohnanreizsystem eingeführt wurde, stieg die wöchentliche Gesamtproduktion pro Beschäftigtem an (Phasen I und II); (2) wenn das präferierte Anreizsystem zurückgezogen wurde, sank die Arbeitsleistung prompt (Phase II); (3) wenn Änderungen bei der Aufsicht, den Arbeitszeiten usw. eingeführt wurden, ohne dass das Anreizsystem geändert wurde, ergab sich keine Produktionssteigerung pro Arbeiterin (Phase III).

Viteles (1954:190), ein ungewöhnlich scharfsinniger Kritiker der Hawthorne-Studien, hat die Phase III bissig kommentiert: »Diese Produktionssteigerung, die einen durchschnittlichen Anstieg von 15 % in den ersten 14 Monaten des Experiments darstellt, würde normalerweise als Beweis dafür akzeptiert werden, dass die Einführung von Ruhepausen und die Verkürzung des Arbeitstages an sich zu einer Steigerung der Arbeitsleistung führen kann, selbst wenn es keine Veränderungen bei der Steigerung des Lohnanreizes gibt.« Viteles übersieht jedoch den wichtigen Punkt, dass es in Phase III keine Gesamtsteigerung der wöchentlichen Gesamtproduktion gab – nur eine weniger als kompensierende Produktionssteigerung pro Stunde, wenn kürzer gearbeitet wurde. Es ist klar, dass er die 15-prozentige Steigerung als eine Steigerung der Gesamtproduktion ansieht (ebd.: 5). Viteles' Geduld ist groß, und seine Kritik an den Hawthorne-Studien ist maßvoll. Gleichwohl veranlassen sie ihn letztendlich zu einem scharfen allgemeinen Protest gegen »die etwas ›subtile‹ – zweifellos eher subjektive – Form der Analyse und Interpretation, die im Großen und Ganzen die Interpretation der Hawthorne-Daten durch die Harvard-Gruppe kennzeichnete« (ebd.: 256).

An dieser Stelle muss die ergänzende Behauptung von Hawthorne näher betrachtet werden, wonach eine freundliche Aufsicht und soziale Faktoren die Haupteinflüsse waren, die zu dem starken Anstieg der Arbeitsleistung in Phase I führten.

## Ein genauerer Blick auf die Umsetzung der freundlichen Aufsicht

Die generelle Behauptung der Hawthorne-Studie, dass eine freundliche Aufsicht, soziale Beziehungen in der Arbeitsgruppe sowie Zufriedenheit für das Arbeitsverhalten von überragender Bedeutung sind, stützt sich lediglich auf die Evidenz, die aus Phase I gewonnen werden kann. Denn dies ist die einzige Studie in der gesamten Reihe, die auch nur einen oberflächlichen Zusammenhang zwischen der Einführung derartiger Faktoren und der Produktionssteigerung erkennen lässt.

Phase I begann mit fünf jungen Arbeiterinnen, die speziell ausgewählt worden waren,[11] weil sie sowohl »überaus erfahren« als auch »willig und kooperativ« (Roethlisberger 1939:21) waren, sodass zu erwarten stand, dass diese Gruppe überdurchschnittlich kooperativ und kompetent sein würde. Doch schon zu Beginn der Studie stellte »die schiere Menge an Gesprächen, die die Teilnehmerinnen führten«, ein »Problem« dar, weil sie »mit einem Mangel an Aufmerksamkeit für die Arbeit und einer Vorliebe für gemeinsame Unterhaltungen über beträchtliche Zeitstrecken hinweg einherging« (ebd.: 53). Der erste Hinweis in dem Bericht, dass es sich dabei um ein gravierendes Problem handeln könnte, findet sich am 2. August 1927, zwölf Wochen nach der Verlegung der Teilnehmerinnen in den Testraum, als vier der fünf Teilnehmerinnen dem Vorarbeiter[12] vorgeführt und wegen übermäßigen Redens verwarnt wurden (ebd.: 38). Bis November war jedoch »kein Versuch unternommen worden, dieses Privileg abzuschaffen, obwohl der Vorarbeiter mehrere Versuche unternommen hatte, das seiner Meinung nach übermäßige Reden zu verringern«. Insbesondere die Teilnehmerinnen 1A und 2A zeigten weiterhin nicht »die von den Forschern gewünschte uneingeschränkte Kooperationsbereitschaft«. Jeder Versuch, sie zu tadeln, führte zu der Antwort: »Wir dachten, Sie wollten, dass wir so arbeiten, wie wir uns fühlen« (ebd.: 53), denn genau das hatten ihnen die Aufseher zu Beginn der Studie mitgeteilt (ebd.: 21; Whitehead 1938a:26).

Bis zum 17. November 1927 hatte sich die Situation nicht verbessert, weshalb man zu Disziplinarmaßnahmen griff. Alle Teilnehmerinnen mussten sich melden, wenn sie bei der Montage Fehler machten, und sie durften nicht mehr reden. Im Dezember »machte mangelnde Kooperation seitens einiger Teilnehmerinnen einigen der betroffenen Vorgesetzten ernsthaft zu schaffen«. Die

Vorgesetzten wurden gebeten, den jungen Frauen einen »Hinweis« zu geben, indem sie ihnen sagten, dass sie nicht so gut arbeiteten, wie man es von ihnen erwartete, und dass sie, wenn sie sich nicht verbesserten, ihr kostenloses Mittagessen verlieren würden (Whitehead 1938a:16).

Von diesem Zeitpunkt an wurden die Arbeiterinnen, vor allem aber 1A und 2A, »mit Disziplinarmaßnahmen bedroht« und permanent gemaßregelt. 2A wurde »fast täglich« für ihre »geringe Arbeitsleistung und ihr Verhalten« (sic) »gerügt« (ebd.: 116–18). Die Forscher befanden, dass 1A und 2A nicht die »richtige« mentale Einstellung hätten. 2A wurde vor die Testraum-Leitung geladen »und über ihre Verfehlungen informiert, dass sie launisch, unaufmerksam und nicht kooperativ sei«. Ferner wurde sie vor den Oberaufseher zitiert (Roethlisberger und Dickson 1939:55).[13] In dieser Phase blieb die Arbeitsleistung aller fünf jungen Arbeiterinnen gleich oder ging zurück (ebd.: 78).

Nach elf Wochen strenger, aber unwirksamer Disziplinarmaßnahmen und acht Monate nach Beginn der Studie wurden 1A und 2A wegen »grober Unbotmäßigkeit« und abnehmender oder gleichbleibender Arbeitsleistung aus dem Testraum ausgeschlossen (ebd.: 53–7). Wie Whitehead es ausdrückt (1938a: 118), wurden sie »wegen mangelnder Kooperation entlassen, die andernfalls erheblich verschärfte disziplinarische Maßnahmen erforderlich gemacht hätte«.[14]

Die Arbeiterinnen 1A und 2A wurden durch zwei vom Vorarbeiter ausgewählte Arbeiterinnen ersetzt, »die erfahrene Relaismonteurinnen waren und an dem Versuch teilnehmen wollten« (Roethlisberger und Dickson 1939:60). Diese beiden Arbeiterinnen (als Teilnehmerinnen 1 und 2 bezeichnet) wurden am 25. Januar 1928 in den Versuchsraum versetzt (ebd.: 55, 56, 60). Beide erbrachten sofort eine deutlich höhere Arbeitsleistung (insgesamt und im Stundenleistungssatz) als jede der ursprünglichen fünf jungen Arbeiterinnen bei ihrer Versetzung in den Versuchsraum, und sie lagen zu jedem Zeitpunkt weit über der Leistung der beiden Arbeiterinnen, die sie ersetzten (ebd.: 76 Abb. 6, 78 Abb. 7).[15]

Die Teilnehmerinnen 1 und 2 waren im Hauptgeschäft befreundet gewesen. Teilnehmerin 2 war die einzige Italienerin in der Gruppe; sie war jung (einundzwanzig) und ihre Mutter starb kurz nach ihrer Aufnahme in den Testraum (ebd.: 61–2). Anschließend »verdiente Teilnehmerin 2 den größten Teil des Familieneinkommens«. »Von nun an drehte sich die weitere Entwicklung im Testraum um die Persönlichkeit von Teilnehmerin 2« (Whitehead 1938a:120). Teilnehmerin 2 übernahm unverzüglich (d.h. ohne jede Verzögerung, während der sie von der neuen Aufsicht hätte beeinflusst werden können) eine ausgeprägte und wirkungsvolle disziplinarische Rolle gegenüber dem Rest der Gruppe (ebd.: 120–9; Roethlisberger und Dickson 1939:63, 74, 86, 156, 167) und gab in jedem zeitlichen Abschnitt von ihrer Ankunft bis zum Ende der Studie die Richtung für eine erhöhte Arbeitsleistung vor. Dicht gefolgt von der anderen jungen Arbeiterin, Teilnehmerin 1 (Roethlisberger und Dickson 1939: 162).

Zu dem Zeitpunkt, als die Teilnehmerinnen 1 und 2 in den Testraum gebracht wurden, wurde die tägliche Arbeitszeit um eine halbe Stunde verkürzt; aber es wurde beschlossen, den Teilnehmerinnen den Tagessatz für die fehlende halbe Stunde Arbeitszeit zu zahlen. Wenig später wurde die tägliche Arbeitszeit um eine weitere halbe Stunde verkürzt, und wieder wurden die Arbeiterinnen für die Zeit (eine Stunde pro Tag) bezahlt, in der sie nicht arbeiteten (Whitehead 1933a: 121–2).[16] Zu einem noch späteren Zeitpunkt bekamen die Arbeiterinnen am Samstagvormittag frei, und auch hier wurden sie für die nicht geleistete Arbeitszeit bezahlt.[17]

In einer Zusammenfassung der Erfahrungen im Testraum bis zum Zeitpunkt der Entlassung der beiden Teilnehmerinnen[18] stellen die Forscher fest, dass es in diesem Zeitraum »eindeutig« zu

> »einer allmählichen Veränderung der sozialen Beziehungen unter den Teilnehmerinnen selbst kam, die sich in Form von neuen Gruppenloyalitäten und Solidaritätsbeziehungen zeigte … [sowie] … zu einer Veränderung der Beziehungen zwischen den Teilnehmerinnen und ihren Vorgesetzten. Die Verantwortlichen für die Pausenräume

> hatten Maßnahmen ergriffen, um die Zusammenarbeit und Loyalität der Arbeiterinnen zu erhalten und ihnen Ängste und Befürchtungen zu nehmen. Daraus ... ergab sich ... eine Veränderung in den zwischenmenschlichen Beziehungen, die in der nächsten Phase des Experiments große Bedeutung erlangte, als es notwendig wurde, eine neue Hypothese zu suchen, um bestimmte unerwartete Ergebnisse der Untersuchung zu erklären.« (Roethlisberger und Dickson 1939:58–9)

In Anbetracht der hier untersuchten Befunde scheint dies eine recht optimistische Einschätzung der Entwicklung im Testraum bis zu diesem Zeitpunkt zu sein. Es ist daher notwendig, systematischer zu untersuchen, wie sich das Verhalten der Aufsichtspersonen einerseits und der Teilnehmerinnen andererseits (einschließlich ihrer wechselnden Arbeitsleistung) während der betrachteten Phase veränderte.

Es ist bereits deutlich geworden, dass unabhängig von der Rolle, die zufriedenstellende soziale Beziehungen am Arbeitsplatz – die sich aus einer lockeren und freundlichen Aufsicht ergeben – bei der Produktionssteigerung gespielt haben mögen, auch weitere Einflüsse eine wichtige Rolle gespielt haben dürften; z. B. eine Periode ziemlich strenger Disziplin, die Entlassung zweier Beschäftigter und ihre Ersetzung durch Personen mit einer ganz besonderen Persönlichkeit und Motivation. Um diese verschiedenen Einflüsse auf die Arbeitsleistung beurteilen zu können, muss untersucht werden, wie sich die Arbeitsleistung in den Zeitabschnitten, in denen diese Veränderungen eingeführt wurden, veränderte. Dies ist schwierig, da keiner der Berichte über die Hawthorne-Studien konkretes Zahlenmaterial über die Veränderung der Arbeitsleistung während Phase I enthält. Daher muss man mit Schätzungen arbeiten, die sich aus den diversen Schaubildern und Diagrammen über die Veränderung der Arbeitsleistung ableiten lassen und die durch gelegentliche Aussagen in den Texten ergänzt werden, die zusätzliche quantitative Informationen liefern.

## Veränderungen bei der Aufsicht und Arbeitsleistung

Für unsere Zwecke kann Phase I in drei Abschnitte unterteilt werden: Abschnitt I: die ersten dreieinhalb Monate im Testraum, in denen die Aufsicht anscheinend ziemlich konstant freundlich, locker und mit geringem Druck erfolgte. Abschnitt II: ein weiterer Zeitraum von etwa sieben Monaten, in dem die Aufsicht zunehmend strenger und intensiver wurde. Dieser Abschnitt gipfelt in der Entlassung von zwei der fünf Teilnehmerinnen und ihrer Ersetzung durch Arbeiterinnen mit ganz besonderen Persönlichkeitsmerkmalen und Motivationen. Abschnitt III: ein letzter langer Abschnitt, in dem die Arbeitsleistung rasch anstieg und wieder eine lockere und freundliche Aufsicht herrschte.

### *Aufsicht während Phase I*

»Neben den Arbeiterinnen, die die untersuchte Gruppe bildeten, gab es im Testraum eine unmittelbar mit der Durchführung des Tests betraute Person.« Dies war der Beobachter des Testraums, dessen doppelte Funktion darin bestand, »genaue Aufzeichnungen zu führen ... und eine freundliche Atmosphäre im Testraum zu schaffen und zu erhalten«. Er »übernahm die Verantwortung für den größten Teil der täglichen Aufsicht«, während in anderen Belangen wie Buchhaltung, Tarifänderung und Beförderung die Verantwortung beim Vorarbeiter lag (ebd.: 22, 37).

Aus dem Bericht von Roethlisberger und Dickson geht ziemlich eindeutig hervor, dass die Aufsichtspersonen während des ersten Abschnitts alles in ihrer Macht Stehende taten, um eine freie, kooperative und zwanglose Beziehung zu fördern (ebd.: 32–9). Zu Beginn der Studie wurden die Arbeiterinnen »aufgefordert, in einem für sie angenehmen Tempo zu arbeiten«; und es wurde ihnen versichert, »dass kein Versuch unternommen werden würde, die Produktion zu forcieren«. Man vermittelte ihnen die Erwartung, dass sich die Arbeitsbedingungen »zum Vorteil und zur Zufriedenheit der Beschäftigten« ändern würden, und sagte ihnen, dass nichts dagegenspreche, »jede Änderung, die zu einer größeren Zufriedenheit der Beschäftigten führt«, beizubehalten, und zwar »unabhängig von einer Änderung der Produktionsrate« (ebd.: 33). »Der Testraum-Beobachter bemühte sich vor allem darum, ein freundschaftliches Verhältnis zu den Teilnehmerinnen aufzubauen, um ihre Mitarbeit sicherzustellen. Er war bestrebt, etwaige Befürchtungen bezüglich des Tests zu zerstreuen, und zu diesem Zweck begann er, sich jeden Tag informell mit ihnen zu unterhalten« (ebd.: 37). Einige Wochen nach Beginn der Studie fand ein freundliches Gespräch mit einem Arzt über arbeitsmedizinische Untersuchungen statt, und es wurde Eis bereitgestellt und eine Party geplant. Zudem wurden die Arbeiterinnen »in das Büro des Leiters eingeladen, der sich mit ihnen unterhielt. Und auch sonst wurde ihnen auf vielerlei Weise große Aufmerksamkeit zuteil« (ebd.: 34, 39). Obwohl unter den Arbeiterinnen fast von Anfang an viel geredet wurde, war man diesbezüglich ziemlich freizügig (ebd.: 53).

### *Arbeitsleistung während Phase I*

Bei der Verlegung in den Testraum gab es »keine nennenswerte Veränderung der Arbeitsleistung« (Pennock 1930:301, 304); aber in den ersten fünf Wochen danach gab es eine »rückläufige Tendenz« (Roethlisberger und Dickson 1939:58), und dies ungeachtet der Einrichtungen, die »die Arbeit etwas erleichterten« (ebd.: 33–4, 39).

Nach fünf Wochen wurde das neue Lohnanreizsystem eingeführt, und die Arbeitsleistung stieg (ebd.: 58). Aus dem Arbeitsleistungsdiagramm (ebd.: 56) geht hervor, dass die Zunahme auf 4 oder 5 Prozent geschätzt werden kann. Dieser Anstieg ist jedoch mit einer gewissen Vorsicht zu betrachten. Denn die Forscher berichten, dass die »Änderung der Zahlungsmethode eine Änderung der Akkordsätze erforderte« (ebd.: 34). Offenbar war man der Auffassung, dass unter den neuen Arbeitsbedingungen (die nicht alle

Relaistypen umfassten, die in der Werkstatt montiert wurden, und bei denen ein Layout-Techniker auf fünf Montagearbeiterinnen kam anstatt einer auf sechs oder sieben wie in der Werkstatt) neue Sätze erforderlich waren. Es heißt, dass »die Hauptüberlegung bei der Festsetzung der neuen Akkordsätze darin bestand, für jeden Relaistyp einen Satz festzulegen, der den Teilnehmerinnen denselben Geldbetrag einbrachte, den sie in der regulären Abteilung für eine gleichwertige Arbeitsmenge erhalten hatten« (ebd.: 35). Allerdings ist bekannt, dass die Unzuverlässigkeit von Zeitstudien-Bewertungen zu Fehlern von mindestens 5 Prozent zwischen verschiedenen Bewertungen ähnlicher Aufgaben führen kann (Viteles 1954:30, 38). Auf die beobachtete Produktionssteigerung von 4 oder 5 Prozent nach der Einführung des neuen Anreizsystems und der damit verbundenen neuen Akkordsätze kann also kein großes Vertrauen gesetzt werden. Tatsächlich dürfte dies auch in der einleitenden Bemerkung von Roethlisberger und Dickson (1939:29) zum Ausdruck kommen, wonach zu Beginn der Studie »eine Änderung bei der Lohnzahlung eingeführt wurde; ein notwendiger Schritt, bevor das eigentliche Experiment beginnen konnte«. Abschnitt I endete nach fünfzehn Wochen freundlicher Aufsicht mit einer etwas zweifelhaften Steigerung von 5 Prozent, die mit der Einführung eines bevorzugten Anreizsystems einherging.

### *Aufsicht in Phase II*

»Der zweite Abschnitt ..., der sich über einen Zeitraum von etwa sieben Monaten erstreckte, befasste sich mit den Auswirkungen verschiedener Arten von Erholungspausen« (ebd.: 40).[19] Die Forscher betonen, dass zu Beginn dieses Abschnitts nicht nur die Aufsicht freundlich war, sondern auch das Verhältnis zwischen Beschäftigten und Aufsichtspersonen »offen und ungezwungen« war (ebd.). Ihre Schilderung der tatsächlichen Aufsichtsführung in den folgenden Monaten stützt diese Behauptungen. (1) Bei jeder der vier Gelegenheiten, bei denen die Pausenzeiten variiert wurden, wurden die Arbeiterinnen im Voraus konsultiert, und mit einer Ausnahme wurden ihre Wünsche akzeptiert. (2) Die Forscher beschlossen, den Arbeiterinnen ihre Prämien monatlich statt wöchentlich auszuzahlen. Als die Arbeiterinnen jedoch von dieser Entscheidung erfuhren, erhoben sie Einspruch und der Plan wurde fallen gelassen. Die Tatsache, dass die Arbeiterinnen »sich in der Lage fühlten, ihre Meinung zu äußern«, und dass die Forscher ihre Pläne aus Rücksicht auf diese Meinung änderten, wird als »typisch für die angewandte Aufsichtstechnik« bezeichnet, die »sich als ein Faktor von größter Bedeutung für die Interpretation der Ergebnisse der Studie erwies«. (3) Später bekamen die Arbeiterinnen ein kostenloses Mittagessen und wurden zu ihren Essenswünschen befragt (ebd.: 48–9, 51).

Das Problem ausufernden Redens unter den Arbeiterinnen verschärfte sich jedoch. Es war nicht versucht worden, das Reden zu verbieten, obwohl mit vier Arbeiterinnen »ein Gespräch über ihr Verhalten« geführt worden war (ebd.: 38). Mittlerweile hatte die »mangelnde Aufmerksamkeit für die Arbeit und die Vorliebe für ausgiebige Gespräche« ein derartiges Ausmaß angenommen, dass »das Experiment gefährdet war und etwas unternommen werden musste« (ebd.: 53–4). Es wurde eine Reihe von Disziplinarmaßnahmen mit zunehmender Strenge ergriffen, die jedoch wenig Wirkung zeigten. Schließlich wurden die Gesprächsführer (Teilnehmerinnen 1A und 2A) aus dem Testraum entfernt, »weil sie nicht kooperierten und andernfalls erheblich verschärfte Disziplinarmaßnahmen hätten ergriffen werden müssen«.

### *Arbeitsleistung in Phase II*

Während dieser sechsmonatigen Phase gab es keine Veränderung der wöchentlichen Arbeitsleistung. »Die wöchentliche Gesamtproduktion geht nicht zurück, wenn Ruhepausen eingeführt werden, sondern bleibt während aller Experimente mit Ruhepausen praktisch gleich« (ebd.: 79).

### *Aufsicht in Phase III*

Zu Beginn von Abschnitt III[20] wurden die beiden entlassenen Arbeiterinnen durch zwei vom Vorarbeiter ausgewählte Frauen ersetzt. Es wurde bereits erwähnt, wie diese jungen Frauen sofort die Führung bei der Arbeitsleistung übernahmen und beibehielten und wie eine von ihnen – die dringend mehr Geld brauchte – generell eine Führungsrolle auch in Sachen Disziplin innerhalb der übrigen Gruppe übernahm. Diese Punkte sollen durch direkte Zitate verdeutlicht werden:

> »Als Teilnehmerin 2 der Gruppe beitrat, war ihr Haushalt weitgehend von ihrem Verdienst abhängig; und innerhalb weniger Wochen verlor ihr Vater seine Beschäftigung und wurde vorübergehend arbeitslos. So kam zu ihrem natürlichen Verantwortungsgefühl der Faktor Armut hinzu, woraufhin Teilnehmerin 2 begann, den Rest der Gruppe zu drängen, ihre Arbeitsleistung zu erhöhen« (Whitehead 1938a:122–3).
>
> »Die Teilnehmerinnen 1 und 2 waren im Jahr 1928 ganz eindeutig die schnellsten Arbeiterinnen der Gruppe, und dies wurde von den anderen ohne weiteres anerkannt« (ebd.: 126).
>
> »Im Großen und Ganzen wies die Relais-Testgruppe von Januar bis November 1928 keine besonders ausgeprägten Veränderungen auf; abgesehen von einer zunehmenden Tendenz, dass die Disziplin aus den Händen des Aufsehers auf die der Gruppe selbst überging, was sich vor allem in Gestalt von Teilnehmerin 2 zeigte« (ebd.: 124).
>
> »Teilnehmerin 2 wurde als Leiterin der Gruppe anerkannt, sowohl von den Teilnehmerinnen selbst als auch von der Aufsichtsperson. Es ist zweifelhaft, ob sich eine Teilnehmerin diese Position hätte erobern können, wenn sie nicht die schnellste Beschäftigte gewesen wäre. Aber die sonstigen Qualifikationen, die Teilnehmerin 2 besaß, waren ein ausgeprägtes Gefühl für die Bedeutung der Arbeit für die Gruppe und eine starke Persönlichkeit« (ebd.: 129).
>
> Teilnehmerin 2: »Oh!, was ist bloß mit den anderen Arbeiterinnen los. Ich werde sie fertigmachen!« (ebd.: 127). (Auslöser für diese

Äußerung waren die Kurven der Arbeitsleistung, die bei den Teilnehmerinnen 3, 4 und 5 einen Abwärtstrend zeigten.)

Von diesem Zeitpunkt an wurde die Aufsicht wieder zunehmend freundlicher und entspannter. Häufig hatte diese Freundlichkeit bei der Beaufsichtigung einen sehr konkreten Hintergrund. Seit der Ankunft der neuen Arbeiterinnen im Testraum gewährte der Aufseher »ihnen (allen) mehr und mehr Privilegien«. Das bevorzugte Anreizsystem, die Ruhepausen, die kostenlosen Mittagessen und die »Partys« nach den regelmäßigen arbeitsmedizinischen Untersuchungen wurden fortgesetzt (Roethlisberger und Dickson 1939:71, 72, 77). Darüber hinaus wurden die Arbeiterinnen in den folgenden acht Monaten zunächst für eine halbe Stunde pro Tag, die nicht gearbeitet wurde, bezahlt, dann für eine Stunde pro Tag, die nicht gearbeitet wurde, und schließlich für den Samstagvormittag, an dem nicht gearbeitet wurde. Ungefähr acht Monate nach der Ankunft der neuen Arbeiterinnen wurden alle diese Privilegien mit Ausnahme des bevorzugten Anreizsystems und der Partys gestrichen. Die Arbeiterinnen wurden im Voraus über diesen Entzug der Privilegien informiert und es wurde ihnen versichert, dass die neuen und sehr unangenehmen Bedingungen »nach ungefähr drei Monaten enden würden«.

Trotz dieses Versprechens verschlechterte sich die Arbeit der Arbeiterinnen sofort: Sie vertrödelten die Zeit auf verschiedenste Art und Weise, z. B. durch Zeitung lesen, Süßigkeiten essen und etwas trinken gehen. Und bald »stellte der Beobachter fest, dass die Arbeiterinnen versuchten, die Arbeitsleistung niedrig zu halten …, um zu erreichen, dass die Ruhepausen wieder eingeführt würden«. Der Beobachter »versuchte erneut, das exzessive Reden« durch »Zurechtweisungen und Drohungen« zu unterbinden. Er teilte den Arbeiterinnen mit, dass, »wenn das übermäßige Reden nicht aufhört, es erforderlich sein könnte, das Experiment ohne Ruhepausen über einen längeren Zeitraum fortzusetzen« (ebd.: 70–2).

Zu diesem Zeitpunkt waren die Arbeiterinnen bereits achtzehn Monate im Testraum und hatten fast die gesamte Produktionssteigerung von letztlich 30 Prozent erreicht. Es scheint jedoch, dass Teilnehmerin 2, das Anreizsystem und die anderen Privilegien sowie »Zurechtweisung und Drohung« eine wichtige Rolle bei der Steuerung des Arbeitsverhaltens und der Arbeitsleistung der Gruppe spielten. Aus Roethlisbergers und Dicksons Bericht geht zudem hervor, dass nach der Ankunft der Teilnehmerinnen 1 und 2 ein erheblicher Teil der Arbeit entspannt und angenehm war und die Beziehungen weiterhin zufriedenstellend waren. Allerdings scheint es gute Gründe für die Annahme zu geben, dass die Aufsicht freundlicher und entspannter wurde, weil die Arbeitsleistung zunahm, und nicht umgekehrt.

### *Arbeitsleistung in Phase III*

Die Arbeitsleistung der Gesamtgruppe stieg in den Monaten nach der Entlassung von 1A und 2A deutlich an, was in erster Linie auf die Beiträge der neuen Teilnehmerinnen zurückzuführen war (ebd.: 78, Abb. 7). Danach stieg die Gesamtproduktion der Gruppe ein weiteres Jahr lang langsamer an (mit einem vorübergehenden Rückgang, als die Samstagmorgenschicht eine Zeit lang eingestellt wurde).

## Zusammenfassung der Ergebnisse zu Aufsicht und Arbeitsleistung

1. Abgesehen von einer zweifelhaften Produktionssteigerung von 4–5 % nach Einführung eines präferierten Anreizsystems war im Testraum in den ersten neun Monaten keine Steigerung der wöchentlichen Arbeitsleistung zu verzeichnen, obwohl sich die Aufseher sehr um ein freundliches Verhältnis zu den Arbeiterinnen, um Rücksprachen und um die Einräumung diverser Privilegien bemühten, die es in der Fabrik sonst nicht gab.
2. Mit Beginn dessen, was Roethlisberger und Dickson als das »eigentliche Experiment« bezeichnen, d. h. nach der Phase, in

der das neue Anreizsystem eingeführt wurde, kam es in den folgenden sechs Monaten zu keiner Steigerung der wöchentlichen Arbeitsleistung. Als sich herausstellte, dass die lockere und freundliche Aufsicht keine Ergebnisse erzielte, wurde die Disziplin verschärft, was in der Entlassung von zwei der fünf jungen Arbeiterinnen gipfelte.

3. An die Stelle der entlassenen Arbeiterinnen traten zwei besonders motivierte und charakterstarke junge Frauen, die die übrigen Arbeiterinnen sofort zu einer dauerhaften Beschleunigung der Arbeitsleistung anführten. Eine dieser Arbeiterinnen, die einen besonderen Bedarf an einem höheren Verdienst hatte, übernahm schon bald eine ausgeprägte disziplinarische Rolle gegenüber dem Rest der Gruppe und behielt diese bei. Vom Zeitpunkt ihrer Ankunft bis zum Ende der Studie waren die beiden neuen Arbeiterinnen für die Steigerung der Arbeitsleistung maßgeblich.
4. Die wöchentliche Produktionssteigerung wurde erst dann signifikant und nachhaltig, als die beiden Arbeiterinnen mit der niedrigsten Arbeitsleistung (ebd.: 162) entlassen und durch ausgewählte Leistungsträgerinnen ersetzt wurden, die in den folgenden siebzehn Monaten der Studie den größten Teil der Produktionssteigerung der Gruppe ausmachten, sowohl in Bezug auf die Produktionsrate als auch auf die Gesamtproduktion.
5. Nach der Ankunft der neuen Arbeiterinnen und der damit verbundenen Produktionssteigerung wurde die offizielle Aufsicht wieder freundlicher und entspannter. Die Forscher liefern jedoch keine Beweise dafür, dass die Arbeitsleistung stieg, weil die Aufsicht freundlicher wurde, und nicht umgekehrt. Auf jeden Fall nahm die freundliche Aufsicht eine sehr greifbare Gestalt an, indem die Arbeiterinnen für nicht geleistete Arbeitsstunden bezahlt wurden und der Akkordsatz somit erhöht wurde.

## Diskussion und Schlussfolgerungen

Mit der hier vorgelegten Untersuchung sind die groben Fehler und die Inkompetenz in Bezug auf das Verständnis und die Anwendung der wissenschaftlichen Methode, die die Hawthorne-Studien von Anfang bis Ende kennzeichnen, bei Weitem nicht erschöpft. Drei weitere Studien wurden durchgeführt: die Bank Wiring Observation Room Study, das Interviewing Program und das Counselling Program. Diese Studien können hier nicht erörtert werden, aber ich halte sie für wissenschaftlich fast ebenso wertlos wie die besprochenen Studien.[21] Dies ist nicht verwunderlich, da sie auf der Grundlage der in den früheren Studien gefundenen »Beweise« und der dort gezogenen Schlussfolgerungen entstanden und von schwerwiegenden Vorurteilen geleitet waren, die auf den Schlussfolgerungen dieser früheren Studien beruhten, und im Lichte dieser Vorurteile interpretiert wurden.

Die Phasen I, II und III weisen erhebliche Mängel auf, auf die kaum eingegangen wurde: (1) Es wurde nicht versucht, Stichprobengruppen zu bilden, die für eine größere Zahl von Personen als die Gruppen selbst repräsentativ sind. Daher ist eine Verallgemeinerung nicht legitim. (2) Es wurde kein Versuch unternommen, Kontrolldaten aus den Arbeitsleistungen der Arbeiterinnen zu verwenden, die nicht unter besonderen Versuchsbedingungen standen. (3) Doch selbst wenn diese beiden Kriterien erfüllt gewesen wären, hätten die Experimente nur einen geringen wissenschaftlichen Wert gehabt, da eine Gruppe von fünf Probanden zu klein ist, um statistisch zuverlässige Ergebnisse zu liefern. Sieht man von all diesen Punkten ab, so ist klar, dass die objektiven Beweise aus den Phasen I, II und III keine der von den Hawthorne-Forschern gezogenen Schlussfolgerungen stützen.

Die Ergebnisse dieser Studien, die weit davon entfernt sind, die verschiedenen Komponenten des »Human-Relations-Ansatzes« zu stützen, stimmen überraschenderweise mit einer eher althergebrachten Auffassung über den Wert von monetären Anreizen, fordernder Leitung und Disziplin überein. Lediglich durch eine drastische und rigorose Uminterpretation werden die Belege dazu gebracht, gegenteilige Schlussfolgerungen zu liefern. Mit diesen Bemerkungen soll nicht behauptet werden, dass die Hawthorne-Studien eine solche althergebrachte Sichtweise ernsthaft unterstützen können. Aufgrund ihrer Beschränkungen sind die Hawthorne-Studien eindeutig nicht in der Lage, irgendeine Art von Verallgemeinerung stichhaltig zu untermauern.

Wenn die hier angebotene Bewertung der Hawthorne-Studien schlüssig ist, wirft sie einige Fragen auf, die für Hochschullehrer von Bedeutung sind, insbesondere für Lehrer, die Kurse zum Thema Industrieorganisation und Unternehmensleitung anbieten. Wie kommt es, dass fast alle Autoren von Lehrbüchern, die sich auf die Hawthorne-Studien gestützt haben, die große Diskrepanz zwischen den Belegen und den Schlussfolgerungen in diesen Studien nicht wahrgenommen haben? Wie kommt es, dass sie die tatsächlichen Beobachtungen und Begebenheiten regelmäßig dahingehend falsch beschrieben haben, dass die Belege mit den Schlussfolgerungen in Einklang gebracht wurden? Diesen Fragen einmal nachzugehen, würde wertvolle Einblicke in gewisse Aspekte der Soziologie der Sozialwissenschaftler liefern.

## Anmerkungen:

1. Für eine Übersicht über diese Vorwürfe und Kritikpunkte siehe Millet und Form (1951:74–83), für eine Verteidigung siehe Landsberger (1958:64). Landsbergers Verteidigung beschränkt sich auf den Bericht über die Hawthorne-Studien von Roethlisberger und Dickson (1939). Nach Ansicht von Landsberger hat auch dieser Bericht »den Arbeitnehmer-Arbeitgeber-Beziehungen in der Wirtschaft einen Schaden zugefügt, der im Nachhinein fast irreparabel erscheint«.
2. Die Forscher führen Müdigkeit und Monotonie als separate Hypothesen an, die der Kürze halber zu einer Hypothese zusammengefasst wurden. Gegen die von den Forschern vorgebrachten Argumente und Belege lassen sich in Bezug auf beide Hypothesen dieselben kritischen Einwände erheben.
3. Die wissenschaftlich unzulängliche Vorgehensweise, nicht bevorzugte Erklärungen mit der Begründung zurückzuweisen, dass (1) die Versuchsleiter keine schlüssigen Belege für sie gefunden hätten und/oder (2) es

keine Belege dafür gibt, dass eine dieser Erklärungen für sich genommen alle beobachteten Auswirkungen erklärt, wiederholt sich im gesamten Bericht von Roethlisberger und Dickson über die Hawthorne-Studien. Dieses Verfahren wird jedoch nie auf favorisierte Hypothesen angewendet, die als gut fundiert gelten, solange nur die Beweise gegen sie nicht eindeutig sind. Siehe z. B. Roethlisberger und Dickson 1939:96, 108, 127, 160.

4. Laut Pennock (1930:307) betrug die Produktionssteigerung 13,8 Prozent; das Experiment wurde nach fünf Wochen abgebrochen, und die Arbeitsleistung fiel dann um 19–24 Prozent.
5. Das heißt, bis zum Ende des Versuchszeitraums 7 in der Arbeitsleistungsgrafik von Roethlisberger und Dickson (1939:78).
6. Zum Beispiel: »Wir können nicht umhin, von der Tatsache beeindruckt zu sein, dass ein Lohnanreiz allein (Phase II) die Produktion um 12 % steigerte, eine Veränderung der sozialen Situation die Arbeitsleistung erhöhte (Phase III) und eine Kombination aus beidem eine Steigerung von 30 % ergab. Dies sieht überraschenderweise nach einem additiven Effekt aus, wobei die sozialen Anreize das Verhalten etwas stärker beeinflussen als die finanzielle Vergütung« (Stagner 1956:131–22; siehe auch Blum 1949:26).
7. Viteles (1954:191) kommentiert diese Phase des Rückgangs der Arbeitsleistung wie folgt: »Sowohl die Forscher als auch die Teilnehmerinnen waren der Meinung, dass die neuen Stücklohnraten im Vergleich zu den alten nicht hoch genug waren. Allerdings wird kaum in Betracht gezogen, dass ... eine geringere Attraktivität wirtschaftlicher Anreize durchaus einen Großteil des sehr starken Rückgangs der Arbeitsleistung erklären könnte, der in diesem letzten Abschnitt des Experiments im Glimmer-Spaltraum beobachtet wurde.«
8. Zum Beispiel Ghiselli und Brown (1948:435-7) und Brown (1954:71-2). Fälschlicherweise berichten diese Autoren von einer fast kontinuierlichen Steigerung der Gesamtproduktion in den ersten neun Monaten von Phase I. Tatsächlich gab es keine Steigerung, außer im Zeitraum von acht Wochen unmittelbar nach Einführung des bevorzugten Anreizsystems. Weder im vorangegangenen Zeitraum noch in den vier darauffolgenden Versuchszeiträumen, die sich über sechs Monate erstreckten, gab es eine Verbesserung der wöchentlichen Arbeitsleistung.
9. Viteles (1954:193) weist diese Schlussfolgerung unumwunden als ungültig zurück; aber Lehrbuchbehandlungen der Hawthorne-Studien akzeptieren sie gemeinhin ohne Widerspruch.
10. Ghiselli und Brown (1948:242) haben Vernons Ergebnisse wie folgt zusammengefasst: »In einer Munitionsfabrik wurde die Arbeitswoche von 66 auf 48,6 Stunden (eine Reduzierung um 26 %) verkürzt. Die Arbeits-

leistung pro Stunde stieg um 68% und die Gesamtproduktion der Woche um 15%. Dieses Beispiel ließe sich auf viele weitere Fälle übertragen.«

11. Es ist jedoch zu beachten, dass die fünf jungen Arbeiterinnen zwar »alle aus einem Kreis von Personen mit beträchtlicher Erfahrung in der Montage dieser Art von Relais ausgewählt wurden, dass die eigentliche Auswahlmethode jedoch recht informell und etwas undurchsichtig war und anscheinend von den jungen Frauen selbst in Zusammenarbeit mit ihrem Werkstattleiter festgelegt wurde« (Whitehead 1938a:14).
12. Vorarbeiter waren Abteilungsleitern gleichgestellt und standen vier Ränge über den Teilnehmerinnen (Roethlisberger und Dickson 1939:11).
13. Die Leiter (superintendents) kontrollierten einen Arbeitsbereich und standen sieben Ränge über den Teilnehmerinnen (Roethlisberger und Dickson 1939:11).
14. In Mayos Darstellungen heißt es zuerst, dass diese beiden Teilnehmerinnen »ausschieden« (1946:56), und später, dass sie »in den Ruhestand gingen« (ebd.: 62). Es ist auch interessant, die obige Schilderung der Ereignisse im Testraum und die aus den Standardprotokollen stammenden Schilderungen mit Mayos Bild des Testraums zu vergleichen. Laut Mayos Bericht wurde der Erfolg »vor allem deshalb erzielt, weil der Versuchsraum von einem interessierten und verständnisvollen Chefbeobachter geleitet wurde. Er verstand von Anfang an, dass jeder Anflug von »Aufsicht« in seinen Methoden den Interessen der Untersuchung abträglich sein könnte ... Er vermittelte der Gruppe das Gefühl, dass es ihre Pflicht sei, ihre eigenen Arbeitsbedingungen festzulegen. Und er half den Arbeiterinnen, die »Freiheit« zu finden, von der sie so häufig sprachen. Zu keinem Zeitpunkt [während der gesamten Dauer der Studie] hatten die jungen Frauen das Gefühl, unter Druck zu arbeiten« (ebd.: 68–9).
15. Man vergleiche die Leistungskurven der ersten sieben Versuchszeiträume mit der Arbeitsleistung der zweiten Woche von Versuchszeitraum 8.
16. Roethlisberger und Dickson (1939:60, 62) geben keinen Hinweis darauf, dass die Teilnehmerinnen für diese nicht geleisteten Stunden bezahlt wurden. Tatsächlich impliziert ihr Bericht eindeutig, dass sie dafür nicht bezahlt wurden (ebd.: 63–64). Doch Whitehead ist in diesem Punkt sehr klar.
17. Roethlisberger und Dickson (1939:68) berichten, dass die jungen Frauen an Samstagen, an denen sie nicht arbeiteten, für den halben Tag bezahlt wurden. Sie räumen ein, dass dies »einen neuen Faktor in die Situation einbrachte, der nicht außer Acht gelassen werden kann und der beim Vergleich dieser Phase mit anderen Phasen berücksichtigt werden muss« (ebd.: 69). Sie berücksichtigen dies jedoch nicht weiter, ebenso wenig wie sie die unbezahlten Stunden berücksichtigen, die bei einer Verkürzung des Arbeitstages bezahlt wurden.

18. Das heißt, bis zum Ende von Versuchszeitraum 7 in der Terminologie von Roethlisberger und Dickson.
19. Dieser Abschnitt erstreckt sich de facto vom 8. August 1927 bis zum 21. Januar 1928, also über einen Zeitraum von vierundzwanzig Wochen.
20. Genau genommen am 25. Januar 1928, zwei Tage nach Beginn von Abschnitt III. Daher ist der daraus resultierende starke Anstieg der Arbeitsleistung in den wöchentlichen Arbeitsleistungsdiagrammen von Roethlisberger und Dickson (1939:76, 78) erst in der zweiten Woche ihres Versuchszeitraums 8 vollständig zu erkennen.
21. Zur Bekräftigung dieser Einschätzung in Bezug auf die Studie zum Beobachtungsraum für Banküberweisungen siehe Sykes (1965:253–63).

## Anmerkung

Ein umfassendes Literaturverzeichnis
finden Sie auf unserer Website:

www.westendverlag.de/carey_ demokratie_ohne_risiko

ISBN 978-3-86489-391-9
EUR 44,00 / EUA 45,30
Auch als E-Book erhältlich

**Konsensfabrik.**
Die politische Ökonomie der Massenmedien.

Die Medien haben die Macht, einen gesellschaftlichen Konsens herzustellen, der den herrschenden wirtschaftlichen und politischen Interessen folgt – und nutzen sie. Diese Einflussnahme erfolgt jedoch keinesfalls durch verschwörerische Mächte im Hintergrund, sondern durch die ökonomischen Bedingungen der Medienlandschaft, die Chomsky und Herman schonungslos analysieren.
Mit Manufacturing Consent legten sie ihr heute weltberühmtes Werk zur Medienkritik vor, das als der Klassiker zum Thema gilt – und nichts an Aktualität verloren hat. Die Autoren zeigen auf, auf welche Weise in den Medien Themen ausgewählt und besprochen werden, und machen so die Doppelmoral und die auf den Status quo ausgerichtete Voreingenommenheit sichtbar, die den Darstellungen der so viel gepriesenen »freien Presse« zugrunde liegen.